U0134248

制天命而用

星占、术数与中国古代社会

SOCIAL HISTORY
OF ASTRONOMY
IN ANCIENT CHINA

黄一农 著

四川人民出版社

图书在版编目（CIP）数据

制天命而用：星占、术数与中国古代社会 / 黄一农著.
—成都：四川人民出版社，2018.12
ISBN 978-7-220-10846-4

Ⅰ.①制… Ⅱ.①黄… Ⅲ.①天文学-社会学-研究
-中国 Ⅳ.①P1.05

中国版本图书馆 CIP 数据核字（2018）第 144547 号

新视域

New Field of Vision
"新视域"学术文丛

ZHI TIANMING ER YONG　XINGZHAN SHUSHU YU ZHONGGUO GUDAI SHEHUI

制天命而用：星占、术数与中国古代社会

黄一农　著

策划组稿	章　涛　赵　静
责任编辑	邹　近　章　涛
特约编辑	赵　静
版式设计	戴雨虹
封面设计	张　科
责任校对	蓝　海
责任印制	李　剑

出版发行	四川人民出版社（成都三色路 238 号）
网　址	http://www.scpph.com
E-mail	scrmcbs@sina.com
新浪微博	@四川人民出版社
微信公众号	四川人民出版社
发行部业务电话	(028) 86361653　86361656
防盗版举报电话	(028) 86361653
照　排	四川胜翔数码印务设计有限公司
印　刷	成都东江印务有限公司
成品尺寸	210mm×145mm
印　张	10.5
字　数	298 千
版　次	2023 年 11 月第 2 版
印　次	2023 年 11 月第 1 次印刷
书　号	ISBN 978-7-220-10846-4-01
定　价	89.00 元

谨以此书献给

一生追索银河系奥秘的 Patrick Thaddeus（1932—2017）教授

先生为美国科学院暨美国人文与科学院双院士，

他任教纽约哥伦比亚（Columbia）大学天文系时，

引领我跨过了学术研究的门槛。

目录

自　序

　　日前哥伦比亚大学的学长张玉法院士来电告知，他将于近期返回纽约参加母校成立 250 周年的庆祝会，并报告台湾地区哥大校友在史学界的发展近况，学长因此要我简述毕业后与哥大师友的往来情形。突然感觉自己像只孤鸟，因我是在毕业数年之后才改行研究历史的，且纯属自学，不曾受过科班训练。当年在哥大原本在物理系学习，论文指导教授则是天文系与太空总署合聘的 Patrick Thaddeus 院士，恩师在我毕业后不久即被哈佛大学挖角，并将整个研究团队连同我当初观测用的射电天文台均移往哈佛，故我与母校之间可说是少有联系。

　　一晃自哥大毕业几近二十年，在那位于"世界之都"的 Broadway 校园中，我不仅找不着旧巢，连自己的羽毛和飞行的姿势都已变了样，但理工科逻辑推理和分析数据的谨严训练，或许赋予我在史学丛林中求生的另类能力。

　　回想自己的学习过程着实曲折，虽然自小醉心文史，高中时甚至还曾花钱在台北火车站附近参加研读《庄子》的补习班，但心中一直以爱因斯坦、李政道和杨振宁等诺贝尔奖得主为表率，期盼将来能有机会成为杰出的理论物理学家，因此一路从新竹清华大学物理系进入世界十大名校之一的哥大深造。

　　没想到造化弄人，哥大的李政道教授当年首度自全中国考选最优秀的六名学生来校。这些大我十来岁的同班同学，就此改变了我的命运。因哥大物理系规定，必须博士资格考进入前三名者，才可选读理论物理，而我这几位大陆同学考出的高分令我梦碎，但也让我有幸提早体认自己才气不足的残酷现实。

自幼着迷的天文学遂成为我的替代选择，并于 1985 年顺利取得博士学位。毕业后旋即应聘至麻州大学天系从事射电天文学的研究，以其直径 14 m 的碟形望远镜观测星际间分子云（molecular clouds）的分布，尝试探索银河系的结构和星球演进的历程。

该天文台坐落在 Quabbin 水源保护区，方圆十数公里内，往往只有野鹿和野狼与自己相伴。曾于冬夜初雪之时，驾吉普车在往天文台的路上打滑，几乎酿成车祸；也曾于大雪之夜，身着单衣意外被反锁在天文台外……但午夜梦回，仍然庆幸有此际遇做过一名职业天文学家。

在短短两三年间，虽然自己于国际一流刊物上发表过好几篇论文，但由于自我评估无法在西方科学社群中成为最顶尖的学者，且有感于科学论文的生命期过于短促，遂毅然决定为自己的人生开创另一方向。

1987 年，本人以"初聘"的名义返台任职于新竹清华大学历史所，开始在一全然陌生的学门中找寻出路。1989 年，在经过严格的学术评估后，终于获准在所里长聘，正式踏入文科的门槛。由于抱定破釜沉舟的决心，并夜以继日地在图书馆中钻研，努力学习，自原典中发掘新题材，遂先后成功地进入天文学史、天主教传华史、明末清初史、术数史、火炮史和海洋探险史等领域。

天文学史是我转行文科后最先进入的领域，因为寄望能充分利用自己过去在天文科学的知识。先前学界曾有一段时期努力爬梳并分析中国古代的天象记录[①]，此因天文科学的突飞猛进只在过去的三四百年间发生，然而，这段期间天文学家即使拥有较先进的仪器，却有可能很少遭逢一些特殊的天象（如本银河系内的新星或超新星爆炸等），故古代的记

---

① 席泽宗：《远东古代天文记录在当代天文学中的应用》，收入席著《科学史十论》，上海：复旦大学出版社，2003 年，第 165—179 页；David H. Clark & F. Richard Stephenson：*The Historical Supernovae*，Oxford：Pergamon Press，1979；F. Richard Stephenson：*Applications of Early Astronomical Records*，Oxford：Oxford University Press，1979。

录虽然简略，但仍有机会帮助我们对此种罕见天象多一些了解。① 再者，有些需要较长时间才得以观察的现象（如地球自转速度的变慢或太阳黑子的出现周期等），也必须借助于古代记录。中国近两千年来所累积的大量天象记录，就成为突出于其他各国的瑰宝。

虽然笔者所做有关古代天象记录的研究，成果还算丰硕，也受到国外学界的重视，不仅曾被日本东亚天文学会的会讯杂志《天界》翻译连载，其至亦曾刊登在《科学》（Science）及《自然》（Nature）等权威期刊上，但随着各个特殊天象记录次第被解析，再加上部分科学史界人士往往有附会的倾向，过分高估古代记录的价值，而科学界又多无判断的能力，使得此类研究的局限愈来愈明显。

再者，在广阅史料的过程中，笔者深刻体认到作为一位历史工作者，或许还应该去努力还原天文在古人心目中的真实面貌，并追索其与当时社会的密切互动关系。先前英国剑桥大学的李约瑟（Joseph Needham）和美国宾州大学的席文（Nathan Sivin）等前辈学者，虽然早就认识到中国古代天文学所蕴含的浓厚政治目的，但并未能具体析探天文对政治或社会的影响。于是，从 1989 年起，笔者就揭举"社会天文学史"的大旗，从"荧惑守心"等特殊天象出发，开始进行一系列奠基的个案研究。

1990 年，在英国剑桥大学举行的"第六届国际中国科技史会议"中，笔者筹划了一场"中国古代天算与社会、政治之关系"（Astronomy, Mathematics, and Their Relation to Society and Politics in Ancient China）的专题讨论会，邀请相关学者进行对话。② 笔者在该会议中所发表的主题演讲《择日之争与康熙历狱》③，颇获好评。会后还由伊东贵之

---

① 黄一农：《中平客星新释》，《汉学研究》1989 年第 7 卷第 1 期，第 283—305 页。

② 在当时参与此专题讨论会的人士当中，上海交通大学的江晓原教授或是之后在此一领域用力最勤且成就较大者。

③ 由于笔者将就康熙朝所发生的"历狱"出版专书，故此文未收入此文集中。此一事件亦是"社会天文学史"领域中极具代表性的案例。

先生译成日文，发表于东京大学出版的《中国——社会と文化》，而身为中国科学史权威的席文教授，更亲自将之译成英文，刊登在其所主编的《中国科学》（*Chinese Science*）上。

本书中许多相当有意思的个案研究，就是在此氛围下孕育而生的，笔者原希望能因此丰富中国天文学史的生命力。然而，从 1989 年迄今，不仅我本人已因兴趣多变而未能再主攻此一学科，先前的研究结果也未受到应有的重视[①]，连中国天文学史的传承都开始出现断层。今藉整理本文集的机会，希望能再度提醒并试图说服年轻朋友，这是一个值得深入耕耘的有趣领域。信手拈来，如道教仪式中的天文意涵或民间术家的天文传统等题目，均应是极具潜力的切入点。

中国古代在天人感应思想的影响之下，历来在官僚体系中均设置有天文机构，其名称虽有钦天监、司天监、司天台、太史局或天文院等不同，但其职掌则大致如一，主要是观象、守时、治历、星占以及择日。其中星占的目的在体察上天的意旨，占算的对象是统治阶层或国家社会整体；选择术则是希望能趋吉避凶，其影响层面上起皇族，下迄庶民。

本书因此从星占和择日两个角度出发，试图钻探"社会天文学史"这条新"矿脉"的延展范围及其含金量的多寡。星占的部分，笔者先以"荧惑守心"和"五星会聚"这两种中国古代最凶和最吉的天象为例，探讨传统天文对政治的影响。再以北魏、后秦的柴壁之役为例，追索星占在古代战争中可能扮演的角色。接着，则析究清初掌理钦天监的欧洲耶稣会士，如何在天主教会与中国传统的夹缝当中，尝试会通中西星占。

至于选择术的部分，则先从尹湾汉墓所出土的大量简牍出发，以稍窥中国长远择日传统的早期形态。次用影响深广的嫁娶宜忌为例，看选择术在历史长流中的"常"与"变"。再以清代对"四余"存废以及觜、

---

① 如江晓原在《科学史外史研究初论——主要以天文学史为例》一文中，即不曾提及笔者多年来在此一领域的努力。该文刊于《自然辩证法通讯》2000 年第 2 期，第 65—71 页。

参两宿先后次序的长期争执，析探选择术与社会之间的密切互动。最后，则以每年民间大量刊传的通书为例，探索中国传统天文与社会之间的交融情形。

本文集所收纳的课题，均属先前的研究成果，在此仅略加删改或补充①，以稍掩自学过程的青涩痕迹。

"社会天文学史"虽然着重在外史的诉求，但内史的析探仍是研究过程中不可逃避的步骤。如果题材合适的话，未来我们还应该结合其他人文社会学科的研究方法与关怀，并与其他文明的天文发展史进行比较，期使研究成果能具有更大的生命力与影响力。虽然内外兼修、跨领域的要求，对任何个人而言都或许是陈义过高，但这应是我们研究工作者必须时时寄怀在心的，并依据各自的特长和兴趣努力在前人的基础上披荆奋进。

中国科技史的研究迄今已有百年左右的历史，并逐渐形成一独立的学科，甚至出现不少以科技史为专业的教育或研究机构。但如果此一领域中人无法将触角和影响力外延，并具体呈现其他学科所没有条件深入探究的面向，将有可能被其他较大的学门边缘化。反之，则很可以充分发挥此领域的特色，在科技与人文的对话或学术与社会的互动中扮演一主导的角色。② 藉此与同行的朋友们共勉，并以此一"初学集"就正于大家。

最后，我要感谢新竹清华大学人文社会学院的创院院长李亦园院士。1987 年，李先生到美国的匹兹堡大学开会，我从麻州开了十几个小时的车去接受面试，侥幸获得在历史研究所试用的机会，若非此一机缘，我的人生将循着另一条迥然不同的轨迹发展。而在改行之后不断给我鼓励

---

① 由于各讲分别发表于多种期刊，书写参考文献的格式因此未能完全统一，在此向读者致歉。

② 笔者先前尝朝此一方向努力过，研究上以明末以来传华的红夷大炮为主轴，探索技术对社会所可能产生的重大影响，并比较近代亚洲各主要火药帝国（gunpowder empires）发展历程的异同，以呈现其在世界史上的意义。

和指导的何丙郁院士、陈良佐教授以及许多无法一一列名的前辈和友人们，我也一直铭感在心。此外，更要特别谢谢北京清华的好友葛兆光教授，没有他的殷切督促和安排，我可能还不知道何时才会出集子。内人文仙则是我研究工作背后最重要的支柱，每当我写完一篇论文，她也始终是我最想要诉说当中精彩故事的第一个听众。

谨以此书献给鼓励我寻梦、圆梦的父母亲。

书于新竹脉望斋寓所

2004 年 6 月

附：

《社会天文学史十讲》在 2004 年刊行初版后，虽历经数刷，但现已绝版多时，值此重印的机会，遂藉机修改了一些不合时宜的叙述，并理顺了部分文字。又由于笔者近年的研究兴趣已变，久未有时间从事相关领域，故在此新版中增添《敦煌本具注历日新探》以及《天理教起义与闰八月不祥之说析探》（与张瑞龙老师合写）等两篇未收入初版的论文，作为在此一领域耕耘多年后的一个句点，且依四川人民出版社"新视域"丛书的命名体例，爰将书名改成《制天命而用：星占、术数与中国古代社会》。

书于苗栗二寄轩

2018 年 7 月

汉成帝与丞相翟方进死亡之谜

汉成帝绥和二年（前7），史书记载出现"荧惑守心"的天象，丞相翟方进为塞此灾异而自杀，这是中国历史上第一位因天变而死的丞相。然而根据推算，绥和二年春天根本未发生"荧惑守心"的天象，再就事件前后的政治环境，以及相关的人物加以分析，我们看到天象竟然被当作政治斗争的工具，迫使丞相翟方进自杀，改变了当时的政治局势，此一事件具体地突显出中国古代天文影响政治的特色。

一、 前言

历来有关中国古代天文的研究，大抵多自现代天文学之观点入手，或述其技术之发展与演进，或论其水准与成就，往往将天文学史抽离人类历史活动的网络，单独而孤立地探究，较少涉及天文学与社会间交互的影响。故本文即拟自此一角度，尝试探究古代天文与历史事件间的互动关系。

星占是古代天文学中最重要的内容之一。在天人感应思想影响下，星空基本上是人间的投射，从星宿的命名随着官僚组织而增加或变化，以及星占解释的日趋复杂，可以看出占星术是配合国家机构的发展及政治的需要而系统化。因此，除了天象观测与历法的计算之外，古代天文透过星占影响政治，是中国天文学相当突出的特质。

在中国古代，天文对政治具有相当的影响力。例如汉文帝二年（前

178）十一月晦发生日食①，皇帝因此下诏罪己，并且首次因天变而诏求贤良方正能直言极谏之士，开创了汉代取士新径；又如金海陵帝攻打宋朝之前，亦曾经多次问询天文占候，作为出兵的参考②。即使到了清朝，当政者也不敢轻忽天变，如顺治九年（1652），五世达赖喇嘛前来中原，满汉大臣对皇帝是否应出边外亲迎的仪节，各持不同的看法，洪承畴等即藉当时"太白星与日争光"及"流星入紫微宫"两天象上疏，并可能在相当程度上影响到顺治的决定。③ 其他如因天变而行大赦、罢三公、减常膳、避正殿的例子，更是不胜枚举。

汉成帝绥和二年（前7），史书记载出现"荧惑守心"的天象，丞相翟方进为塞此灾异而自杀，这是中国历史上唯一一位因天变而死的丞相，不仅在弥漫着阴阳五行思潮的汉代，是一重大事件；同时，亦突显出中国古代天文与政治间的密切关系。

本文因此拟自以下方向检讨翟方进自杀事件：首先从汉代的时代背景着手，探讨宰相与灾异的关系；其次则讨论"荧惑守心"的星占意义，以了解翟方进何以须为此天变自杀；最后再深入翟方进自杀前后的政治环境，分析相关的人物与政治局势，探究翟氏自杀事件与当时政治的关系。

二、 汉代宰相与灾异之关系

翟方进以丞相的身份因天变而自杀，故本节尝试探讨汉代宰相与灾异的关系。

中央集权政体确立之后，皇帝拥有治内最大的并且是唯一的权力。

---

① 《史记》卷10，北京：中华书局，第422页。
② 《金史》卷20，北京：中华书局，第426—427页。
③ 《大清世祖章皇帝实录》卷68，台北：华文书局，1969年，第806—807页。关于此事之讨论，请参考拙著《择日之争与康熙历狱》，《清华学报》（新竹）1991年第2期新21卷，第247—280页。

西汉的丞相为朝中最高之官员，其职守据《汉书·百官公卿表》虽为"掌丞天子助理万机"①，但其权限模糊，全视君主喜恶、政治局势或丞相本身能力而定，并未制度化。一般而言，汉武帝以前，丞相权力较大；武帝开始，尚书地位逐渐提高，相权有被侵蚀的现象，整个权力重心由外廷渐向内廷移转；稍后相权再为大司马诸将军领尚书事侵夺，而此职几由外戚出任。西汉末，王莽遂以此掌权夺位。

西汉，董仲舒著《春秋繁露》，盛言《春秋》中天人感应的实例，阐明灾异、阴阳与政治的关系，建立一套天的哲学②，试图利用灾异来限制皇权，避免中央集权体制下皇权过度膨胀，奠定了汉代思想的特性。此后汉代的经师如眭孟、刘向、翼奉等亦多言天人、灾异③，更加强了汉代天人感应的思想。观汉代皇帝诏书言及灾异时，行文间颇多惧词，而大臣亦多因灾异上疏，将政治上许多失当的措施或皇帝个人的过错，与灾异联系起来，藉此献策谋求解决之道，显示出汉代重视天人感应思想的时代特色。

周代三公之职，本即以"论道经邦、燮理阴阳"为务④，至深信天人感应的汉代更是受到重视。汉宣帝时丞相丙吉问牛⑤就是著名的实例，可见汉代的宰相除了辅佐皇帝之外，尚需肩负"理阴阳，顺四时"的特殊使命⑥，当灾异发生时，应负起相当大的政治责任。⑦

---

① 《汉书》卷19，北京：中华书局，第724页。

② 参阅徐复观《先秦儒家思想的转折及天的哲学的完成》，收入徐著《两汉思想史》卷2，台北：学生书局，1985年，第295—296页。

③ 萧公权：《中国政治思想史》上册，台北：联经出版事业公司，1986年，第321—325页。

④ 〔清〕赵翼：《廿二史札记》卷2，台北：华世出版社，1977年，第47页。

⑤ 《汉书》卷74，第3147页。

⑥ 《史记》卷56，第2061页。

⑦ 有关汉代宰相灾异责任之探讨，请参见影山辉国《漢代における災異と政治—宰相の災異責任を中心に》，《史学杂志》1981年第90编第8号，日本东京大学，第46—68页；周道济《汉唐宰相制度》，台北：大化书局，1978年，第61—67页及第251—252页。

汉代的皇帝虽自觉地负起调理天地阴阳的责任，但是却仅止于下诏罪己、求贤良极谏之士、厚赏赐、赈灾救伤等措施，至于最终的行政责任往往由三公来承担，尤其是丞相。因为他们认为天地灾变的发生，是丞相未克尽辅弼之责，修德不敏，以致人民怨怼上达天庭。

后世对汉代有一个遇灾异即策免三公的印象。这种情形自西汉末以降逐渐增加，东汉三公职权虽更为低落，犹须为灾异负责。《后汉书·徐防传》云："安帝即位，以定策封龙乡侯。食邑千一百户。其年以灾异、寇贼策免，就国。凡三公以灾异策免始自防也。"① 其实早在西汉元帝永光元年（前43），因发生"春霜夏寒"和"日青亡光"的异象，皇帝因此下诏切责丞相于定国。定国惶死求去，遂罢就第。② 与徐防不同的是于定国乃自劾下台，并非皇帝明令策免的。又，西汉成帝时，薛宣为相，会邛成太后崩，丧事仓促。皇帝认为是丞相与御史的过失，便策免薛宣。诏书里有一段这样的话：

> 君为丞相，出入六年，忠孝之行，率先百僚，朕无闻焉。朕既不明，变异数见，岁比不登，仓廪空虚，百姓饥馑，流离道路，疾疫死者以万数，人至相食，盗贼并兴，群职旷废，是朕之不德而股肱不良也。③

其中也将灾异作为薛氏失职的理由之一。灾异屡现是皇帝的"不德"和股肱的"不良"所致，表面上皇帝与大臣共同分担灾异的责任，实际上则是人臣独当灾咎。

所谓的"灾异"包括自然界所有异常的现象，其情况虽有小大微著之分，却都被当作是皇帝施政成效或人心向背的指标，同时也是天意的表征，关系到天子能否维系天命。因此，天子必须为灾异负起政治责任，

---

① 《后汉书》卷44，北京：中华书局，第1502页。
② 《汉书》卷71，第3044—3045页。
③ 《汉书》卷83，第3393页。

以保天命并称合天意。身为官僚机构首长的丞相，因为职在佐理天子，所以也得分担责任。但是所谓的"分担"，实际上常常是由丞相一人承担。灾异本来被用来制约无限制的皇权，结果却反被皇帝操控，用来转移政治责任。汉相翟方进为塞灾异而自杀，就是替成帝承担灾异的一个例子。

三、"荧惑守心"的星占意义

翟方进为"荧惑守心"的天变自杀，因此我们有必要了解"荧惑守心"的星占意义。

"荧惑"即五星中的火星，其字义含有眩惑的意思。[①] 荧惑之为星名，多指勃乱、残贼、疾、丧、饥、兵等恶象，其占文甚至关系着君主之天命[②]，《史记·天官书》云："虽有明天子，必视荧惑所在"[③]，更突显出荧惑在星占上的重要性。

心宿则是二十八宿之一，属于东宫苍龙七宿。心宿大星在星占上指的是天王（即皇帝），其前后星指的则为天王之子。[④] 心宿是天上"明堂"之所在，并且亦为荧惑之庙。[⑤] 明堂是天子郊祀并"导致神气，祈福丰年"的重要地方。庙则是追往孝敬、养老辟雍与示人礼化的所在。[⑥]

---

① 如《逸周书·史记》："昔者绩阳彊力四征，重丘遗之美女，绩阳之君悦之，荧惑不治，大臣争权，远近不相听，国分为二。"收入《皇清经解续编》卷1035。

② 《史记·天官书》记其占文曰："出则有兵，入则兵散。以其舍命国。荧惑为勃乱，残贼、疾、丧、饥、兵……其出西方曰'反明'，主命者恶之……其入守犯太微、轩辕、营室，主命恶之。"（第1317—1319页）文中之"主命者恶之"与"主命恶之"，即指对拥有天命的君主不利。

③ 《史记》卷27，第1347页。

④ 《史记·天官书》曰："东宫苍龙，房、心。心为明堂，大星天王，前后星子属。不欲直，直则天王失计。"（第1295页）又据《星经》卷上的说法，其前后星各有所指："前为太子，后为庶子。"（台北：台湾商务印书馆，1965年，第46页。）

⑤ 《史记》卷27，第1319页。

⑥ 《后汉书》卷60下，第1993页。

在重视祭祀和礼制的古代世界，明堂与庙在政治上都具重要意义，以此可知心宿在星占上亦具特殊的地位。

公元前 170 年左右，马王堆汉墓帛书《五星占》提到荧惑："其与心星遇，【则缟素麻衣，在】其南、在其北，皆为死亡。"① 已清楚地以荧惑入心宿代表为死亡的征兆，但却未指明死亡的对象。据《史记·天官书》曰："火犯、守角，则有战；房、心，王者恶之也。"② 则"荧惑守心"的当灾者，应该是皇帝，至若王者为何"恶之"则并未说明。

绥和二年以前，文献至少出现三次"荧惑守心"的天象记录。第一次发生在宋景公三十七年（前 480），当时的天文官子韦提出建议，把灾祸转移给宰相、百姓或当年的岁收。但是景公仁民爱物，不愿答允，据称因此感动上天，令荧惑移徙了三度。③ 由于转祸必须找相当分量的人或事才有效，从子韦建议的转移对象来看，"荧惑守心"当灾的对象似乎是景公本人。

据《汉书·天文志》的记载，第二次的"荧惑守心"，发生在秦始皇三十六年（前 211），文中将"荧惑守心"与秦始皇死亡、嫡庶残杀及二世残暴关联在一起，亦代表死亡或杀戮的意思。第三次发生于汉高祖十二年春天（前 195），《天文志》更直接将"荧惑守心"视为四月皇帝崩殂的前兆。④

从上述占书所记载的占文与历史文献上的记录两方面来看，"荧惑守心"的星占意义在翟方进自杀前，很可能已是代表帝王驾崩的恶兆！

---

① 马王堆汉墓帛书整理小组：《马王堆汉墓帛书〈五星占〉释文》，收入《中国天文学史文集》，北京：科学出版社，1987 年，第 8 页。

② 《史记》卷 27，第 1298 页。此指若火星犯、守房宿或心宿，"王者思之"。

③ 《史记》卷 38，第 1631 页。此项记载亦见于《吕氏春秋·制乐》，见许维遹《吕氏春秋集释·制乐》，台北：鼎文书局，1983 年，第 14—15 页。

④ 《汉书》卷 26，第 1301—1302 页。

四、 翟方进之死

观察史书对天变之记录，尤其是重大的日蚀、星变大抵都系有干支。汉相翟方进因星变被迫自杀，史无前例，史书上竟未写出"荧惑守心"发生的详细日期；甚至翟方进自杀的日期，文献记载亦不同![①]

笔者利用现代天文学知识重新检证"荧惑守心"出现的时间，根据推算，绥和二年春天（前7年2月5日至5月9日），荧惑于2月1日时留角宿东，并开始向西逆行；4月22日在左执法（室女座ρ星）附近留，然后又开始顺行；至8月底始进入心宿，但不曾留守心宿。故当年春天荧惑根本不可能守心，这个天象记录显然是伪造的![②]

一个假造的天象竟迫使位居群僚之首的丞相自杀，其中内情恐非单纯。历代文献所记录的二十三次"荧惑守心"中，除翟氏事件之外，尚有十六件是伪造的。由于此类天象在星占中常被附会成"大人易政，主去其宫"的征兆，所以古人或为突显星占预卜人事的能力，往往在事后伪造记录。[③] 这十七次伪造的记录中，唯独翟氏事件的星占出现在事应之前，政治意义相当大，本文即对翟氏自杀前后相关的人物及政治环境

---

① 《汉书·天文志》云："二月乙丑，丞相翟方进欲塞灾异，自杀。三月丙戌，宫车晏驾。"而《成帝纪》则为："二月壬子，丞相翟方进薨……（三月）丙戌，帝崩于未央宫。"绥和二年二月兼有壬子和乙丑两日，其间相距十三天，难以据之判别是非。

② 现代的天文学家对大如行星的天体的运行，已能够非常精确地掌握，本计算是依据 P. Bretagnon & J. L. Simon, *Planetary Programs and Tables from* 4000 to+ 2800 (Richmond: Willmann-Bell, 1986)，并在 Macintosh SE/30 个人电脑上进行的，此书的计算与目前最准确的 DE102 模式（需使用大电脑操作）所得的结果十分相近，所计算坐标的不准度与过去的观测记录相较亦均不超过 0.01°，而心宿与角宿在天空中相距 45°，如此大的误差绝不可能是由任何行星理论所能解释的。参见 X. X. Newhall, E. M. Standsish, Jr. and J. G. Williams, DE 102: A Numerically Integrated Ephemeris of the Moon and Planets Spanning Forty-four Centuries, *Astron. Astrophys.* 125 (1983), pp. 150-167。

③ 据笔者以电脑推算，"荧惑守心"的天象相当罕见，平均约五十年始发生一次，故古人对此天象了解甚少，易于作伪。参见本书《中国星占学上最凶的天象——"荧惑守心"》。

加以较深入的剖析。

汉成帝绥和二年的"荧惑守心"事件，因其占文关系着皇帝的性命，故兹事体大，非比寻常。先有李寻向翟方进奏记云：

> 应变之权，君侯所自明。往者数白，三光垂象，变动见端，山川水泉，反理视患，民人讹谣，斥事感名。三者既效，可为寒心。今提扬眉，矢贯中，狼奋角，弓且张，金历库，土逆度，辅湛没，火守舍，万岁之期，近慎朝暮。上无恻怛济世之功，下无推让避贤之效，欲当大位，为具臣以全身，难矣！大责日加，安得但保斥逐之勤？阖府三百余人，唯君侯择其中，与尽节转凶。①

从翟方进在星历方面的造诣足为人师来看②，应该深知"荧惑守心"在星占上所代表的意义，故李氏一开始就予暗示。但李寻所指称的"提扬眉""矢贯中""狼奋角""弓且张"与"辅湛没"等天象，实际上均不太可能发生，因为恒星很少在短时间内有如此大的变化；而"土逆度"在绥和元年五月中旬至十月初确曾发生，但此类天象并非罕见，每年都会出现；"金历库"亦然。因此李氏列举诸多天变的目的，乃在加重翟方进的罪状，是相当严厉的指责。列举这些天变之后，李氏又以强烈的口吻，说明翟氏不可能再保位全身，"尽节转凶"已是唯一的出路。

李氏这番话使翟方进更加忧虑，稍后另一位善为星历的贲丽，更上书建议"大臣宜当之"③，皇帝才召见翟方进，商谈因应事宜。但是两人对话的内容并不见于史册，翟氏还归后"未及引决"，皇帝就赐册云：

---

① 《汉书》卷84，第3421页。
② 翟氏"虽受《穀梁》，然好《左氏传》、天文星历，其《左氏》则国师刘歆，星历则长安令田终术师也"（《汉书》卷84，第3421页）。可见翟氏在星历上确有相当造诣。
③ 《汉书》卷84，第3422页。

皇帝问丞相……惟君登位，于今十年，灾害并臻，民被饥饿，加以疾疫溺死……观君之治，无欲辅朕富民便安元元之念。间者郡国谷虽颇孰，百姓不足者尚众……夙夜未尝忘焉。朕惟往时之用，与今一也，百僚用度各有数。君不量多少，一听群下言，用度不足……变更无常。朕既不明，随奏许可，议者以为不便……朕诚怪君，何持容容之计，无忠固意，将何以辅朕帅道群下？而欲久蒙显尊之位，岂不难哉……朕既已改，君其自思，强食慎职。使尚书令赐君上尊酒十石，养牛一，君审处焉。①

成帝在这份严厉而冗长的诏书中，看似与丞相共同承担历年来所有灾异的责任，但却认为自己的罪过已改，将所有的过错悉委于翟氏，此书一下，翟氏遂即日自杀。

东汉初卫宏著《汉旧仪》曾云："有天地大变、天下大过，皇帝使侍中持节乘四白马，赐上尊酒十斛，养牛一头，策告殃咎。使者去半道，丞相即上病。使者还，未白事，尚书以丞相不起病闻。"② 可能就是参考翟氏自杀的故事。

从翟氏自杀的过程看来，翟氏自杀并非其主动的意愿，乃是在身旁若干善为星历者的压力，以及在皇帝的强烈明示之下，不得不然的举措。可见懂星历者或对天变有解释权，然而最后的裁夺权，则是掌握在皇帝的手中。

翟方进自杀后，"上秘之，遣九卿册赠以丞相高陵侯印绶，赐乘舆秘器，少府供张，柱楯皆衣素。天子亲临吊者数至，礼赐异于它相故事。谥曰恭侯。长子宣嗣"③。翟氏为成帝当灾而死，成帝极尽厚赐，甚易理解；而皇帝"秘之"的理由，或许是不想让别人知道自己的私心。这一

---

① 《汉书》卷84，第3422—3423页。

② 《汉旧仪》卷上，第8页。

③ 《汉书》卷84，第3424页。

点看来，成帝本人对"荧惑守心"之天变甚为恐惧，深怕它应验在自己身上，故迫令丞相自杀以代替自己因应天变！由成帝此一做法，显见当时天人感应思想深入人心的程度。

孰料翟方进之自杀，未能达到转移灾异的目的。次月，"素彊，无疾病"且正当壮年的成帝暴崩，死因不明。当时民间哗然，咸归罪赵昭仪。群情沸腾后，皇太后始派遣丞相、大司马等人调查，史书记载赵昭仪自杀，究竟是畏罪或为平息舆论，就不得而知了。①

从现代天文学知识了解，知"荧惑守心"的出现，通常会维持相当长的一段时间（一、两个月），不可能瞬间消失，因而甚易验证真伪，如此重大的天象，相信善为星历的翟方进应会亲自去观测或加以计算。如果翟氏认为这是伪造的天象，但在此深信天人感应并对罕见的"荧惑守心"亦欠缺正确认识的时代里，天变之有无被认为是全凭天意，即便自己观测不到，也很难提出辩解。且置身于其他善星历者与皇帝的压力下，身为宰辅的翟方进，只有在宋景公故事中"移于宰相"的原则下②，为一个子虚乌有的天变被迫自杀了。事实上，翟氏也很可能相信上天会以突发且短暂的"荧惑守心"天象来示警。

五、 汉成帝时代之政治环境

汉成帝时期有三件事情对政局影响最深，一是成帝好色，内宠殷盛，二是成帝始终无亲嗣，三是外戚王氏专擅。因之，许多大臣常藉灾异之名向皇帝建言，俾去除积弊，其中以刘向、谷永、杜钦等人最积极。③

---

① 《汉书》卷 97 下，第 3989—3990 页。

② 从宋景公时荧惑守心事件中，子韦建议可将灾祸"移于宰相"来看，宰相职责中负有为君主担灾异的义务，或可能自春秋时代即此现象。参见影山辉国《漢代における災異と政治》，第 47—48 页。

③ 参见《汉书》卷 36、卷 60、卷 85，第 1949—1950、2667—2674、3443—3473 页。

成帝自为太子即以好色闻，得位后多采良家女备后宫，先有许皇后、班婕妤专宠，后有赵皇后、赵昭仪姊妹贵倾后宫。后者尤骄奢恣纵，因己无所出，曾数度掩杀皇子①，所以成帝一直无亲子，继承的问题遂常常困扰着成帝。成帝以前诸帝皆有早立太子的惯例，成帝迟迟未立储君，备受各方注目。大臣们经常上奏，切言消除天灾以求皇嗣，但是赵氏姊妹为保持宫中地位，破坏不遗余力；成帝本人则耿耿于怀，甚至曾一度好鬼神、方术，以求皇子。

西汉国势在武、宣时达到巅峰，自元帝起衰象渐露，到成帝即位时，外戚掌权，埋下了西汉灭亡的祸根。外戚王氏得势自王凤任大司马大将军领尚书事（元帝竟宁元年，前33）始，次年（成帝建始元年，前32）王家五人同为关内侯，此后王家的势力如日中天。成帝得立，又多王氏拥佑，故成帝施政遂常受制于外家。

翟方进家世微贱，最初在太守府做个小吏，被称为"迟钝不及事"，经常为掾史詈辱；后来经蔡父指点，便前往京师从博士受《春秋》；十余年后，以明习《春秋》射策甲科为郎；稍后学问益增，徒众渐广，颇受时儒称赞。陆续迁议郎、博士、刺史等官，因其居官不烦苛，所察应条辄举，甚有威名。再迁丞相司直，其间以旬岁间免两司隶校尉闻名当时，朝官多惮之。翟氏因此受到丞相薛宣的赏识，并预期他不久就会为相。② 永始二年（前15），翟氏迁御史大夫。几个月后，薛宣因坐广汉盗贼群起，及太皇太后丧时三辅并征发为奸，免为庶人，翟方进亦坐为京兆尹时奉丧事烦扰百姓，左迁为执金吾。二十多天后，因群臣推举，翟氏遂登位丞相。

翟方进当了九年的丞相，是成帝朝在位最久的丞相。③ 方进智能有

---

① 《汉书》卷97下，第3990—3996页。

② 薛宣云："谨事司直，翟君必在相位，不久。"（《汉书》卷84，第3415页）

③ 汉成帝朝丞相在位时间：匡衡，建始元年（前32）至建始三年（前30）凡三年；王商，建始四年（前29）至河平四年（前25）五年；张禹，河平四年（前25）至鸿嘉元年（前20）六年；薛宣，鸿嘉元年（前20）至永始二年（前15）六年；翟方进，永始二年（前15）至绥和二年（前7）九年。

余，兼通文法吏事，擅以儒雅缘饰，所以赢得了"通明相"之号；又善求成帝微旨以巩固地位，所以奏事当意，为天子倚重。

绥和元年（前8），成帝已在位二十五年，仍然没有亲子为嗣，于是只得从至亲中挑选继承人，当时最有希望的人选是中山孝王和定陶王。定陶王刘欣好文辞法律，元延四年（前9）入朝时，已颇得成帝欢喜①，加上定陶王祖母傅昭仪私赂曲阳侯王根、赵皇后、赵昭仪等，劝成帝立储，以定陶王为嗣，成帝便召丞相翟方进、御史大夫孔光、右将军廉褒、后将军朱博四人入禁中商议。翟方进与王根认为依礼："昆弟之子犹子也""为其后者为之子也"，遂拥立定陶王，廉褒和朱博如议，唯独孔光以为中山孝王宜嗣，最后成帝以"兄弟不相入庙"，立定陶王为太子。孔光以议不中意，左迁廷尉。②从这个事件看来，在翟氏死前一年，他仍具有相当的决策分量。

绥和元年（前8）的另一件大事，是淳于长事件。③淳于长是孝元王皇后姊子，与大将军王凤有甥舅之恩，所以得以迁转至卫尉九卿。赵飞燕贵幸，成帝有意立之为皇后，但赵氏出身微贱，屡次被太后所难。淳于长遂往来通语东宫，使得赵皇后得立，成帝为嘉勉其功，赐淳于氏为关内侯，稍后封为定陵侯。此后淳于氏大见信用，贵倾公卿，然其外交诸侯、牧守，赂遗赏赐，积累巨万，又多畜妻妾，淫于声色，不奉法度。因为他娶许皇后的姊姊为小妻，许后遂贿赂淳于长，希望能复为婕妤。长收受许后金钱、乘舆、拂御等物前后千余万，诈称已传达其意，将立为左皇后。两人往来书信中，常戏侮嫚易，如此者数年。

绥和元年，曲阳侯王根久病，数次上书乞骸骨。淳于长以外戚居九卿位，依次第应取代王根辅政，但是新都侯王莽嫉妒淳于长得宠，于是就揭发其娶许后姊及谋立许后为左皇后之事，成帝乃免淳于长官职，遣

① 《汉书》卷11，第333—334页。
② 《汉书》卷81，第3355页。
③ 《汉书》卷93，第3730—3732页。

其就国。此事至此本应告一段落，但是这时红阳侯王立之嗣子王融向淳于长请车骑，淳于长以贵重的珍宝透过王融送给王立，王立因此为淳于长言说。原先两人有怨，如今却有此举，使得成帝大疑，事下有司案验。王立十分恐慌，就命王融自杀灭口，更加深了皇帝的怀疑，认为其中必有大奸，于是逮淳于长下狱，最后淳于长死在狱中，红阳侯就国。王莽遂顺利代王根为大司马辅政，此乃王莽首次严酷地打击政敌，以取得权力。

哀帝即位后，因傅、丁两外家权盛，王莽当了两年大司马后，遂移病自免，回到封国，公卿大夫多称之，极邀令誉，至元寿元年（前2）才又重掌大权。哀帝死后无子，孝元王皇后与王莽立九岁的平帝继祚，太后临朝称制，政事皆委于王莽。最末王莽得到汉祚，建立新朝。

早年翟方进独与淳于长交，并且称荐之。淳于长坐大逆诛时，许多和淳于长交厚的人都牵连坐免，唯独翟氏例外。成帝以翟氏为大臣，向来尊重他，特别为之隐讳。翟方进内惭，上书乞骸骨，成帝未许，仍然居位视事，可见此时翟方进尚能巩固权位，皇帝对他仍恩宠有加。稍后，翟方进竟条奏与淳于长来往的二千石以上官员，遂有二十几个人因而被免。[①] 翟氏这种为求自保并且取信或谄媚皇帝的举动，肯定与许多人结怨。

翟氏为相廉洁，不以私事托于四方郡国，然而他"持法刻深，举奏牧守九卿，峻文深诋，中伤者尤多"。且翟方进十余年间即官拜丞相，若干京师知名之士像陈咸、朱博、萧育、逢信、孙闳等都比翟氏资深，后皆曾被他据法罢退，这些世家对于出身寒微的翟氏心有不平是可以想见的。因此，翟氏虽贵为丞相，受到皇帝喜爱，但是多方树敌，容易遭怨。

淳于长垮台以后，除了王莽以外，翟氏变成政坛上最有权势的人物。王莽既能不惜发淳于长之阴私，作为自己揽权的踏板，则其对翟方进亦有某种程度的戒心。且外戚王家因权势庞大，恃宠而骄的情况在所难免，

① 《汉书》卷84，第3421页。

如王商穿城引水，及王立之园中土山渐台似类白虎殿等事①，都招致成帝愤怒。相对于丞相翟方进之善求微旨与奏事当意，皇帝对之宠信有加不难了解。因此淳于长既去，王莽虽继任大司马拥有大权，但是翟方进有成帝作为后盾，在政治上必然亦握有相当大的权力，因此王莽若为独揽权力而欲蓄意打击翟氏并不无可能。

力劝翟氏自杀的李寻，曾被翟方进提拔为丞相府议曹掾吏，又曾数为翟侯言事，方进待之甚厚。李氏治《尚书》，独好《洪范》灾异，又学天文、月令、阴阳，《隋书·天文志》提及汉代传天数者，即以唐都与李寻为代表②，可见后人对李氏的评价。然而，李氏竟将天变的责任全部归罪翟氏，甚至向他说出"万岁之期，近慎朝暮"（即死期不远之意）③的话，丝毫不念及旧恩，或许和李氏受到当权的王根厚遇及推荐有关。④王莽继王根之后成为政坛上最具权势的人物，若王莽有意置政敌翟方进于死地，则李氏一番话或已透露出翟氏在政治斗争中失败的端倪。此外，"荧惑守心"的天象既为伪造，当时或有心存怀疑者，而李氏以擅星历、灾异之身份出面表态，或可堵众人悠悠之口，则李氏在此事件中可能扮演着相当关键的角色。

当王莽居摄，挟孺子婴号令天下，渐露代汉的野心时，翟方进之子翟义与宗室刘信、刘璜结谋，聚众十余万声讨王莽。王莽大惧，派七员大将领奔命出击，亲作大诰诏讨，甚至开出还政孺子婴的条件争取支持，可见翟义声势的浩大。诸将破翟义于陈留、菑之后，双方决战围城，翟义失败逃亡，在固始界中被捕，遭尸磔陈市之辱。随后王莽对翟家进行极残忍的报复，尽坏污翟氏宅第，并发翟方进及其在汝南的先祖冢，夷

---

① 《汉书》卷98，第4025页。

② 《隋书》卷19，北京：中华书局，1982年，第504页。

③ 颜师古注云："万岁之期，谓死也。慎朝暮者，言其事在朝夕。"（《汉书》卷84，第3422页）

④ 《汉书》卷75，第3179—3183页。

灭三族，诛及种嗣，以棘五毒葬之，翟氏至此陨宗①，可见王莽实对翟氏恨之入骨。而翟义首先发难，并与宗室联合讨伐王莽，或与翟方进冤死有密切的关系。

其实早在翟义担任南阳都尉时，宛令刘立恃己为外戚王家之姻亲，而对翟义不礼，义大怒而收缚刘立，震动一时。曲阳侯王根上告皇帝，成帝以问翟方进，方进遣吏敕义放人，此事方休②，可见翟、王两家早有结怨。

历来对于翟方进自杀的看法，或常持同情的态度，如司马光在《资治通鉴》里就曾说："使方进罪不至死而诛之，以当大变，是诬天也；孝成欲诬天、人而卒无所益，可谓不知命矣。"③一方面讥刺汉成帝谬诬天、人，不知命而终究难逃一死；另一方面则认为翟氏之罪尚不至于死。而汉成帝令翟方进当灾自杀，是诬天的行为；或仅单纯地认为翟氏是替皇帝担祸而死④；或以为李寻藉灾异肆诬。而方进陷于愚而自杀⑤，虽着重灾异在汉代的功能，并突出李寻在此事件中所扮演的角色，然而却未对李寻的态度所可能造成的影响，或其背后的目的多加讨论；或以为翟氏的个性"疾恶而刻深"，故易修怨罹祸⑥。此说虽已稍稍触及翟氏的人际关系，但并未进入当时政治环境寻找问题核心。

清初王夫之自政治斗争的观点，认为翟氏以其身试权奸之好恶，而王莽嫉之深矣，即使无"荧惑守心"之天变亦不能免咎。⑦王夫之或不知天象是假，但指出天变之有或无均非关重要，而翟方进与王莽间的权

---

①　翟义失败之后，据说仍有部分翟氏子孙逃出，西迁河东猗氏城，并改葬翟方进于城西五里处。参见《全唐文》卷 732。

②　《汉书》卷 54，第 3424—3425 页。

③　《资治通鉴》卷 33，台北：西南书局，1982 年，第 1052—1053 页。

④　顾颉刚：《汉代学术史略》，台北：天山出版社，1985 年，第 28 页。

⑤　钱穆：《秦汉史》，台北：东大图书公司，1985 年，第 213 页。

⑥　《前汉书》目录卷 1 上《御制读翟方进传》，收入景印《钦定文渊阁四库全书》，台北：台湾商务印书馆。

⑦　〔清〕王夫之：《读通鉴论》卷 5，台北：里仁书局，1985 年，第 123 页。

力冲突才是关键，实为相当深入的观察。时代距翟方进略晚的班彪在《汉书》翟氏传末的评论中，将王莽视为翟家盛衰的转折点，并对翟方进之死与翟义之愤发寄予相当的同情。① 若将此说参照王夫之的看法，则隐约可见翟氏与王莽之间的嫌隙与权力斗争很可能是促使翟氏自杀的重要原因。

六、 结论

据《汉书·天文志》的记载，汉成帝绥和二年春天出现"荧惑守心"的天象②，由于"荧惑守心"的星占代表皇帝死亡的征兆，故汉成帝逼令丞相翟方进自杀，以避免己身罹祸，此为历史上政治受天文影响最深远的事例之一。

但根据推算，绥和二年春天根本未发生"荧惑守心"的天象，显然是有人为了某种政治目的而故意假造的！由于天文现象无法再重复观测验证，所以天象容易作伪；且古人深信天人感应的思想，对伪作的天象，往往无法质疑。在此情况下，即使翟方进善为星历亦不得不自杀！

在中国古代，灾异原或得以制衡皇权，避免其无限制的膨胀，但是从翟方进因天变自杀的例子看来，实际的功效并未如此。虽然善为星历者或可对天变提出解释，建议应变之道，然而最后的决定权及最大的操控权，却多掌握在皇帝手中。

古人观象主要希望能预占人事，事先谋求应变之道以趋吉避凶。但是透过翟方进事件，我们看到天象竟然被用来作为政争的工具，迫使汉

---

① 《汉书》卷 84 其文曰："丞相方进以孤童携老母，羁旅入京师，身为儒宗，致位宰相，盛矣。当莽之起，盖乘天威，虽有贲育，奚益于敌？义不量力，怀忠愤发，以陨其宗，悲夫！"（第 3441 页）按：班氏所称"虽有贲育（指孟贲、夏育之流的勇士）"系成帝赐方进自杀诏书中语（第 3422 页），故班氏之言实暗示翟方进之死与王莽有关。翟义最后虽奋力一击，结果却反而使得翟氏灭族，因而班氏感叹翟氏两代兴衰之沧桑。

② 《汉书》卷 26，第 1311 页。

成帝末年政坛上仍具权势的丞相自杀，深切影响当时的政治局势。此一事件具体地突显出中国古代天文与政治间的密切关系。

　　[原刊于张嘉凤、黄一农《天文对中国古代政治的影响——以汉相翟方进自杀为例》，《清华学报》（新竹）1990 年第 2 期新 20 卷，第 361—378 页。]

中国星占学上最凶的天象

——"荧惑守心"

本文以"荧惑守心"此一被视为大凶的天象为例，尝试深入探讨我国古天文的星占特质。历代文献中的 23 次荧惑守心记录，竟然有 17 次均不曾发生；而另一方面，自西汉以来实际发生的近 40 次荧惑守心天象中，却多未见文字记载。文中并试探了星占书中占辞随时代演变的过程。

一、前言

中国古代天文是科技史研究领域中性质较特殊的学科，此因其内容在天人感应思想的笼罩下，与星占、术数紧密相结合，而带有浓厚的人文精神及非科学色彩。由于官方对天文的重视，我国历代累积了非常丰富的天象记录。其中部分观测资料因仍有助于现代的天文研究，故先前有不少学者将这些记录加以细致地整理、分析，并做出卓越贡献。[①] 但

① Ho Peng Yoke：Ancient and Mediaeval Observations of Comets and Novae in Chinese Sources，*Vistas in Astronmy*，Vol. 5（1962），pp. 127—225；席泽宗、薄树人：《中、朝、日三国古代的新星记录及其在射电天文学中的意义》，《天文学报》1965 年第 13 卷第 1 期，第 1—21 页；F. Richard Stephenson and David H. Clark：*Applications of Early Astronomical Records*，New York：Oxford University Press，1977；云南天文台古代黑子整理小组：《我国历代太阳黑子记录的整理和活动周期的探讨》，《天文学报》1976 年第 17 卷第 2 期，第 217—227 页；戴念祖、陈美东：《中、朝、日历史上的北极光年表》，《科技史文集（六）》，上海：上海科学技术出版社，（转下页）

对于古代天文中最主要的星占特质，则较少为人涉及。

笔者曾详细分析我国古史中的"五星聚舍"记载，发现由于星占学上将此类天象视作有明主出现，并为改朝换代的大吉之兆，故屡见天文家或史家为印证天命而附会或虚构出此类祥瑞。相反，汉吕后及唐韦后时所曾出现的五星聚舍，却因后世对此二女主的政治评价与星占学上的诠释相矛盾，致遭隐而不言。①因知古人尝未能忠实地记录天象；尤有甚者，史书中且不乏因政治目的而伪造天象的事例。

本文将以被视为大凶的"荧惑守心"为个案，尝试深入探讨中国古天文的星占特质。文中将先叙及"荧惑守心"在星占上的重大意义，次析论文献中各次"荧惑守心"的记载及其可信度，最后则试探古代星占书中有关"荧惑守心"占辞的演变过程。

二、"荧惑守心"的星占意义

"荧惑"两字的本义有眩惑的意思，如《逸周书》中曰："昔者绩阳强力四征，重丘遗之美女，绩阳之君悦之，荧惑不治"②，又《战国策》中有云："凡大王之所信以为从者，恃苏秦之计，荧惑诸侯，以是为非，以非为是。"③荧惑亦为神名之一，代表"朱雀之精"或"火之精"的"赤熛怒之使"④。

在天文学中，荧惑即火星别名，为肉眼可见的五颗行星之一，术家

（接上页）1980年，第87—146页；陈遵妫：《中国天文学史》第三册，上海：上海人民出版社，1984年；北京天文台主编：《中国古代天象记录总集》，南京：江苏科学技术出版社，1988年。

① 参见本书《中国星占学上最吉的天象——"五星会聚"》。

② 〔晋〕孔晁注《逸周书》卷8，台北：中华书局，1965年。

③ 〔汉〕高诱注：《战国策》卷19，台北：艺文印书馆，1974年。

④ 〔唐〕李淳风：《乙巳占》卷5，台北：新文丰出版公司，《丛书集选》本；〔唐〕李淳风：《乾坤变异录·荧惑占》，台北：广文书局，《中国哲学思想要籍续编》本。

常称此星为勃乱，乃与残贼、疾、丧、饥、兵等恶象相关联。[①]《史记·天官书》中有云："荧惑为孛，外则理兵，内则理政。故曰：'虽有明天子，必视荧惑所在。'"[②] 更显示古人相信荧惑乃与君主的天命攸关。由于古人相当重视荧惑的行度，以致往往出现穿凿附会的事例，如宋徽宗大观年间，景德镇所烧制的瓷器，因窑变而呈现如朱砂般的红色，时人或因荧惑为火之精，即有妄称此事是"荧惑躔度临照而然，物反常为妖"，致窑户亟于将制品碎毁。[③]

心宿为古代二十八宿之一，属东宫苍龙，共三星，依星家的说法，其中央大星代表天王（即皇帝），又名大火；前后星则分指太子及庶子（见图一）。心宿在星占学上不仅代表天子祈福祀神的明堂所在，且与荧惑的关系密切，被视为"荧惑庙"[④]。

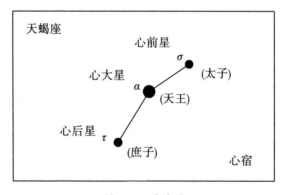

图一　心宿诸星

至于"荧惑守心"的天象，指的是荧惑在心宿发生由顺行（自西向东）转为逆行（自东向西）或由逆行转为顺行，且停留在心宿一段时期

---

①　《史记》卷27，第1317页。
②　《史记》卷27，第1347页。
③　〔宋〕周辉：《清波杂志》卷5，台北：新文丰出版公司，《丛书集成新编》本。
④　《史记》卷27，第1319页。

的现象。① 火星的逆行自秦历以后始为天文家所知②，并以为凶兆，如《史记》中有云："礼失，罚出荧惑，荧惑失行是也。出则有兵，入则兵散。以其舍命国……反道二舍以上，居之，三月有殃，五月受兵，七月半亡地，九月太半亡地"③，其中"反道"即指的是逆行。

由于"荧惑守心"涵盖荧惑逆行的天象，且涉及与君主关系密切的心宿，故在星占学上被视为是一可直接影响到统治者命运的极严重凶兆，如《史记·天官书》中即云："火犯守角，则有战。房、心，王者恶之也。"④ 又如马王堆汉墓出土的帛书《五星占》中亦称："（火）与心星遇，【则缟素麻衣，在】其南、在其北，皆为死亡。"⑤ 在《唐开元占经》里所引战国石申夫和甘德的占辞中，更称荧惑守心预示将发生"大人易政，主去其宫""天子走失位""王、将军为乱""大臣为变，谋其主，诸侯皆起"等事件。⑥ 下文即就文献中的各次"荧惑守心"记载分别析论。

三、 文献中的 "荧惑守心"

笔者在搜集、整理文献中各"荧惑守心"记录的过程中，曾使用台北"中央研究院"计算中心及历史语言研究所发展中的"二十五史全文

---

① 〔唐〕瞿昙悉达：《唐开元占经》卷 64 中有云："石氏曰：居之不去为守。甘氏曰：徘徊不去其度为守。《文耀钩》曰：留不去为守。郗萌曰：二十日以上为守。"（《四库全书》本）

② 《隋书》卷 20。

③ 《史记》卷 27，第 1317—1318 页。

④ 《史记》卷 27，第 1298 页。

⑤ 马王堆汉墓帛书整理小组：《马王堆汉墓帛书〈五星占〉释文》，《中国天文学史文集》，北京：科学出版社，1987 年，第 1—13 页。

⑥ 〔唐〕瞿昙悉达：《唐开元占经》卷 31。

资料库",以电脑查阅了部分正史中涉及"荧惑守心"的记载共 23 次①
(表一)。本节即运用现代的天文知识依序对这 23 次"荧惑守心"的记载
做简要的析论。

表一　历代文献中有关"荧惑守心"的记载

时间	天象叙述	文献中所记载的事应
1. 宋景公三十七年	荧惑在心	
2. 秦始皇三十六年	荧惑守心	翌年始皇崩
3. 汉高祖十二年春	荧惑守心	四月高祖崩
4. 绥和二年春	荧惑守心	二月丞相翟方进为塞灾异自杀，三月汉成帝崩
5. 永初元年五月戊寅	荧惑逆行守心前星	十一月周章谋废邓太后及汉安帝，事觉自杀
6. 中平三年四月	荧惑逆行守心后星	三年后汉灵帝崩
7. 黄初年间	荧惑守心	魏文帝崩
8. 太康八年三月	荧惑守心	三年后晋武帝崩
9. 元康九年六月	荧惑守心	二年后晋惠帝被废为太上皇
10. 光熙元年九月丁未	荧惑守心	十一月晋惠帝崩
11. 永嘉五年十月	荧惑守心	七年正月晋怀帝崩
12. 成汉太和初年	荧惑守心	帝李势崩
13. 后赵石虎末年	焚惑守心	帝石虎崩
14. 后秦弘始末年	荧惑守心	
15. 太清三年正月壬午 三月丙子	荧惑守心 荧惑守心	梁武帝崩
16. 梁太宗承圣年间	荧惑守心	
17. 贞观十七年三月丁巳	荧惑守心前星	
18. 天宝十三载五月	荧惑守心	

① 该资料库在笔者使用之时，共完成《史记》《汉书》《后汉书》《三国志》《晋书》《宋书》《南齐书》《梁书》《陈书》《魏书》《北齐书》《周书》《南史》《北史》《隋书》《旧五代史》《新五代史》《辽史》及《金史》，故以电脑全面搜寻"火……守心"或"荧惑……守心"字句的工作仅限于前列各书，其他各史则主要查阅《天文志》的部分。

续表

时间	天象叙述	文献中所记载的事应
19. 咸通十年春	荧惑逆行守心	
20. 景德三年三月丁未	荧惑守心	
21. 庆元二年五月甲辰	荧惑守犯心大星	
22. 洪武三十一年十月	荧惑守心	
23. 崇祯十五年五月	荧惑守心	

1. 宋景公三十七年（前480），《吕氏春秋·制乐》云：

宋景公之时，荧惑在心，公惧，召子韦而问焉……①

有关此事的叙述亦见于稍后成书的《史记·宋微子世家》《淮南子·道应篇》《论衡·变虚篇》及《新序》② 中，虽记述多雷同，但《史记》及《论衡》中则称当时荧惑为"守心"而非"在心"，《史记》为其中唯一给出发生时间者（宋景公三十七年）③。据笔者以电脑推算，发现当年火星并不曾经过心宿，亦即绝不可能出现"守心"或"在心"的天象④。

2. 秦始皇三十六年（前211），《汉书·天文志》云：

始皇之时……又荧惑守心，及天市芒角，色赤如鸡血。始皇既死，适庶相杀，二世即位，残骨肉，戮将相，太白再经天。因以张楚并兴，

---

① 陈奇猷校释：《吕氏春秋校释》，台北：华正书局，1985年，第347—348页。

② 〔汉〕刘向撰，武井骥纂注：《刘向新序纂注·杂事第四》，台北：广文书局，1981年。

③ 司马迁称此一天象发生于宋景公三十七年楚惠王灭陈之时，但楚惠王灭陈应在宋景公三十九年；〔日〕泷川龟太郎：《史记会注考证·宋微子世家》，台北：洪氏出版社，1983年。

④ 宋景公在位期间唯一的荧惑守心事件发生在二十三年时，本文中所有天象的计算均是依据 P. Bretagnon &. J. -L. Simon, *Planetary Programs and Tables from −400 to +2800* (Richmond：Willmann-Bell, 1986)，所计算坐标的不准度均不逾 0.01°。

兵相跆籍，秦遂以亡。

上述记载并未提及年月，但《史记·秦始皇本纪》中则指称荧惑守心是发生在始皇三十六年①。经推算后发现此年荧惑并不曾守心，倒是后一年的 3 月 26 日火星曾留守心宿②，故司马迁对此事的系年或有误。

3. 汉高祖十二年春（前 195 年 2 月 9 日—5 月 7 日），《汉书·天文志》云：

（高祖）十二年春，荧惑守心。四月，宫车晏驾。

此事未见于《史记》。经推算，十二年春，荧惑由壁宿顺行至毕宿，未曾守心。

4. 汉成帝绥和二年春（前 7 年 1 月 31 日—4 月 29 日日），《汉书·天文志》云：

绥和……二年春，荧惑守心。二月乙丑，丞相翟方进欲塞灾异，自杀。三月丙戌，宫车晏驾。

经推算，荧惑在 2 月 1 日左右留角宿后，转为逆行，至 4 月 22 日留轸宿后，始又顺行。绥和二年春并不曾发生荧惑守心。

5. 汉安帝永初元年五月戊寅（107 年 6 月 15 日），《后汉书·天文中》云：

孝安永初元年五月戊寅，荧惑逆行守心前星……心为天子明堂，荧惑逆行守之，为反臣……是时，安帝未临朝，邓太后摄政，邓骘为车骑

---

① 《史记》卷 6，第 259 页。
② 本文中以阿拉伯数字表示的日期均为公历。

将军，弟弘、悝、阊皆以校尉封侯，秉国势。司空周章意不平，与王尊、叔元茂等谋，欲闭宫门，捕将军兄弟……废皇太后，封皇帝为远国王。事觉，章自杀。

经推算，该年 4 月 10 日左右，荧惑在尾宿留，并转为逆行，至 6 月 18 日留心前星（天蝎座 σ 星）附近后，始又顺行，故此一天象确实发生。

6. 汉灵帝中平三年四月（186 年 5 月 7 日—6 月 4 日），《后汉书·天文下》云：

（中平）三年四月，荧惑逆行守心后星，十月戊午，月食心后星。占曰："为大丧。"后三年而灵帝崩。①

经推算，该年 4 月 13 日左右，荧惑在尾宿留，并转为逆行；至 6 月 21 日留心后星（天蝎座 τ 星）附近后，始又顺行。但十月戊午（11 月 27 日）并不曾发生"月食心后星"的天象，在当日破晓之前不久，月亮确不断接近心后星，但两者相距最近时仍约为 3.3°。

7. 魏文帝（约 225），《三国志·蜀书》卷四十三裴松之注引《蜀记》云：

魏明帝问（黄）权："天下鼎立，当以何地为正？"权对曰："当以天文为正。往者荧惑守心而文皇帝崩，吴、蜀二主平安，此其征也。"

《宋书·天文志》中称三国史中并无荧惑守心之记录，并认为黄权所指的天象，应为黄初六年五月壬戌（225 年 7 月 9 日）荧惑入太微事②。经推算后发现，在魏文帝崩逝（黄初七年五月）之前数年间，均不曾发生荧

---

① 《文献通考》卷 287 中将此事误系为光和四年。
② 《宋书》卷 23。经计算发现五月壬戌日荧惑确在太微。

惑守心。

8. 晋武帝太康八年三月（287 年 3 月 31 日—4 月 29 日），《晋书·天文下》云：

> 太康八年三月，荧惑守心，占曰："王者恶之。"
>
> 太熙元年四月己酉，帝崩。①

经推算，三月时，荧惑在井宿顺行，不曾守心。

9. 晋惠帝元康九年六月（299 年 7 月 15 日—8 月 13 日），《晋书·天文下》云：

> 九年六月，荧惑守心。占曰："王者恶之。"八月，荧惑入羽林。占曰："禁兵大起。"其后，帝见废为太上皇，俄而三王起兵讨赵王伦，伦悉遣中军兵相距累月。②

经推算，该年 7 月 23 日左右，荧惑在近壁宿处留，并转为逆行，至八月戊申（9 月 25 日）留羽林军后，又开始顺行。本年并不曾出现荧惑守心的天象。

10. 晋惠帝光熙元年九月丁未（306 年 10 月 24 日—11 月 21 日），《宋书·天文二》云：

> 光熙元年九月丁未，荧惑守心，占曰："王者恶之。"己亥，填星守房、心，又犯岁星。占曰："土守房，多祸丧。守心，国内乱，天下赦。"又曰："填与岁合为内乱。"是时，司马越秉权，终以无礼破灭，内乱之

---

① 又见于《宋书》卷 23。

② 又见于《宋书》卷 24。

应也。十一月，惠帝崩，怀帝即位，大赦天下。①

据推算，光熙元年九月并无丁未日，且此年亦不曾出现荧惑守心的天象。九月亦无己亥日，十月时填星（土星）虽位于房、心附近，但却仅为较常见的顺行而非"守"。

11. 晋怀帝永嘉五年十月（311 年 10 月 29 日—11 月 26 日），《晋书·天文下》云：

（永嘉）五年十月，荧惑守心。六年六月丁卯，太白犯太微。占曰："兵入天子庭，王者恶之。"七月，帝崩于寇庭，天下行服大临。②

五年十月间，荧惑正由轸宿向角宿顺行，根本不曾守心。六年六月丁卯（312 年 8 月 6 日），太白的位置在太微外缘，正顺行离开，而在此之前二十日左右，太白即已进入太微。

12. 成汉太和初年（约 344 年），《晋书·载记第二十一》云：

太史令韩皓奏荧惑守心，以宗庙礼废，势命群臣议之。

李势为十六国中成汉的皇帝。此一荧惑守心的天象，即是韩皓在其嗣位后不久所上奏的，昔人尝以李势之亡（嘉宁二年，347 年）乃与此一天象相应。但经计算火星在 344 至 347 年间的位置，发现在这段期间荧惑均不曾守心。

13. 后赵石虎末年（约 349 年）

昔人言朔漠诸国，唯占于昴北，亦不尽然。考之史，流星入紫宫而

---

① 又见于《晋书》卷 13。
② 又见于《宋书》卷 23。

刘聪死，荧惑守心而石虎死……①

石虎为十六国中后赵的皇帝，卒于太宁元年（349）五月。经计算此年之前数年火星的位置，并未发现任何荧惑守心的天象。

14. 后秦弘始末年（约415），《晋书·载记第十八》云：

> 灵台令张泉又言于兴曰："荧惑入东井，旬纪而返，未余月，复来守心。王者恶之，宜修仁虚己，以答天谴。"兴纳之。

荧惑乃于公元414年8月27日顺行入东井，11月6日留水位，并转为逆行，12月15日逆行入东井，至翌年1月23日留东井后，始又为顺行。故引文中所称"荧惑入东井，旬纪而返"一事，大体不差，但守心一事则纯属虚构。

15. 梁武帝太清三年（549）《隋书·天文下》云：

> （太清）三年正月壬午，荧惑守心。占曰："王者恶之。"乙酉，太白昼见。占曰："不出三年，有大丧，天下革政更王，强国弱，小国强。"三月丙子，荧惑又守心。占曰："大人易政，主去其宫。"又曰："人饥亡，海内哭，天下大溃。"是年，帝为侯景所幽，崩。七月，九江大饥，人相食十四五。九月戊午，月在斗，掩岁星。占曰："天下亡君。"其后侯景篡杀。

《梁书·武帝本纪》及《南史·梁本纪》中亦均记有此两次荧惑守心，但记同一时间事的《北史·魏本纪》中，则未见此二天象。经计算后发现正月壬午（3月10日）时，荧惑顺行在尾宿；三月丙子（5月3日），逆行在尾宿，均不曾守心宿。倒是五月时曾发生荧惑守心：火星在6月13

---

① 见《古今图书集成·星变部》，台北：鼎文书局，1985年。

日逆行入心宿，6 月 24 日在心后星附近留，开始转为顺行，至 7 月 14 日始离开心宿。又九月戊午（10 月 12 日），月亮在斗宿，与岁星相距最近时约为 50′。虽然很近，但还未到"掩"的程度，仅能称"犯"。

梁武帝崩于太清三年五月丙辰（6 月 12 日）。天文官或史官或为求附会，遂将发生于其死后不久的一次荧惑守心天象挪前，并分在正月及三月重覆其事。又前引文中的其他天象亦多经伪造或曲改，以求附会梁武帝及其子简文帝为侯景所杀等事。

16. 梁太宗承圣年间（553—554），《南史·梁本纪下》云：

> 武陵之平，议者欲因其舟舰迁都建邺，宗懔、黄罗汉皆楚人，不愿移……寻而岁星在井，荧惑守心，帝观之慨然而谓朝臣文武曰："吾观玄象，将恐有贼。但吉凶在我，运数由天，避之何益？"及魏军逼，阉人朱买臣按剑进曰："惟有斩宗懔、黄罗汉，可以谢天下。"

武陵王纪的叛变是在承圣二年七月时平定的，而西魏军逼都城江陵则是在三年十一月，故其中所提的"岁星在井，荧惑守心"的天象，应是发生于此两日期之间。经推算，岁星在承圣三年五月中至九月初，确位于井宿，但荧惑仅在二年八月十二日（553 年 9 月 5 日）时留胃宿，从不曾守心。

17. 唐太宗贞观十七年三月丁巳（643 年 4 月 1 日），《新唐书·天文三》云：

> 十七年二月，犯键闭；三月丁巳，守心前星，癸酉，逆行犯钩钤。荧惑常以十月入太微，受制而出，伺其所守犯，天子所诛也。键闭为腹心喉舌臣，钩钤以开阖天心，皆贵臣象。

十七年二月时，荧惑顺行犯键闭（天蝎座 υ 星）；三月庚申（3 月 26 日），留心宿；三月丁巳，仍逆行，其赤经与心前星相近，但赤纬相差约 5°；

癸酉，逆行犯钩钤（天蝎座 ω 星），故此则纪事大致均真确。

18. 唐玄宗天宝十三载五月（754 年 5 月 27 日—6 月 24 日），《新唐书·天文三》云：

天宝十三载五月，荧惑守心五旬余。占曰："主去其宫。"

此年 4 月 12 日荧惑在尾宿留，开始逆行；至 5 月 18 日左右进入心宿；6 月 21 日在心前星附近留，改为顺行；至 7 月 25 日始离开心宿。

19. 唐懿宗咸通十年春（869 年 2 月 15 至 5 月 14 日），《新唐书·天文三》云：

（懿宗）咸通十年春，荧惑逆行守心。

此年春天，荧惑乃从斗宿渐顺行至室宿，故并未出现荧惑守心的天象。

20. 景德三年三月丁未（1006 年 4 月 5 日），《宋史·天文八》云：

（景德三年）三月丁未，（荧惑）守心。

此年 3 月 29 日，荧惑留心宿，转为逆行，并通过房宿；6 月 10 日在氐宿留，此后顺行。

21. 庆元二年五月甲辰（1196 年 6 月 23 日），《宋史·天文八》云：

（庆元二年）五月甲辰，（荧惑）守犯心大星。

此年 4 月 18 日，荧惑留尾宿，转为逆行；6 月 27 日在心大星（天蝎座 α 星）附近留，此后顺行。

22. 洪武三十一年十月（1398 年 11 月 9 日至 12 月 8 日），《明史·

天文二》云：

（洪武）三十一年十月，（荧惑）守心。

此月，荧惑从翼宿顺行至轸宿，不曾守心。

23. 崇祯十五年五月（1642 年 5 月 28 日至 6 月 26 日），《明史·天文二》云：

（崇祯）十五年五月，（荧惑）守心。

此月，荧惑从室宿顺行至奎宿，不曾守心。

由前述的讨论发现，在二十三次荧惑守心的记载中，竟然有十七次均不曾发生，可见此类天象的记载多出于伪造。由于火星的会合周期（synodic period）是 779.94 日，故大约每隔 284 年，火星在心宿同一位置附近留守的现象将重复发生；若位置的要求再稍微放宽的话，则每隔 79 年亦将发生相近天象一次①。表 2 中整理出以电脑推得实际应发生的荧惑守心事件，列出了各次荧惑留心宿的日期及其位置。发现从前 3 世纪至后 17 世纪之间，共见荧惑顺行留守心宿的天象 21 次，逆行留守心宿 17 次②，亦即平均约五十年应出现一次荧惑守心，但绝大多数此类事件却未见文献记载。

---

① 火星会合周期为其两次冲日的时距，但若令两次冲日时亦发生在天空同一位置，则火星的会合周期（S）及地球的恒星周期（T）需满足下列条件：$nS = mT$。其中 n 及 m 的理想值均应为整数。经计算后发现，当 $m = 79$ 时，$n = 36.996723$；当 $m = 284$ 时，$n = 133.000877$。

② 此处笔者约略定义荧惑守心为火星曾在心宿宿度范围（赤经在 16^h15^m 及 16^h50^m 之间；以 2000 年春分点为准）内留的天象。

表二　实际发生的荧惑守心天象

顺行留心宿					顺行留心宿				
公历			赤经°		公历			赤经°	
年	月	日	h	m	年	月	日	h	m
前 289	3	22	16	30	前 257	6	14	16	19
前 210	3	26	16	40	前 178	6	18	16	31
前 5	3	22	16	24	前 99	6	20	16	44
75	3	26	16	34	107	6	18	16	22
154	3	29	16	44	186	6	21	16	35
280	3	22	16	18	265	6	24	16	48
359	3	27	16	28	470	6	21	16	26
438	3	29	16	38	549	6	24	16	39
517	4	1	16	48	754	6	22	16	17
643	3	26	16	22	833	6	24	16	29
722	3	29	16	31	912	6	26	16	42
801	4	1	16	42	1117	6	24	16	21
927	3	26	16	16	1196	6	27	16	33
1006	3	29	16	25	1275	6	30	16	45
1085	4	1	16	35	1480	6	27	16	24
1290	3	29	16	20	1559	7	1	16	37
1369	4	1	16	30	1638	7	14	16	49
1448	4	4	16	39					
1527	4	4	16	50					
1574	3	29	16	15					
1653	4	11	16	24					

此为火星留时的坐标（使用 2000 年春分点）。

四、 古人对星占事应的态度

综前所论，知历来荧惑守心的记载多属虚构。宋景公故事或即此一天文史上大骗局的始作俑者，据《吕氏春秋·制乐》的记述称：

（景公）曰："荧惑在心，何也？"子韦曰："荧惑者，天罚也。心者，宋之分野也。祸当于君，虽然，可移于宰相。"公曰："宰相所与治国家也，而移死焉，不祥。"子韦曰："可移于民。"曰："民死，寡人将谁为君乎？宁独死。"子韦曰："可移于岁。"曰："岁害则民饥，民饥必死，为人君而杀其民以自活也，其谁以我为君乎？是寡人之命固尽已，子无复言矣。"①

因景公宁愿以己身认命，而不愿听从子韦的建议以宰相、百姓或岁收来当灾，子韦因景公出此三"至德之言"，故以上天必有三赏，亦即将使荧惑徙三舍，且更推断此将令景公延寿二十一年。子韦为强调自己的预推正确，甚至跟景公保证曰："荧惑不徙，臣请死。"结果据报当夜荧惑"果徙三舍"。②

若由现代的天文知识判断，荧惑并不可能在当天即从守心变成移离"三舍"③，且当年火星亦不曾行经心宿。又景公卒于四十八年④，亦未能如子韦所说的延二十一年寿命，故此一故事有甚多部分背离事实。此事最早见于《吕氏春秋》，而不见于记同时事的《左传》，因知是吕不韦（？—前235）时或在此之前所伪造出的。

由于宋景公的故事将民胞物与的精神与天人相应的思想精致地结合在一起，故成为后世对待天变的重要范例，其影响相当深远。不仅历代

---

① 《吕氏春秋校释》，第347—348页。

② 《吕氏春秋校释》，第347—348页。

③ 汉许慎（约58—147）所撰的《淮南子注》（台北：新文丰出版公司，《丛书集成三编》本）中以一舍即二十八宿中的一宿。但王充（27—？）在《论衡·感虚篇》中，则并不十分确定一舍究竟为何。他虽称一舍为十度上下（近于许慎所谓一舍为一宿之约值），但亦不排除一舍为一度。后说或同于司马迁（前145—前86）的看法。因《史记》中在叙述宋景公荧惑守心一事时，将"荧惑果徙三舍"中之"三舍"记作"三度"。参见《论衡集解·感虚篇》及《史记·宋微子世家》。又陈奇猷以此一事件中的荧惑非指火星，而为妖星；但即使如此，欲于当夜移离"三舍"的可能性亦不大。《吕氏春秋校释》，第367—368页。

④ 参见《史记会注考证·宋微子世家》。

文献中屡见臣子在奏疏中称引此事以上谏[1]，金、元之际著名的道士邱处机亦尝仿此事在不同时空下制造了另一翻版[2]。

历史上头一位对宋景公故事发生质疑的学者或为东汉王充（27—?）。在其《论衡·变虚篇》中，反复驳斥了子韦对荧惑守心的说法，辩称若景公能藉"三善言"延寿二十一岁，则"尧、舜宜获千岁，桀、纣宜为殇子"，但今尧、舜、桀、纣的寿命却均近百岁。又王充亦批评子韦所称景公有三善言以致荧惑徙三舍之说，因若此说为真，则如景公当时出十善言，荧惑岂不徙十舍；如再出三恶言，岂不食心；又如无善言亦无恶言，岂不停留不动。王充以为不论景公的反应为何，荧惑均将自去，而子韦有可能已预知荧惑的行度，故善加利用。王充并不知此一天象实际上不曾发生，又他虽严辞批判子韦的说法，但仍未摒弃天人感应说，如他依旧相信"政善则嘉瑞臻，福祥至……恶政发，则妖异见"[3]。

传统对星占事应的看法，至明末以后始较受质疑，如宋应星（1587—?）在《谈天》一书中，即尝严论事应的无稽，曰：

儒者言事应，以日食为天变之大者，臣子徹君，无已之爱也。试以事应言之：主弱臣强，日宜食矣。乃汉景帝乙酉至庚子，君德清明，臣庶用命，十六年中，日为之九食。王莽居摄乙丑至新凤乙酉，强臣窃国，莫甚此时，而二十一年之中，日仅两食，事应果何如也？女主乘权，嗣君幽闭，日宜食矣。乃贞观丁亥至庚寅，乾纲独断，坤德顺从，四载之

---

① 如西汉杜钦、东汉陈忠、朱佟、三国吴贺邵、北宋苏轼等均曾称引过此事。参见《汉书·杜周传》；《后汉书·郭陈列传》；《风俗通义·十反》；《三国志·吴书》卷65；《续资治通鉴长编》卷414，哲宗元祐三年九月戊申条。

② 据文献所记，金哀宗正大二年九月初吉（指初一至初七、八）时，荧惑犯尾宿。因尾宿的分野在燕地，故宣抚王巨川请全真教掌教丘处机作醮禳灾。经两昼夜后，宣抚喜而贺曰："荧惑已退数舍，我辈无复忧矣。"事实上，荧惑根本不可能在两日内即退数舍，且该年九月荧惑并不在尾宿，倒是前一年九月时，荧惑曾犯尾宿。（元）李志常撰：《长春真人西游记》卷下，《丛书集成》本。

③ 《论衡·变虚篇》。

中，日为之五食，永徽庚戌迄乾封己巳，牝鸡之晨，无以加矣，而二十年中，日亦两食，事应又何如也？①

他以日食为例，说明在星占学上应屡现蚀象的时代，实际却少见，反而在不应出现之时却屡见。明末清初的熊伯龙亦尝著书批判和辩证"星变不与人相应"等说。②

清汤斌修《明史·天文志二》时有段按语，称：

> 纬星出入黄道之内外，凡恒星之近黄道者，皆其必由之道，凌犯皆由于此。而行迟则凌犯少，行速则多，数可预定，非如彗、孛、飞、流之无常。然则天象之示炯戒者，应在彼而不在此。历代史志凌犯多系以事应，非附会即偶中尔。兹取纬星之掩、犯恒星者次列之，比事以观，其有验者，十无一二，后之人可以观矣。

更明白指称行星掩犯恒星乃为大自然可预推的规律，并谓此类天象的占辞曾应验者，"十无一二"，且若非附会即为偶中。唯时人尚未能尽斥星占之学，认为上天仍将透过彗、孛、飞、流等不规则的天象以预示炯戒。

至于深受西学洗礼的康熙帝则尝曰："天气垂戒，理则有之。（荧惑）若果退舍，后来推算者，以何积算？"直指荧惑退舍之说为不可信。③

五、 星占占辞的演变

在星占学上，荧惑守心被视为对最高统治阶层极为不利的天象。本

---

① 〔明〕宋应星：《野议·论气·谈天·思怜诗·日说三》，上海：上海人民出版社，1976 年，第 106 页。

② 参见罗炽《熊伯龙的"无何"说》，收入陈鼓应等主编《明清实学思潮史》，济南：齐鲁书社，1989 年，第 1133—1159 页。〔清〕熊伯龙：《无何集》，北京：中华书局，1979 年，第 33—41 页。

③ 章梫等：《康熙政要》卷 18，台北：华文书局，《中华文史丛书》本。

节即以其中逆行守心的部分为个案，尝试探讨我国古代星占占辞随时代演变的模式。

表三中整理出《唐开元占经》等书录引各术家有关荧惑逆行守心的占辞。① 其中"石氏"指的是战国魏石申夫，郗萌为东汉和、安两帝间人②，而陈卓与韩杨则均为晋太史令③。

表三　有关"荧惑逆行守心"的各家占辞

出处	占辞
石氏曰	哭泣涔涔，主命恶之，国有大丧与兵；逆行守心中央大星，有白衣之会
郗萌曰	旱，失火
《黄帝占》	逆行守心二十日，大臣为乱；逆行守心环绕成钩己，皆为大人忌，期六月，以赦解之
《海中占》	留、逆、犯、守、乘、凌心星，王者宫中乱，臣下有谋易立天子者，权在宗家得势大臣
陈卓曰	逆而行心，地震
《韩杨占》	多火灾，一曰地震

至于《黄帝占》及《海中占》的作者，时代均不详。经查各史所收录的典籍，发现《汉书·艺文志》录有《海中星占验》《海中五星经杂事》《海中五星顺逆》以及《黄帝、杂子气》《黄帝阴阳》《黄帝诸子论阴

---

① 其中除《韩杨占》的占辞出自《后汉书·天文中》外，余均见《唐开元占经》卷31。

② 〔梁〕刘昭注补《续汉书·天文志》时，引后汉中郎郗萌的占辞甚多。其中最早引称"郗萌曰"的一次是在东汉和帝永元二年（90），最晚的一次是安帝延光三年（124），故郗萌应为和帝及安帝间人。又《天文志》中除称"郗萌曰"外，亦尝引《郗萌占》一书，但此有可能仅为引用郗萌书中对类似天象的占辞，而非郗萌本人对该天象的实际星占记录。《隋书·经籍三》中尝称"梁有《秦灾异》一卷，后汉中郎郗萌撰"。

③ 《隋书·经籍三》称"《天文集占》十卷，晋太史令陈卓定；《天文要集》四十卷，晋太史令韩杨撰"。

阳》等书①;《隋书·经籍志》中亦录有《海中星占》《海中仙人占灾祥书》以及《黄帝五星占》《黄帝阴阳遁甲》等②。由于历代含"黄帝"或"海中"字眼的不同名星占书不少,故它们或分属术数学中的两支派别。其起源虽有可能在西汉或之前,唯其占辞的内容应是随时代而陆续有所增删或修改的。

经比较各家对荧惑逆行守心的占辞后,发现郗萌、陈卓与韩杨三人的内容均较为具体,以为此一天象为旱灾、火灾或地震的征兆。笔者怀疑这些占辞应是参考先前天变发生后的时事而新添入的。因文献中第一次记载荧惑逆行守心的事件是在汉安帝永初元年五月,而当年有十八郡国地震③,且有八郡国出现严重旱灾,因而分遣议郎请雨④。翌年四月,则发生汉阳大火,烧死三千五百余人。⑤ 这些事件恰与前引占辞中所说的旱灾、火灾、地震等事相合。⑥

至于《海中占》中所称的"王者宫中乱,臣下有谋易立天子者,权在宗家得势大臣"文句,则恰与安帝初立时的政局暗合。因殇帝崩时,邓太后与其兄骘等定策立安帝。司空周章以众心不附,遂密谋诛车骑将军邓骘兄弟及秉政的中常侍郑众、蔡伦,并欲废太后及安帝,改立平原王胜,结果事觉自杀。⑦ 故此一占例很可能亦是参考永初元年荧惑逆行守心发生后的时事而新增入的。⑧

现存的《星经》中有云:"心宿……火星守,地动,守二十日,臣谋

---

① 《汉书》卷30。

② 《隋书》卷34。

③ 《后汉书·五行四》。

④ 《后汉书·五行一》。

⑤ 《后汉书·五行二》。

⑥ 刘昭在注《后汉书》中此事时,即曾引《韩杨占》曰"多火灾,一曰地震",并称"检其年十八郡地震,明年汉阳火"(《后汉书·天文中》)。

⑦ 《后汉书》卷16及卷33。

⑧ 〔清〕黄鼎编的《天文大成管窥辑要》则引郗萌曰"旱,有火灾、地震。守之二十日,大臣作乱,哭泣吟吟"(台北:考古文化事业公司,1984年)。将前述各占辞的内容整合在一起,并归之于郗萌一人,唯未知其所根据的文献为何?

主，色黑，主崩之像。"① 显然亦与前述各家的占辞同出一源。此书原本题甘公、石申（夫）著。甘、石二人虽均为战国时人，但此本应为后人附益改纂的。② 又《魏书·天象志》中所称的"凡五星守心，皆为宫中乱贼，群下有谋立天子者。"③ 亦很可能是受相同的影响。

荧惑守心原本被视为一应由君主或大臣承受的凶兆，且君主的责任尤重。但后世的星家却试图为君主卸责，将荧惑之灾仅归咎于大臣，如在清康熙初年薛凤祚（1600—1680）所编的《历学会通·贤相通占》中即云：

一，心宿西星，二为天王正位，中天子，前太子，后庶子……火留，天子明，大臣诛……（心大星），火留守，谏臣诛，贤良死，奸佞幸，天子孤，黎元苦。④

在此占辞中，荧惑留守心宿的征兆竟然已变成"天子明，大臣诛"。因唐以后的各次"荧惑守心"记载中，星家均未将其与皇帝崩殂事相关联（见表1），故占辞中仅由大臣当灾的转变或有可能早在唐时即已出现。

六、 结论

本文以现代天文知识分析了历代文献中整理出的二十三次荧惑守心记录，发现其中竟然有十七次均不曾发生；而在另一方面，自西汉以来实际应发生的近四十次荧惑守心天象中，却多未见文字记载。由于此类

---

① 《星经》卷上，台北：台湾商务印书馆，《丛书集成简编》本。
② 钱宝琮：《甘石星经源流考》，《钱宝琮科学史论文选集》，第271—286页，原载《浙江大学季刊》1937年第1期。
③ 《魏书》卷105。
④ 摘引自《古今图书集成·历象汇编·庶征典·星变部》。此处"一，心宿西星，二为天王正位"，乃指心宿一（此据徐光启等编《崇祯历书》时所创以数字命名恒星的习惯）为西星，心宿二为心大星。

天象在星占学中常被附会成"大人易政，主去其宫"的征兆，故官方天文家或为突显以星占预卜吉凶的能力，很可能在事后伪造此类天象记录，以求与时事相应（多与皇帝崩殂事附会）①。

文中并以"荧惑逆行守心"的天象为例，试探星占书中占辞随时代演变的过程。经分析后发觉天文家往往参考了先前天变发生之后的时事，而不断地在占书中增添入较具体的内容。此一模式不仅扩展了星占的自由度，再配合部分假造的天象记录，使星占在后人心目中的可信度得以增强。此或为星占所以能深入古代中国社会，且为历代官方所重视的一个重要因素。

我国古代星占学所奠基的天人感应说是为传统政治思想的一大特色，此一理念乃透过宫廷中的皇嗣教育以及官方的学院教育而深植于统治及社会精英阶层。② 天人感应思想原有可能成为制衡帝权的一种有效力量，但在"荧惑守心"这个案例中，我们却可发觉或在帝王的权威之下，身为低阶技术官僚的宫廷天文家，主动在占书中将荧惑守心的当灾者，由原为主体的君主完全转移至大臣，致使此一积极功能横遭削弱。

[原刊于黄一农《星占、事应与伪造天象——以"荧惑守心"为例》，《自然科学史研究》1991 年第 10 卷第 2 期，第 120—132 页。]

---

① 汉成帝时的荧惑守心或为少数蓄意伪造的天象以遂行其政治企图的事件。详见本书《汉成帝与丞相翟方进死亡之谜》。又，虽然历代"荧惑守心"或"五星联珠"的记录中，屡见作伪，但此或为特例（因其星占意义极为重大之故），至于正史各《天文志》中的多数天象应均为实际的观测记录。

② 见拙文《苏州石刻天文图新探》，《清华学报》（新竹）1989 年新 19 卷第 1 期，第 115—131 页。

中国星占学上最吉的天象
——"五星会聚"

　　部分学者以"五星会聚"为十分罕见的天象，故拿来断定中国上古史的年代。但因早期文献中所提及的"五星会聚"，多非实际的观测记录，很可能是后人为印证天命说而虚构出的祥瑞，故笔者在本文中将针对此法的可信度详加讨论。至于汉以后史籍中所记载的此类天象，其中有逾60％无法以肉眼实际测见，而近两千年来观测条件最佳的十来次此类天象，又均未见于文献；其中最壮观的两次，还可能因恰逢汉朝吕后和唐朝韦后两位女主当权，而被以男性为主的后代史官抹杀。本文亦将藉此讨论天文星占与政治的互动关系。

一、 前言

　　我国上古的年代断定一直相当困难。此因古史中的纪年阙略，且文献常真伪莫辨，而出土的器物铭文又大多仅书月日。故许多学者乃尝试从上古天象记载着手，希望能藉现代的天文知识回推得这些事件发生的时间，从而为古史的年代断定提供几个可信度较高的参考点。

　　但因古代的天文记录均十分简略，故为达到系年的目的，所选择的天象最好是相当罕见的，如此所推得的年代方能较确定。"五星会聚"（或称"五星聚于某宿""五星聚于某次""五星连珠"等）即为最常被学者引用的天象之一。虽然一般人都直觉地相信此类事件极为难得，但究竟其发生的频率为何，却或因计算繁难而未曾有人做过详细的研究。尤其，古代文献中一直未见"五星会聚"的定量定义，致使问题更为复杂。

如"聚宿"是要求五星均在一宿之内，则我们或可采用二十八宿中范围最大的井宿作为标准。由于本文主要是为讨论秦汉以前此等天象的可靠度，而汉代时井宿的黄道广度（指相邻两宿距星的黄经差）为30°，故笔者在以计算机推算五星的相对位置时[①]，即暂以30°为推算"五星聚宿"的约略条件，且此值亦恰为各次（古人沿天赤道带自西向东均匀划分成十二次）所张之角度。

查公元前2000年至公元2000年间，共出现107次五星聚于30°之内的情形[②]，但因受日光干扰的影响，其中仅有40次可用肉眼同时见到五星（见表一）[③]。如将条件放宽至五星聚于60°之内，则肉眼可见次数将增加到至少194次[④]。若根本不考虑可否以肉眼同时测见[⑤]，则"五星会聚"的发生频率更将大幅增加。

---

① 文中的计算主要根据 P. Bretagnon and J. -L. Simon, *Planetary*, *Programs and Table from* 4000 *to*+2800 (Richmond: Willmann-Bell, 1986)。

② 《后汉书·律历志中》，北京：中华书局（以下所引各正史版本均同此），第3029—3030页；刘金沂：《历史上的五星联珠》，《自然杂志》1982年第5卷第7期，第505—510页。据刘文的讨论，从唐代以迄明末的七次"五星聚宿"天象，其彼此的距离均不超过井宿的黄道广度（已因岁差的影响而渐增至约33°），清代时的定义则较为宽松，大约在50°—60°，超过此限即不称"连珠"或"会聚"，只能称"五星并见"。

③ 笔者所采用各行星是否可见的条件如下：当五星出地平时，太阳必须至少在地平之下11°（土星）、10°（木星）、10°（水星）、11.5°（火星）、5°（金星）。参见《清朝文献通考》卷262，台北：台湾商务印书馆，第7211页。至于后文中所推各次"五星会聚"出现日期的误差均在一日左右。

④ 此处乃参考江晓原、钮卫星《回天——武王伐纣与天文历史年代学》，上海：上海人民出版社，2000年，第262—286页。唯该书所采用各行星是否可见的条件较严格：当五星出地平时，太阳必须至少在地平之下11°（金星）、11°（木星）、15°（土星）、15°（火星）、15°（水星）。

⑤ 彭瓞钧博士认为笔者对"五星会聚"的定义过于严格，指称有些行星虽在会聚之初时因受日光干扰而无法视见，但它们在次第离开所聚之宿时，仍有机会被观测到，故可推估其先前所在的位置。亦即，他主张不必以肉眼同时测见。然因行星的运行有顺逆迟速，古人（尤其在先秦以前）恐不易清楚判断是否确实出现五星聚于某宿的天象。参见 *Early China*, 15 (1990), P. 179.

表一　公元前 2000 年至公元 2000 年间肉眼可见的"五星会聚"天象

发生日期	相互距离	发生日期	相互距离	发生日期	相互距离
5/2, 1973 BC	<21°	1/20, 898 BC	<28°	6/7, 529 AD	<26°
2/27, 1953 BC	<4°	6/3, 822 BC	<27°	8/9, 591 AD	<30°
12/19, 1813 BC	<17°	1/11, 661 BC	<17°	6/26, 710 AD	<6°
7/12, 1734 BC	<20°	11/20, 543 BC	<30°	12/18, 808 AD	<24°
3/8, 1535 BC	<22°	5/24, 442 BC	<17°	6/15, 947 AD	<21°
7/5, 1497 BC	<27°	3/30, 422 BC	<28°	4/14, 1088 AD	<20°
11/21, 1375 BC	<29°	9/29, 402 BC	<30°	2/4, 1108 AD	<17°
1/13, 1256 BC	<30°	5/30, 205 BC	<21°	6/17, 1146 AD	<30°
11/3, 1198 BC	<11°	3/25, 185 BC	<7°	8/20, 1423 AD	<28°
7/13, 1178 BC	<29°	11/28, 47 BC	<10°	6/20, 1564 AD	<19°
5/28, 1059 BC	<7°	4/6, 234 AD	<27°	5/1, 1584 AD	<17°
3/16, 1039 BC	<19°	7/29, 272 AD	<16°	11/12, 1921 AD	<28°
9/13, 1019 BC	<26°	6/7, 292 AD	<24°		
11/13, 961 BC	<22°	10/5, 332 AD	<9°		

此处仅计及五星间相互距离不逾 30°情形。BC 指公元前，AD 指公元后。

　　因而对一仅简略叙述为"五星会聚"的真实记录而言，若其大概发生的年代不能藉其他证据确定至一两百年之内，则以计算回推系年的误差有可能相当大。但若记载中亦提及五星所聚的星宿时，则在一两千年内发生相同天象的机会应是微乎其微。

　　先前班大为（David W. Pankenier）即曾藉"五星会聚"等天象记载，尝试断定武王伐纣、夏桀以及夏禹的年代①；倪德卫与彭瓞钧更将

---

　　① David W. Pankenier：Astronomical Dates in Shang and Western Zhou，*Early China*，7（1982），pp. 2—37；D. W. Pankenier：Mozi and the Dates of Xia，Shang，and Zhou：A Research Note，*Early China*，9—10（1983—1985），pp. 175—181.

此一做法推至巅峰。他们利用五星连珠以及日食的记录，试图论证今本《竹书纪年》中从舜、禹一直到仲康均可能是真实的历史。[①]

由于"五星会聚"的天象在上古史年代学的研究中，扮演着如此特殊的角色，故笔者尝试就最近数千年间实际发生的此种天象与中国古文献中所留下的相关记载，做一较全面的比对研究。文中将首先析论周代以前的几次"五星会聚"，分析它们是否确为流传下来的观测记录。次将论及年代已能先确定的两次发生于汉初以前的事件，希望能藉此对这类天文纪事的可信度有一深入的了解。最后则析探汉初以后实际发生的以及史籍中所载的此类天象。

二、 周共和以前的 "五星会聚" 天象

根据文献的记载，在周代建立之前曾发生不少次"五星会聚"的事件。此节中，笔者将就其中部分天象详加析论，希望能帮助判别这些叙述是否为真实的观测记录。

1. "颛顼时，五星聚于营室"

此则天象曾于 19 世纪后期为 John Williams 介绍至西方天文界，并推测此事发生于公元前 2449 年 2 月 29 日。[②] Williams 并未指出其所引用中文资料的来源，但此一传说中的天象，在清代应为人所熟知。如在雍正三年（1725），因钦天监疏言发生五星连珠的祥瑞，雍正帝在下给大学士等的谕旨中，即提及历史上有"高阳时五星会于营室，汉帝时五星聚于东井，宋祖时五星聚于奎"等三次类似事件。[③] 此处"高阳"即指的是颛顼。又《晋书·律历志》亦引董巴曰："颛顼以今之孟春正月为元，

---

① David S. Nivison and Kevin D. Pang: Astronomical Evidence for the *Bamboo Annals'* Chronicle of Early Xia, *Early China*, 15 (1990), pp. 117—132.

② J. Williams: *Observation of Comets from B. C. 611 to A. D. 1640: Extracted from the Chinese Annals*, London: Strangeways and Walden, 1871.

③ 《清朝文献通考》卷 267，第 7252 页。

其时正月朔旦立春，五星会于天庙，营室也……"①

此则"五星会聚"的叙述最早应出自汉刘向（前77—前6）的《洪范传》："历记始于颛顼上元太始阏蒙摄提格之岁，毕陬之月，朔日己巳立春，七曜俱在营室五度。"此书久佚，但《新唐书·历志》在讨论颛顼历时，曾摘引了上段文字。② 经回推公元前2449年2月29日的天象，发觉当时水、火、木、土四星聚在娄、胃、昴三宿，但金星相隔甚远，且不可能与其他四星同时看见。又在过去六千年间，亦不曾出现七曜均聚在5°之内的情形，更遑论各星都恰位于入营室五度之处。

由于中国古代历家一直强调要找到一"朔旦、日月合璧、五星连珠"的完美上元，如此即可用代数的方法推得所欲计算日期的节气、干支以及日月五星位置等资料。故此处"七曜俱在营室五度"句，应非实际的观测记录，而是古历家由日月以及各行星已知的运行周期回推得的。况且营室的名称，在颛顼时是否即已存在，亦为一大问题。③

倪德卫与彭瓞钧认为此一"五星会聚"发生于公元前1953年。④ 经笔者推算后发现从2月16日至3月14日，五星均可同时看见；在2月26日时，各星更聚在室宿之内，相距不逾4.3°。此虽为近6000年来五星距离最接近的一次，但月亮却在60°之外，太阳则在另一侧的26°之外，并不符合《洪范传》中"七曜俱在营室五度"的描述，且年月之干支亦均不合！

2."夏桀时，五星错行"

今本《竹书纪年》中有云："桀十年，五星错行，夜中，星陨如

① 《晋书》卷17，北京：中华书局，第502页。

② 《新唐书》卷27上，北京：中华书局，第602—603页。

③ 1978年夏，湖北随县发掘出土前5世纪的古墓葬，其中有一件漆箱盖，上面有二十八宿名称，其中把营室称为西营，东壁称为东营，"营室"一词或在稍后始出现。参见王健民《〈周礼〉二十八星辨》，收入《中国天文学史文集》第3集，北京：科学出版社，1984年，第117—123页。

④ 参见 Early China 15（1990）pp. 183—184。

雨。"① 班大为将其中的"五星错行"释作太阳与五星位置的相对次序不断改变，并推断此一天象发生于公元前 1576 年 11 至 12 月。在这段期间，五星最近时彼此相距在 26°之内，唯因太阳恰位于各行星之间，所以五星无法同时看见。

史书中未见"五星错行"的具体定义，但即使班大为的解释正确，其所推得的年代，亦不能完全确定，如公元前 1537 年 3 月即有一次类似的天象发生。且笔者并不同意班大为对"错行"的解释，疑此很可能指的是五星的运行与推算不合，因《晋书·天文志》中有云：

> 凡五星见伏、留行、逆顺、迟速应历度者，为得其行，政合于常；违历错度，而失路盈缩者，为乱行。乱行则为天矢彗孛，而有亡国革政，兵饥丧乱之祸云。②

故"错行"或即上文中所称因"违历错度"所造成的"乱行"，且前引文中以为"乱行"将导致天矢（即流星）、彗、孛，而有亡国革政的征兆，亦与《竹书纪年》中紧接在五星错行之后所述的"星陨如雨"以及商汤灭桀的传说暗合。席泽宗先生质疑夏桀时不可能就会推算五星位置。③ 笔者则认为当时人已从长期的观测中尝试去掌握五星的运行规律，只不过是其推步的准确度欠佳而已。

查现存的天象记录中，"五星错行"虽仅此一见，但记载同一现象的"五纬错行"至少有两则，如曹丕篡汉称帝时尝颁诏曰：

> 汉历世二十有四，践年四百二十有六，四海困穷，三纲不立，五纬

---

① 〔清〕林春溥：《竹书纪年补证》卷 1，台北：世界书局，《竹书纪年八种》本，第 17 页。

② 《晋书》卷 12，第 322 页。

③ 席泽宗：《"五星错行"与夏商分界》，收入席著《古新星新表与科学史探索》，西安：陕西师范大学出版社，2002 年，第 692—694 页。

错行，灵祥并见。推术数者，虑之古道，咸以为天之历数，运终兹世……今朕承帝王之绪，其以延康元年为黄初元年，议改正朔，易服色，殊徽号，同律度量，承土行，大赦天下……①

即是拿"五纬错行"作为有必要易代改历（"议改正朔"）的理由。

而曹丕驾崩后，其弟曹植在所撰的祭文中有云：

惟黄初七年五月七日，大行皇帝崩，呜呼哀哉！于时天震地骇，崩山陨霜，阳精薄景，五纬错行，百姓呼嗟，万国悲伤，若丧考妣……②

则以"五纬错行"作为帝崩的事应，形容天地星辰均因此发生变异或不循常轨。经回推当日的天象后，发现"错行"既不符合班大为的解释，也无"五星会聚"的情形发生。

再者，从元代天文大家郭守敬尝撰《五星错行考》五十卷一事③，亦可推知"五星错行"应非十分罕见，否则，何以需要如此大之篇幅？该书很可能是搜集先前五星运行与推算大不合的记录，再拿来考订授时历的准确度。此外，正史中亦有"日月错行"或"三光错行"等用词④，由于日月位置的相对次序不可能交错改变，故均应指的是日、月、星（五星）"三光"的运行与预推出现显著误差。

综前所述，"五星错行"应非是一种特殊天象，而只是用来描述各行星的运行与预推出入颇大，故罕见于《天文志》中以描述真实天象为主的记录。也就是说，我们将无从根据《竹书纪年》中的这一则记载回推得年代。

---

① 《三国志》卷2裴松之注引《献帝传》，北京：中华书局，第75页。
② 《三国志》卷2裴松之注，第86页。
③ 〔元〕苏天爵：《元名臣事略》卷9，台北：台湾商务印书馆，景印《钦定文渊阁四库全书》本，第15页。
④ 《晋书》卷51，第1423页；《新唐书》卷34，第872页。

3. "商纣时，五星聚于房"

文献中有关此天象的记载甚多，如《春秋元命苞》称："商纣之时，五星聚于房。"[1] 西晋皇甫谧（215—282）的《帝王世纪》曰："文王在丰，九州诸侯咸至，五星聚于房。"[2] 桓谭（？—前56）《新论》中称文王所作的《凤凰之歌》有云："……五神连精合谋房兮"[3]，《宋书·符瑞志上》亦曰："文王梦日月着其身……孟春六旬，五纬聚房。"今本《竹书纪年》中虽称："帝辛三十二年，五星聚于房。"[4] 唯据王国维的看法，此本多袭自它书并擅加入年月。以上这些记载，虽文字稍有不同，但均以纣王之时曾出现"五星聚于房"的天象。

班大为以为此一天象发生于公元前1059年，并用作推断武王伐纣年代的重要论据。据笔者回推当时的天象，发现在该年的4月24日至6月7日间，五星均可在日落后不久，同时见于地平之上；至5月28日时彼此甚至接近至不逾6.5°，当时各星均在井、鬼附近。此与前引各文献中所称的"五星聚于房"，赤经相差达8 h！

但班大为在以此叙述推定周灭商的年代时，却对文献中的位置记载与实际天象间的严重矛盾轻描淡写。且班大为亦推得五星聚在一块的日期，与《宋书》中所称的"孟春六旬"不合，这些均显示此一叙述并非源自实际的观测记录。班大为在无任何证据支持之下，辩称此事本身应为真实的天象记录，唯其中的位置与日期均为后人错误推算后所添加的。此一说法，实在相当牵强。

但此次"五星聚于房"是否可能为其他相近年代的观测记录？据笔者推算，在公元前1200年至公元前1000年间，仅公元前1198年及公元前1019年两次"五星会聚"时，金星与火星曾位于房宿，但当时其他各星则否，又公元前1198年亦较各家从文献或考古资料所推得的纣王在位

---

① 〔宋〕李昉等撰：《太平御览》卷5，京都：中文出版社，1980年，第3页。
② 《唐开元占经》卷19，景印《钦定文渊阁四库全书》本，第2页。
③ 《太平御览》卷84及卷329。
④ 《宋书》卷27，北京：中华书局，第765页。

时间①，提早相当多。

除了班大为藉"五星聚于房"推求武王伐纣之年外，亦有学者利用其他天象记载尝试断定此一年代。如张钰哲与赵光贤认为《淮南子·兵略训》中所称武王伐纣时出现的彗星，即著名的哈雷彗星（Halley's Comet），并从哈雷彗星的轨道元素回推得武王伐纣为公元前 1057 年。②然而此一假设的可信度亦不甚高，因《淮南子》中并未提及此一彗星的位置、光度或尾长等资料，而在中、日、韩古文献中平均每三至四年即记录一颗肉眼可见的彗星③，故武王伐纣时所出现的那颗，并无任何强烈的理由必为哈雷④。

4. "禹时星累累若贯珠"

北宋《太平御览》引《孝经钩命决》曰："禹时星累累若贯珠，炳焕如连璧，帝命验曰：'有人雄起，戴玉英，履赤矛。'"⑤彭瓞钧认为此一"五星会聚"的天象发生于公元前 1953 年（见前文）。

但即使《孝经钩命决》中所载确为实际观测记录（笔者相当怀疑），此一系年仍不十分确定，因叙述中所称的"累累若贯珠"，并不一定需要各星相距甚近。事实上，史书中有记载的几次"五星连珠"，各星间的距离即有远达 40°者（见后文），而类此的"五星会聚"天象，其发生的频率并不低。

---

① 周法高：《武王克商的年代问题》，《"中央研究院"历史语言研究所集刊》1985 年第 56 本第 1 分，第 5—41 页。

② 张钰哲：《哈雷彗星的轨道演变的趋势和它的古代历史》，《天文学报》1978 年第 19 卷第 1 期，第 109—118 页；赵光贤：《从天象上推断武王伐纣之年》，《历史研究》1979 年第 10 期，第 56—61 页。

③ Ho Peng Yoke：Ancient and Mediaeval Observations of Comets and Novae in Chinese Sources, *Vistas in Astronomy*, Vol. 5 (1962) pp. 127—225.

④ 哈雷彗星每次回归，并不一定很亮，如最近的这次即不太容易以肉眼视见。又即使当时所出现的为一极壮观的彗星，亦不必定为哈雷，因许多其他周期性或无周期性彗星，往往也相当亮。

⑤ 转引自《太平御览》卷 7，第 3 页。《孝经钩命决》应成书于郑玄（127—200）之前，因郑氏曾为其作注。

班大为先前曾对《墨子·非攻下》中有关三代的叙述，做了一连串非常富有想象力的解释。《墨子》此篇中有云："逮至乎夏王桀，天有輻命……乃命汤于镳宫。……逮至乎商王纣，天不序其德……赤鸟衔珪，降周之岐社，曰：天命周文王伐殷有国。"① 因班大为深信公元前1576年及1059年的"五星会聚"恰发生于夏桀及商纣之时（前文中已就此提出严重质疑），故在原文并无具体叙述的情形下，认为此文中叙了两次"五星会聚"的天象，而"镳宫"与"赤鸟"则分别代表当时五星所在的天空位置。基于同一理念，他更进而认定同篇中"高阳乃命玄宫，禹亲把天之瑞令，以征有苗"句，亦记载着另一次五星聚于"玄宫"的事件。他以为"玄宫"即室宿的别称，并推断此事应发生于公元前1953年。班大为此一系列的论点似乎相当主观而且牵强。同样，《尚书考灵曜》中所称天地开辟时，七曜均位于牵牛初，且"日月若悬璧，五星若编珠"一事②，亦明显为后人回推附会的结果。

由于文献中所提及的发生于上古时（如齐桓公、商纣、夏禹以及颛顼）的"五星会聚"事件，多无法与实际天象完全相合，且各记载的来源往往可追溯至汉代中叶盛行的纬书，而此类书的主要内容是以儒家经义附会人事的吉凶祸福，并预言治乱兴废，故撰写之人很可能为了要增强此一思想的说服力，遂刻意将特殊的历史事件（或传说）附会以"五星会聚"的吉兆。亦即这些记载大部分应为后人所伪托，或是以历算回推的结果。而因汉代所掌握的行星会合周期尚欠精密，以致回推上古时期的"五星会聚"天象时，年月日的误差就颇大，而会聚的位置也可能会错算几个星宿。③

---

① 《墨子》卷5，台北：中华书局，《四部备要》本，第6—11页。
② 《太平御览》卷7，第3页。
③ 高平子：《汉历五星周期论》，《"中央研究院"院刊》1956年11月。

三、 周共和至秦代的 "五星会聚" 天象

中国史的纪年自周共和（前841）之后已相当明确，故本节将讨论这段期间文献有载的较早两次"五星会聚"事件："齐桓公将霸"以及"汉高祖入秦"，希望能对此类记载的真实性加以深入探析。

1. "齐桓将霸，五星聚箕"

班大为以为此则最早见于《宋书·天文志》的"五星会聚"天象发生在公元前722年11月中旬①。但据笔者推算，当时水、火、木、土四星是聚于尾、箕、斗，金星则位在牛宿。唯因受暮光的影响，当时仅金星与土星可于日落后不久同时测见。且此一系年似乎过早，因齐桓公小白是在公元前685年始继王位的。

查齐桓公称霸始于公元前679年会诸侯于鄄之后，故经回推此年之前50年间的天象，发现仅公元前702年9月13日至10月12日以及前681年3月6日至3月12日两段期间，五星彼此的距离小于40°且可同时测见。其中公元前681年的一次，年代与"齐桓公将霸"的叙述较符合，但当时各星的位置却在奎宿与昴宿之间②，与所称的"聚于箕"，赤经相差几达10 h。至于公元前702年的"五星会聚"，其位置则在张、轸之间，亦与箕宿相隔颇远。

由于文献记载与实际天象无法相合，故"齐桓公将霸诸侯，五星聚于箕"一事，显然非流传下来的观测记录。又因《春秋》与《史记》中均未提及此事，故这一叙述很可能是在司马迁（前145—前86）之后始被附会出来的。

---

① 《宋书》卷25，第735—736页。
② 下文中有关各次"五星聚宿"天象的具体行星位置和光度数据，均请参见笔者原在 *Early China* 发表之文。

张培瑜先生亦尝论及此事①，他认为公元前 661 年 1 月 11 日前后的五星会聚，最符合"齐桓将霸，五星聚箕"的叙述，并称："史载所录，非此莫属"，唯因该天象"距齐始霸已十有八年"，故张氏解释称："历史上'五星聚宿'天象的记载确有所据。但与时变、瑞应联系，后人附会，在时间上或可能有所提前或推迟。"经回推公元前 661 年 1 月的天象，五星最接近时彼此在 17°之内，乃聚于斗、牛之间，而非箕宿，且土星和木星在前后三四个月间均不曾入箕宿，故我们实在无从指称此一天象确曾发生过。

2. "汉高祖元年入秦，五星聚于东井"

在班固（32—92）等所撰的《汉书》中有云："元年冬十月（前 207 年 11 月 14 日至 12 月 13 日）②，五星聚于东井。沛公至霸上。"③经回推当时的天象，发现在高祖元年冬十月，五星根本不聚在一块。而在高祖二年四五月间（前 205 年 5 月 11 日至 6 月 15 日），则确曾发生一次颇接近该叙述的天象：5 月 15 日左右，五星全在井宿，相距约 31°④；5 月 29 日，五星中除金星在参宿外，余均聚在井宿内一不逾 7°的区域。

《宋书·符瑞志上》亦记此事曰：

> 高帝为沛公，入秦，五星聚于东井，岁星先至，而四星从之。占曰："以义取天下。"

且附会称孔子曾有预言曰："天下已有主也，为赤刘，陈、项为辅，五星

①　参见张培瑜《五星合聚与历史记载》，《人文杂志》1991 年第 5 期，第 91、103—107 页。此文中有一些论述与拙文重叠，张氏与笔者同时参加先前 *Early China* 所举办之涉及上古史年代断定的论坛，但张氏并未在其文中提及该论坛或拙文。

②　现行许多历表中记汉初的朔闰常有误差。此处可参照黄一农《秦汉之际（前 220—前 202 年）朔闰考》，《文物》2001 年第 5 期，第 59—54 页；张培瑜《三千五百年历日天象》，郑州：河南教育出版社，1990 年。

③　《汉书》卷 1 上，北京：中华书局，第 22 页。

④　张培瑜：《五星合聚与历史记载》，第 103—104 页。

入井从岁星。"① 然查当时的星象，发现土星是在公元前 206 年 1 月 13 日左右首先进入井宿，水星接着于 5 月 24 日左右入井，木星（即岁星）则要到 6 月 4 日左右才进入，亦即当时是由土星先至井宿，而并非"岁星先至，而四星从之"！

早在三国魏时，高允（390—487）就已经指出《汉书》中的记载有误。他以丰富的天文知识正确地推论：十月时太阳应在尾、箕，而金星与水星因必出现于太阳附近，故不可能与其他行星同聚于与尾、箕相隔甚远的井宿。故高氏以为此一系年的错误是"史官欲神其事，不复推之于理"。但时人崔浩则声称，据其所推五星是在十月之前三个月聚于东井。② 宋人苏轼尝质疑崔浩之说不足信，称："以余度之，十月为正，盖十月乃今之八月尔，八月而得七月节，则日犹在翼、轸间，则金、水聚于井，亦不甚远。"③ 唯苏轼并无回推的天文知识，不知当年并无"五星会聚"的天象发生，且他亦不知汉初的十月并不相当于宋代历法的八月，当时的正月亦同样建寅，只不过是以建亥的十月为岁首而已。④

在《史记·天官书》中，司马迁亦尝叙及此一特殊天象，但仅称"汉之兴，五星聚于东井"⑤，并未如班固等硬将其附会至高祖入咸阳之时。

四、汉初以后的 "五星会聚" 天象

除了前述几次早期的"五星会聚"外，汉初以后以迄清末的史籍中

---

① 《宋书》卷 27，第 766—767 页。

② 《魏书》卷 48，北京：中华书局，第 1068 页。日人能田忠亮在其《东洋天文学史论丛》（东京：恒星社，1943 年）书中，亦曾论及此一记载失实，第 338—349 页。

③ 〔宋〕苏轼：《东坡志林》卷 4，台北：新兴书局，《笔记小说大观》本，第 1 页。

④ 黄一农：《秦王政时期历法新考》，收入饶宗颐主编《华学》（第五辑），北京：紫禁城出版社，2001 年，第 143—149 页。

⑤ 《史记》卷 27，北京：中华书局，第 1348 页。

亦留下了 13 次这类记载（见表二）①，但竟然均不在表一之列。经仔细分析后，发觉其中有 8 次（967 年、1007 年、1186 年、1524 年、1624 年、1662 年、1761 年、1821 年）因五星太接近太阳或分在太阳两侧，而根本无法同时以肉眼测见。其余 5 次虽可看见，但五星间的距离在最近时亦超过 30°，甚至达到 64°之遥。②

表二　汉以后文献中所记载的"五星会聚"天象（不含"五星并见"）

公历	文献所记发生之日期	叙述
750	唐玄宗天宝九载八月	五星聚于尾、箕
768	唐代宗大历三年七月壬申	五星聚于东井【方】
967	宋太祖乾德五年三月丙辰	五星如连珠、聚于奎、娄之次
1007	宋真宗景德四年六月丁未	五星聚而伏于鹑火
1186	宋孝宗淳熙十三年八月乙亥	七曜俱聚于轸
1524	明神宗嘉靖三年正月壬午	五星聚于营室
1624	明熹宗天启四年七月丙寅	五星聚于张
1662	清圣祖康熙元年十一月辛未朔	五星聚于析木，土、金、水聚于心
1725	清世宗雍正三年二月庚午	日月合璧，五星连珠
1761	清高宗乾隆二十六年正月辛丑朔	日月合璧，五星连珠
1799	清仁宗嘉庆四年四月己丑朔	日月合璧，五星连珠
1821	清宣宗道光元年四月辛巳朔	日月合璧，五星连珠
1861	清文宗咸丰十一年八月丁巳朔	日月合璧，五星连珠

---

① 参见刘金沂《历史上的五星联珠》。
② 江晓原、钮卫星：《回天》，第 262—286 页。

中国传统星占学多将"五星会聚"的天象视作非常的祥瑞①，如《史记·天官书》中有云：

> 五星皆从而聚于一舍，其下之国可以义致天下……五星合，是为易行，有德，受庆，改立大人，掩有四方，子孙蕃昌；无德，受殃若亡。五星皆大，其事亦大；皆小，事亦小。②

亦即认为将有明主（即引文中所谓的"大人"）出世以上应天象。甚至有将其与圣贤的出现相关连，如明儒黄宗羲有云："五星聚奎，濂、洛、关、闽出焉；五星聚室，阳明子之说昌；五星聚张，子刘子之道通。岂非天哉！岂非天哉！"③ 其中的濂、洛、关、闽，乃指宋代理学的四大流派，分别为濂溪周敦颐（1017—1073）、洛阳程颢（1032—1085）和程颐（1033—1107）、关中张载（1020—1077）以及闽中朱熹（1130—1200），黄氏指称这些圣贤的出现应与宋太祖乾德五年（967）的五星聚奎相呼应。而阳明子是王守仁（1472—1529），亦上应明神宗嘉靖三年（1524）的五星聚室。至于明熹宗天启四年（1624）的五星聚张，则应于"子刘子"刘宗周（1578—1645），以天象为其师刘宗周继承道统张目。

在前述的氛围之下，天文官往往会将近似的天象穿凿附会成"五星会聚"。宋真宗景德四年即发生一有趣的事例，司天判监史序奏称当年自闰五月二十五日起，五星当近太阳，并称《甘氏星经》的占辞中有云：

---

① 元代数学家李冶（1192—1279）是极少数持不同意见者，他尝曰："五星聚，非吉祥，乃兵象。故高祖入关，五星聚于东井，则为秦亡之应……天宝九载八月，五星聚于箕、尾，燕分也。占曰：无德则殃……后数岁，安、史煽祸，中国涂炭，至累世不息，是何得为偶然哉！"并从先前"五星聚宿"的天象，得出"大约星聚少则其用兵少，星聚多则其用兵多"之结论。〔元〕李冶撰，刘德权点校：《敬斋古今黈》卷5，北京：中华书局，1995年，第71页。

② 《史记》卷27，第1320—1321页。

③ 〔清〕黄宗羲著，沈芝盈点校：《明儒学案》卷62，北京：中华书局，1985年，第1512页。

"五星近太阳而辄见者，如君臣，齐明，下侵上之道也。若伏而不见，即臣让明于君，此百千载未有也。"而他预测"今夜五星皆伏"，结果皇帝亲临禁台观测，"果达旦不见"，于是大赦天下，史序获加一官，群臣亦表贺。①

再以雍正三年的"五星联珠"为例，正月戊辰，钦天监上奏：

> 本年二月初二日庚午，日月合璧以同明，五星联珠而共贯，宿躔营室之次，位当娵訾之宫，查亥、子、丑同属一方，二曜、五星联络晨见，亘古罕有，为此绘图呈览，请敕下史臣，永垂典册。②

帝谕旨曰："若以为德化所致，朕方临御二载，有何功德？遽能致此嘉祥，皆由我皇考六十余年，圣德神功，际天蟠地，为千古不世出之君……总由上天申眷皇考，朕与天下臣民同在福佑之中，当与天下臣民共庆之。"遂拒绝诸王和大臣所提"升殿受贺"之请，并称："但念天瑞实因皇考而致，应遣官告祭景陵，以昭祥瑞之自。"③

查该日水、金、火、木四星相距不逾 3.5°，而土星却远在约 40° 之外，故此一天象或应称为"四星会聚"。但因四星会聚在星占学上代表凶兆，如《史记·天官书》有云，"四星合，兵丧并起，君子忧，小人流"，钦天监因此牵强地将此一天象曲解为五星连珠。又当时水、金、火、木四星均位于危宿，但天文官却称各星均聚于室宿（其位置紧接着危宿），此亦因危宿的星占意义不祥之故④，可是并没有人胆敢冒大不韪去揭发

---

① 〔宋〕释文莹：《湘山野录》卷上，《笔记小说大观》本，第 5 页。

② 《大清世宗实录》卷 28，北京：中华书局，1986 年，景印北京故宫藏本，第 11 页。

③ 《大清世宗实录》卷 28，第 11—12 页；卷 29，第 1—3 页。

④ 有清一代，凡瑞变占辞，钦天监中皆以唐李淳风的《观象玩占》为据（《清朝文献通考》卷 267，第 7251 页）。据清周懋琦校订的《改正观象玩占》（台北"国家图书馆"藏旧钞本），《危宿总叙》中称："危三星……主坟墓、宫室、祭祀……虚、危者……主天子死丧哭泣之事。"

此事。

由于从汉高祖以后以迄清季，观测条件最佳的 16 次"五星会聚"（各星相距＜30°）均未见于文献中，而有记载的 13 次当中，要不是根本无法同时以肉眼测见，就是五星间的距离超过 30°，因知中国古代对这类天象的记载是非常不完备的。而对"五星会聚"的定义更是相当主观且宽松，导致清代的天文官竟然在两百年间（1662—1861）六次上奏此一"祥瑞"！

更有趣的是，汉代以后最壮观且最易测见的两次"五星会聚"（见表一），竟然均发生在女主当政之时。其中公元前 185 年的 3 月 14 日至 4 月 5 日之间，可用肉眼同时见到五星，彼此于 3 月 24 日相距最近，在 7.0°之内，时逢西汉高皇后吕雉临朝称制。翌年，吕后杀少帝刘恭，改立刘弘。至于发生在公元 710 年的那次，于 5 月 20 日至 6 月 28 日之间可见，彼此于 6 月 26 日相距最近，在 5.8°之内。当"五星会聚"现象无法视见的五天后，韦皇后弑唐中宗，并临朝摄政，同年李隆基起兵声讨，杀韦后。不知此一特殊天象对韦后弑夫之举是否有推波助澜之效？又不知李隆基是否认为自己才是上应天象？

此两次"五星会聚"，分别可见 23 天及 40 天，故应为时人所注意，但或因星占学上将"五星会聚"的出现视作有明主出现并为改朝换代的征兆，故吕后及韦后的当政均成了替代无德君主的行为。稍后的史官因对二后的评价十分恶劣，为避免在解释上的尴尬，有可能索性将这两次最壮观的"五星会聚"天象隐而不言。

五、 结论

据本文的研究显示，文献中所称发生于上古的"五星会聚"，多非实际的观测记录，很可能是后人为印证天命说而虚构出的祥瑞。故若以之为上古年代断定的主要依据，或需十分小心。①

至于汉以后史籍中所记载的"五星会聚"，有逾半数无法实际测见，而这段期间观测条件最佳的十来次此类天象，竟然均未见于史册。尤其当中最壮观的两次五星连珠天象，却又因恰逢汉朝吕后和唐朝韦后两位女主当权，而可能被以男性为主的后代史官抹杀。由本文所提出的许多证据显示，或因"五星会聚"带有"义致天下……有德者受庆，掩有四方"② 等重大的星占意义，故古人常未能以客观的心态来面对此一罕见的自然现象。③

[本文的主要内容曾由美国芝加哥大学的夏含夷（Edward L. Shaughnessy）教授译成英文，发表于 *Early China*，15（1990），pp. 97—112。该期策划了一个论坛，以倪德卫（Darid S. Nivison）与彭瓞钧（Kevin D. Pang）两位学者用天象断定上古史年代的假说作为核心，邀请了几位各领域的学者就该文提出意见。彭氏在笔者并无机会回应的情形下强烈驳斥拙文的批评，现趁此机会将十多年前的文章重新增订改写，并首度以中文就教于学界先进。]

---

① Douglas J. Keenan：Astro-Historiographic Chronologies of Early China are Unfounded, *East Asian History*，23（2002），pp. 61—68。该文即曾多次引用拙文的论据。

② 《史记》卷 27，第 1312—1319 页。

③ 然而，中国古代其他众多的天文记录，大体上都还是客观正确的。

星占对中国古代战争的影响

北魏道武帝天兴五年（402），当北魏在柴壁打败后秦部队时，太史令晁崇上奏"月晕左角"的天象，并预言带角的动物将暴死。稍后，竟如晁崇所料，发生大疫，部队的数百头牛只，同日皆死于路旁。根据推算，当时绝无发生月晕左角的可能，再就事件中的人物加以分析，竟发现牛只的死亡似乎带有强烈的人为因素，而天象是被当作影响军事决策的工具。此事件突显中国古代天文与军事的密切关系。

一、前言

早期研究中国天文史的学者，多从现代天文学的观点切入，关心的焦点往往在历法推步、天象记录以及观测技术等问题上；对于非理性的星占，虽然它是古代天文家最主要的职掌之一，却多因"不科学"而不予重视。然而，星占既能在中国社会流传数千年，实有其特殊的历史意义。事实上，纵使我们能重建过去的天文理论和技术，仍将不足以窥视中国传统天文的全貌。本文因此从"社会天文学史"的角度出发，尝试探讨星占与军事之间的互动，一则希望能为军事史的研究开展先前极遭忽略的面向；另外，也希望能将科学史研究的关怀，带入传统史学的领域。

中国星占学的特色在于以战争胜负、水旱灾害、君臣安危等国家大事为主要预卜内容，其中又以军事占辞所占比重最大。以历史上较早且较完整的星占著作《史记·天官书》而言，在 309 则的占辞中，涉及军事者有 124 则，几乎占全部的 40%。[①] 举凡攸关出兵时机、战事吉凶之测算，甚至战争行动之方向，多可在其中找到参考。

此外，1973 年在长沙马王堆三号汉墓中，出土一批与天文气象占验相关的帛书，其占文亦充满"客胜""主败""兵兴""军疲""城拔""邦亡"等星占术的内容。[②] 据研究，此墓墓主生前为军事将领，而这些陪葬物正可说明星占术在汉初的兴盛，且应已被时人运用于战场上。

星占与军事既早已存在密切关系，则星占对军事的影响，实有详加探讨的必要。由于这方面的史料相当零散且残缺，故我们只得透过少数个案研究进行切入，本文即以北魏道武帝天兴五年（402），与后秦在柴壁（在今山西侯马市北约 30 公里处）发生的战争为析究的主体。当北魏在柴壁初获大胜时，朝臣进言应乘胜发军蒲阪（位于黄河东岸，与柴壁的直线距离约 150 公里），但太史令晁崇却上奏出现"月晕左角"的天象（角宿左星旁发生月晕），并占曰："角虫将死"，意指带角的动物将暴死，不利于进军。稍后，竟如晁崇所料，发生大疫，官车所驾的数百头牛只，同日皆死于路旁。根据晁崇上奏的日期（十月十三日）推算，月亮当时的实际位置在昴宿，距离角宿相当遥远（相隔约 140 度）[③]，绝无发生月晕左角的可能，然牛只竟大疫，着实不可思议。其中极可能存有人为的因素，甚至令人怀疑是饲料或饮水遭人下毒所致。

① 刘朝阳：《史记天官书之研究》，收入刘氏著《刘朝阳中国天文学史论文选》，郑州：大象出版社，2000 年，第 39—104 页。

② 顾铁符：《马王堆帛书云气彗星图的研究》，《中国古代天文文物论集》，北京：文物出版社，1989 年，第 35—45 页。

③ 现在的天文学家对天体的运行，已能够非常精确地掌握，本计算乃依据 P. Bretagnon & J. L. Simon, *Planetary Programs and Tables from -4000 to +2800* (Richmond：Willmann-Bell, 1986)，此书的计算与较精确的 DE 102 模式（需使用大电脑操作）所得的结果十分相近，所计算坐标的不准度与过去的观测记录相较均不超过 0.01 度。

针对此一个案，本文拟先解释月晕左角的星占意义，以探讨古代星占家对此天象的看法，并检示牛疫与月晕左角的关系；其次，将依序叙述并推测此事件之经过；接着从天文知识的流传，以了解天文官与星占术之间的关系；最后则从其他个案着手，以期能对本文主题"星占对战争的影响"，进行较全面的探讨。

二、 月晕左角的星占意义

月晕是地球大气上层的结冰晶体折射月光所产生的现象，但古人却认为月晕是因"月旁有气"而由月亮直接产生的异象。由于月晕并不常见，故衍生出不少涉及风、雨、农、兵的占候内容，且其占辞往往与月晕所现星宿的星占意义有关。

角宿只有左、右两星，左角属室女座ζ星，右角为α星。《史记·天官书》称："左角理，右角将。""理"就是法理，象征天下的法律与刑狱；"将"就是将领，象征作战主将的命运，引申为战事之顺利与否。因此，在占书中可发现诸如"月晕右角，大将军有病""月晕左右角，大赦"等类之占辞。[①]又由于角宿属东方苍龙七宿之一，象征苍龙之龙角，遂引申成与带角动物相关，如牛、鹿之类。晁崇奏言角虫将死的角字，就是此意。

根据唐代所编纂的大型星占百科全书《开元占经》中所载，月晕左角的占辞除"角虫将死"外，尚有"晕左角，左将军有殃""晕左角，大臣谋""月晕左角，有军，军道不通"等语。[②] 占辞既然如此之多，晁崇因何独钟角虫将死之说？

在探讨此问题前，可先比较历史上另一次月晕左角的天象，该事件发生于晋成帝咸和（326—334）年间，据《晋书·艺术传》载：

---

① 〔唐〕瞿昙悉达：《唐开元占经》卷15，台北：台湾商务印书馆，景印《钦定文渊阁四库全书》本，第10页。

② 〔唐〕瞿昙悉达：《唐开元占经》卷15，第10—11页。

咸和初，月晕左角，有赤白珥。（祖）约问（戴）洋，洋曰："角为天门，开布阳道，官门当有大战。"俄而苏峻遣使招约俱反，洋谓约曰："苏峻必败，然其初起，兵锋不可当，可外和内严，以待其变。"约不从，遂与峻反。

由于左右二角星之间为太阳运行必经之路，故戴洋称此二星为天门。又因太阳象征君王，月亮代表大臣，故术家认为发生在人君行经之路的月晕，有以下犯上之象。按《开元占经》之说，月有赤珥或白珥，皆代表将出现兵丧事，期30日或60日就会有兵起。① 戴洋或是采用"晕左角，大臣谋"的占辞，并配合月晕天门、月有赤白珥之象，而推论官门将有大战。再则苏峻作乱之心，应早已为时人所疑，如中书令庾亮即尝曰："峻狼子野心，终必为乱。"（《晋书·卞壶传》）戴洋乃当时知名的星占家，与政要又互有往来，故应也侦悉苏峻的企图，遂借天象言之。

同样，晁崇是否因知悉牛将大疫，而在诸多占辞中选择了"角虫将死"，颇值得深究。次节将爬梳本个案之前后经过，以厘清事情的原委。

三、 晁崇之降魏与思叛

晁崇乃辽东襄平人氏②，其先祖世代史官，颇得家学，并以天文术数知名于时。东晋孝武帝太元八年（383），前秦苻坚大败于淝水后，北方部族趁机纷起独立，如拓跋珪之北魏、姚苌之后秦。慕容垂则据河北、山东、辽东等地建立后燕，是中原地区最大的势力。晁崇因精于观天占星之术而被派任为后燕的太史郎。

---

① 〔唐〕瞿昙悉达：《唐开元占经》卷12，第1页。
② 本节所述多依据《魏书》所载，如有引用其他史料，或这些史料彼此冲突，将另行注明。

北魏原本称藩于后燕。道武帝登国九年（394），当作为此二国缓冲的西燕为慕容垂讨平后，魏、燕之间的冲突日益扩大，慕容垂遂遣兵伐之，晁崇亦随军出战。登国十年（395）的参合陂一役，后燕大败，数万军士遭坑杀，辎重、器甲损失无数，国力大伤，晁崇亦在俘虏之列。

道武帝拓跋珪因初拓中原，颇留意人才，只要学有专精，莫不叙用，遂拔擢晁崇参与谋议，并接掌太史令。道武帝皇始元年（396），拓跋珪亲领大军征讨后燕，晁崇亦随行。后燕虽顽强抵抗，但由于参合陂一役的损失过大而渐趋败势，各地守将纷纷降魏，后燕终于被迫退守辽东。稍后，拓跋珪诏晁崇造浑仪，考天象，并迁中书侍郎（从三品官），仍兼任太史令。由此可知，拓跋珪对晁崇的专才甚为重用。①

北魏虽将后燕势力逼出中原，但另一劲敌后秦一直在西方虎视眈眈，特别是当姚兴即位后，为开拓疆土而四处征战，更构成严重威胁。所以，从皇始二年平定中原后，魏、秦的关系日趋紧张，拓跋珪为提防后秦进犯，乃诏并州诸兵积粮于乾壁（柴壁之北约 20 公里处）。就在双方对峙期间，后燕降将王次多忽又叛魏投秦，且暗地仍与晁崇和其弟晁懿往来，因此，崇之家奴密告拓跋珪，谓晁崇兄弟与王次多潜通，有叛魏之心。晁崇未能完全忠于新主的原因，应与拓跋珪凶残的性情攸关。② 拓跋珪先前喜服寒食散③，行为因此偶有失控，甚至尝妄杀崔逞、李栗等朝

---

① 据《隋书·天文志》记载：晁崇于天兴元年所制作的浑仪，竟沿用至唐朝："史臣于观台访浑仪，见元魏太史令晁崇所造者……周武帝平齐所得。隋开皇三年，新都初成，以置诸观台之上。大唐因而用焉。"可见晁崇确有真才实用。

② 拓跋珪征战四方，屡有屠城之事发生，如五原、三城、参合陂皆有其杀戮之痕迹，详见《魏书·太祖纪》。

③ 苏轼言寒食散之服用始于晋人何晏，可以"济其欲"，胡三省言寒食散可使性情躁扰，忿怒无常。详见《资治通鉴》卷115。《魏书·释老志》："天兴中……置仙人博士，立仙坊，煮炼百药。"煮炼百药的目的不外乎求长生与强身，而寒食散既为流传已久之药方，且能"济其欲"，拓跋珪在天兴年即可能已服用此物。

臣^①，晁崇因而心生危惧。其次，当时汉人眼见华北政权的不时交替，对新成立的北魏仍感不安^②，安身立命的抉择是他们首要重视的问题。所以在晁崇降魏前后，至少另有 15 位燕臣亦改事拓跋氏^③，然其中 7 人却又叛魏离去^④，无形中对晁崇的心理有所影响。

天兴五年（402）五月，姚兴遣其弟姚平伐魏，攻陷乾壁。拓跋珪乃亲领大军西讨，姚平惧，退守柴壁。晁氏兄弟当时亦在参战之列，可见虽有家奴之密告，然拓跋珪仅存疑在心（史曰："太祖衔之。"），仍相当倚重晁崇的专业。十月，北魏在柴壁大破后秦，并俘其众 3 万余人，王次多亦在其中，旋被处死。若王次多在死前供出与晁崇往来密谋之事，则拓跋珪理应随即惩治晁崇之罪，然实际上并非如此，可见有关晁氏叛魏之事，应仍只存疑而尚查无实据。

柴壁战后，群臣力劝续平蒲阪，由于蒲阪若为北魏所陷，则渡黄河即可威胁后秦京师长安，这是极欲投奔后秦的晁崇所不愿见的。他于是诳奏"月晕左角，角虫将死"，欲利用拓跋珪迷信天文灾异的心理^⑤，阻止他继续进军。即使拓跋珪接受群臣劝进，则事先奏明角虫将死，正可将"牛疫"发生的原因归诸于天，此正是天文官利用星占术遂其私图的

---

① 《魏书·太祖纪》："（天赐六年）帝不豫。初，帝服寒食散，自太医令阴羌死后，药数动发，至此逾甚。……归咎群下，喜怒乖常……朝臣至前，追其旧恶皆见杀害……于是朝野人情各怀危惧。"这段史料虽在柴壁战役之后，但从第一句的"初"字可知拓跋珪早已服用寒食散；而从"自此逾甚"句，亦可知其病情先前已发作，且屡有击杀臣僚之事。崔逞在天兴初年，因修外交书信未按拓跋珪之意贬称东晋国主，而被处死，拓跋珪后来深为此事而悔之。李栗则在天兴三年因"积其宿过"而被处死。详见《魏书·崔逞传》《魏书·李栗传》。

② 如李密曾问其父李先曰："子孙永为魏臣，将复事他主也？"见《魏书·李先传》。

③ 这 15 人是贾彝、张骧、徐超、闵亮、崔逞、孙沂、孟辅、李沈、张超、贾归、慕容文、王次多、董谧、崔玄伯、李先。

④ 这 7 人是贾彝、张骧、徐超、李沈、张超、幕容文、王次多。

⑤ 《魏书·太祖纪》载天兴三年："时太史屡奏天文错乱，帝亲览经占，多云改王易政，故数革官号，一欲防塞凶狡，二欲消灾应变。"又载天赐六年："天文多变，占者云：当有逆臣，伏尸流血。太祖恶之，颇杀公卿，欲以厌当天灾。"可见拓跋珪的迷信心理。

主要手法。由此可以理解，为何晁崇不选用其他如破军杀将之类的占辞。

尽管《魏书》记载拓跋珪就此撤兵，但《太祖本纪》载："戊申，班师。"与《天象志》载："十月戊申，月晕左角。……丙戌，车驾北引。"二者记述内容颇异。按戊申为十月十三日，丙戌为十一月二十一日，两者相差38天之久，透露出事实似乎并非如此。《晋书·姚兴载记》另有完全不同的记述："魏军乘胜进攻蒲阪，姚绪固守不战，魏乃引还。"即北魏确曾进军蒲阪。①

拓跋珪原本极度迷信灾异，但仍决定进军蒲阪，其原因可作如下分析：第一，角虫将死并非大凶之兆，且角虫何时将死犹是未知。第二，拓跋珪在六年前征战中原时，曾在战场上遇到严重的"人、马、牛疫"，在兵力损失逾五成的情况下，仍坚持作战而获得胜利。② 相较之下，角虫将死仅是预言，纵使发生亦不见得比上次严重。于是，拓跋珪接受群臣续平蒲阪的建议。

然于进军途中，竟然真的发生牛疫，"舆驾所乘巨犗数百头亦同日毙于路侧"。③ 因牛疫乃不可预知之事，晁崇却能预知，则他必是发生"牛

---

① 若欲了解交战两国的实际战争过程，参考与之无涉的第三国资料，其可信度应远高于交战之国。作者在此理念下判定《晋书》之记载可信，且《资治通鉴》亦采《晋书》之说："乘胜进攻蒲阪，秦晋公绪固守不战。"据《北齐书·魏收传》中所记，《魏书》所援引的资料几乎全是魏人著作。故拓跋珪征蒲阪无功一事，魏人很可能会因其有损君威而刻意略去不载。又《魏书·邓渊传》："太祖诏渊撰国记，渊造十余卷，唯次年月起居行事而已，未有体例。"邓渊所作即起居注之类的史书，所以《魏书》中没有征蒲阪之事，很可能是邓渊根本未记载，或是拓跋珪下令不许记载，因史称邓渊"谨于朝事，未尝忤旨"。

② 皇始二年八月，拓跋珪亲征后燕之慕容贺麟于中山，史曰："时大疫，人马牛多死。……在者才十四五。"详见《魏书·太祖本纪》。

③ 史料记载这段话的时间是在柴壁战后的班师路上，但前文推断魏军乘胜进军蒲阪，并不立即回朝，且晁崇又有意利用"牛疫"阻止魏军前进蒲阪，故牛疫发生的时间应该是在进军蒲阪的路上。又《魏书·天象志》载："是岁，天下之牛死者十七八，麋鹿亦多死。"这段史料的真实性是值得商榷的。《魏书》不载进军蒲阪事，而以"上虑牛疫"作为拓跋珪班师的理由，然由于此牛疫是晁崇等人的杰作，所以若不夸大此次的疫情以让后人深信当时确有牛疫的发生，岂不显露拓跋珪受晁崇之欺的无能。换言之，若仅写着"舆驾所乘巨犗数百头亦同日毙于路侧"是不足的，于是又加上"天下之牛死者十七八""麋鹿亦多死"。又，《晋书》连后秦发生地震都具载之，若此时天下牛果死十之七八，此等大事，《晋书》何以略而不载？

疫"的关键人物。北魏虽并未因牛疫而停止部队的前进，但辎重粮草的补给必然出现相当程度的困难，所以，当与后秦在蒲阪短暂对峙之后①，又因北方的柔然蠢蠢欲动，迫使拓跋珪决定撤军。还次晋阳后，拓跋珪或想起晁崇家奴之言，以及牛只同日死于路侧的异象，于是派人详加调查，结果认定晁氏兄弟确有谋叛之实，遂赐他兄弟俩自杀。

四、 天文官与星占术的关系

晁崇应得知"制造"牛疫的阴谋，甚至参预其事，此乃相当严重的叛国行为，若为帝查悉，必然遭致身亡。王次多之死既未揭发其叛魏之心，晁崇何以甘冒性命之忧，伪造天象以阻止魏军进军蒲阪？本节将试从天文官与星占术间的关系加以剖析。

由于历代皇家皆视天文学与皇族命运有密切关系，自然不愿太多人识得此术，以免挟天自重，蛊惑世人，成为社会与政治动乱之源，故历代多有禁习天文之律，甚至不惜以死刑作为威胁的手段。如晋武帝泰始三年（267）即颁下"禁星气谶纬之学"之令（《晋书·武帝纪》），后赵石虎建武二年（336）下令"郡国不得私学星谶，敢有犯者诛"②，北魏孝明帝熙平二年（517），重申天文之禁，犯者以大辟论（《魏书·肃宗纪》），隋唐以下对天文的禁制亦未曾稍歇。③

天文术数既为官方所垄断，且关系最密切的天子多不谙此技，再加上浓厚天人感应思想的影响，故天文官藉机玩弄术数的空间甚大。此一

---

① 史料并未载魏军发兵蒲阪的确切日期。据《魏书·天象志》，若以 10 月 13 日晁崇上奏月晕左角作为进军蒲阪的日期，11 月 21 日"车驾北引"是退兵的日子，中间相隔 38 天，扣除柴壁到蒲阪所需之时间，魏军至多在蒲阪停留约一个月。

② 《晋书·石虎载记》。

③ 有关天文禁令的研究可参考郑寿彭《北宋禁止传习天文等事之研究——宋代开封府之一"个案"研究》，《中华文化复兴月刊》1977 年第 10 卷第 6 期，第 47—57 页；朱锐《星占、谶纬、天文与禁令》，《自然辩证法通讯》1989 年第 1 期，第 62—64 页。

有利环境，致使晁崇认为谎奏天象被揭穿的可能性甚低，值得行险以救蒲阪。

晁崇伪造天象之举并非史上首见，如"荧惑守心"（火星留守在心宿，心宿即天蝎座 α、σ、τ 星）此一被视为对君王大凶的天象，历代文献共计有 23 次的记录，其中竟有 17 次不曾发生。① 这 17 次无中生有的记录，其出现的原因当然不能均咎于观测失误，绝大部分应是蓄意伪造！② 更有以伪天象打击政敌者，如汉成帝绥和二年（前 7），宰相翟方进奏了"荧惑守心"而被迫自杀。依据推算，此一天象乃是伪造，有可能出自其政敌的阴谋，由于皇帝极信星占，翟氏迫于现实，不得不自杀以"塞灾异"。③

再者，隋炀帝大业（605—618）初年，军国多务，太史令袁充"候帝意欲有所为，便奏称天文见象，须有改作，以是取媚于上"。此后，炀帝每欲征讨，袁充皆"假托星象，奖成帝意"。袁充伪造天象的次数似乎颇为可观，而伪造之迹亦颇明显，无怪乎后世史家评曰："变动星占，谬增晷影。厚诬天道，乱常侮众……"④

再者，后赵石虎为防止天文官员玩弄天文星占，乃在后宫另置女太史，教宫人仰观星象灾祥，以考外太史之虚实。⑤ 宋朝亦有类似之措施，另置天文院，与司天监相互考校天象。天文院须在皇城未开之前将当夜

---

① 见本书《中国星占学上最凶的天象——"荧惑守心"》。

② 天文官除伪造天象外，有时亦会蓄意隐略天象不奏，如西汉以来即有 32 次的荧惑守心未见记载。又如"五星连珠"，其星占意义是天下有明主出现。汉朝吕后与唐朝韦后时皆会出现此天象，且是过去数千年来最壮观的两次，但却不见记载，见本书《中国星占学上最吉的天象——"五星会聚"》。

③ 见本书《汉成帝与丞相翟方进死亡之谜》。

④ 见《隋书·袁充传》：大业六年，天下盗贼四起，袁充为媚上而奏七则天象，其中有四则为流星，一则为云气，此皆属事后无法查证之象，且其中"七月内，荧惑守羽林，九月七日已退舍"的记载，亦与实际天象不合，由此可见其用心。

⑤ 《晋书·石虎载记》。

的观象结果送抵禁中，待司天监之报告送达后，由有司进行比对。①

由上观之，历史上玩弄天文术数者并不罕见，故其中当另有不少影响军事的个案值得加以探讨。此外，若天文官据实上奏，而君王将领亦对星占抱持信任的态度，则对军事行动亦可能产生不小的影响。下文将就这两方面作进一步的论述。

五、 术数家在战时的角色

《淮南子·兵略训》云：“故上将之用兵也，上得天道，下得地利，中得人心。”古人心中之良将，除须熟稔人谋战阵、山川险易外，亦须知天；此天不仅是大气变化的自然天，亦是灾异屡降的神格天。然古今将者智愚不同，并非皆有太公、孙武之才，诸葛、李靖之能，是故古人认为战场上需有术数家以掌天时、知天意。

术数家何时始涉军事，史料难考，唯《周礼·春官》说大史在出师时：“抱天时，与大师同车。”郑玄注曰：“大出师，则大史主抱式以知天时，处吉凶。”由于东周时，史、巫的职务难分，同是掌理天人之间的各种事务②，此得以参与战争，《韩非子·说林篇》即记有楚国左史倚相参与讨伐陈国之事。

又如《左传·鲁僖公五年》记曰：

八月甲午，晋侯围上阳，问于卜偃曰：“吾其济乎？”对曰：“克之。”公曰：“何时？”对曰：“童谣云：‘丙之晨，龙尾伏辰，均服振振，取虢之旂。鹑之贲贲，天策焞焞，火中成军，虢公其奔。’其九月、十月之交乎？丙子旦，日在尾，月在策，鹑火中，必是时也。”

①〔宋〕沈括：《梦溪笔谈》卷8，台北：台湾商务印书馆，景印《钦定文渊阁四库全书》本，第5页。

② 李宗侗：《中国史学史》，台北：中国文化大学出版部，1979年，第1—5页。

晋献公问何时可攻陷虢国，卜偃依据童谣及当时的星象，推测应在丙子日。据颜师古之注，卜偃是"晋大夫主卜者"（《汉书·五行志》），可见当时若非派遣史官参战，则或另遣术数家担任幕僚。《史记·天官书》有云："兵革更起，城邑数屠，因以饥馑疾疫焦苦，臣主共忧患，其察禨祥、候星气尤急。"亦深刻描述出术家在当时战事中所扮演的角色。

西汉对外战事颇多，天人感应的气氛也最浓厚，特别是武帝不断南征北讨，星占尤其盛极一时，《史记·龟策传》形容此时："数年之间，太卜大集。会上欲击匈奴，西攘大宛，南收百越，卜筮至预见表象，先图其利。及猛将推锋执节，获胜于彼，而著龟时日亦有力于此。"汉宣帝神爵元年（前61），老将赵充国奉命征讨西羌，在金城与之相持甚久。宣帝以天象利于出兵为由，下诏促战，诏曰："今五星出东方，中国大利，蛮夷大败。太白出高，用兵深入敢战者吉，弗敢战者凶。将军急装，因天时，诛不义，万下必全，勿复有疑。"但赵充国并不因此躁进出战，反而上书谢罪，拒绝宣帝以天象干预，坚持依照既定计划。而后，大破西羌（《汉书·赵充国传》）。在此个案中，天文星占虽未对战争造成影响，但从宣帝的诏书亦知星占之术应颇流行。

东汉董卓之乱时，献帝被迫西迁长安。其后，董卓为吕布所杀，长安陷入群雄混战的局面。兴平二年（195），献帝欲趁乱逃回洛阳，行至曹阳为李傕等追及，遂展开战争。王师先胜后衰，大败之余，献帝欲浮河东下而逃，太史令王立进言曰："自去春太白犯镇星于牛斗，过天津，荧惑又逆行守北河，不可犯也。"（《三国志》卷一注引张璠《汉纪》），太白（金星）犯镇星（土星）是"内兵"之兆（《史记·天官书》）。太白、镇星犯牛、斗二宿，为"破军杀将"之征象[1]，荧惑逆行守北河，乃指往北渡河不利。王立或认为"内兵""破军杀将"等占辞既皆已应验，若再拂逆天象而北渡黄河，恐将难逃凶祸。献帝采纳其意见，遂改由轵关东出。根据推算，"去春太白犯镇星于牛斗"是真实的天象，但太白并未

---

① 〔唐〕瞿昙悉达：《唐开元占经》卷40，第3页；卷48，第2—4页。

过天津（指银河），且荧惑亦未逆行守北河。然献帝无法判断所奏天象之真伪，反而据以决定逃亡路线，可见星占思想确实深植人心。①

南北朝因动乱频仍，故屡见太史令参与战事定策之例，如前赵刘曜光初二年（319）伐黄石之役（《晋书·刘曜载记》）、后赵石虎建武四年（338）伐慕容皝之役②、后凉吕光天安二年（387）伐乞伏乾归之役（《晋书·艺术传》）。北魏除晁崇外，另有太史令王亮于明元帝泰常七年（422）参与伐晋之战（《魏书·公孙表传》）。西魏关西大都督宇文泰每有征讨，太史令庾季才恒预侍从（《隋书·艺术传》）。可见胡人入侵中原以后，北方仍相当盛行军事星占，不因外族的统治而有所不同。若从刘曜（318—328）、石虎（335—349）、吕光（386—399）、北魏道武帝（386—409）明元帝（409—423）、宇文泰（534—556）③ 等人的在位时间可发现④，太史令参战一事极具绵延性，似已成为定例。

除太史令外，另有不少其他身份的术数家亦经常影响军事决策，北魏崔浩可算其中佼佼者⑤。太武帝始光四年（427）议讨夏主赫连昌，群臣皆以为难，唯浩曰："往年以来，荧惑再守羽林，皆成钩己，其占秦亡（夏之领土在陕西境内，依分野说属秦地）。又今年五星并出东方，利以西伐。"太武帝从浩之议，并领浩前去作战。后又议讨柔然，群臣均反对，唯浩赞成，太武帝迟疑不决，乃召浩与太史令张渊辩论。双方经过对天象一番争驳之后，张渊无言以对，太武帝因而说："吾意决矣。"此四字正说明星占对军事决策之影响力。

---

① 经笔者初步研究，因为黄河在附近有险滩数十，渡河的风险极高，与其如此，不如行陆路东逃。虽有李傕等追兵，然欲迎天子的曹操，其势力范围亦在附近。根据《三国志》的记载，王立曾言汉将灭亡，晋、魏当兴，后又在献帝面前，要求将国政委事曹氏。由此观之，王立早有叛刘投曹之心，故谎奏天象以使王师东行。

② 《晋书·石虎载记》。

③ 宇文泰虽未即帝位，然掌废立之事，实与皇帝无异。

④ 其括号内为各自主政时间。

⑤ 《魏书·崔浩传》曰："浩综核天人之际，举其纲纪，诸所处决，多有应验，恒与军国大谋，甚为宠密。"

又如《北齐书》记载：王春"少好易占，明风角……高祖起于信都，引为馆客。……其后每从征讨，其言多中……"另外，明易善筮兼晓天文、风角之术的许遵，亦被东魏权臣高欢引为馆客。东魏孝静帝元象元年（538），高欢在河阴遭遇西魏权臣宇文泰之部队，许遵即在随行之列（《北齐书·方伎传》）。

五代动荡之际，亦可在战场上发现术数家的踪迹，如后唐符存审部队中有通于望气之术者（《新五代史·符存审传》）；后晋石敬瑭未称帝前，部队中有善筮者马重绩①（《新五代史·马重绩传》）；后晋李守贞部队中，以精于天文推步之赵修己②为司户参军，守贞每出征，修己必从，军中占候多中（《宋史·赵修己传》）。

元成宗尚未即位之前，靳德进③常随之辅军北边，凡占预攻战取胜之日，无不验者（《元史·靳德进传》）。明太祖、成祖屡因天文之变，诏边严加戒备，以防外患。④明英宗土木堡事变中，王师未至大同，却已乏粮，诸臣请班师，王振不许，钦天监正彭德清遂以天象示警（《明史·曹鼐传》）。明宪宗成化八年（1472），抚宁侯朱永上奏，占候天文生朱广、杨昭，因于延绥之战有功，俱宜量升听用（《宪宗实录》）。乃至康熙皇帝北征，仍有善于风角之刘禄随行（《清史稿·艺术传》）。

除上举诸例外，我们另可透过三本代表不同时代的著名兵书，作为术数深入军事之证明，如先秦之《尉缭子》云："今世将，考孤虚、占城池、合龟兆、视吉凶、观星辰风云之变。"⑤唐朝之《唐太宗李卫公问

---

① 马重绩后来任职司天监。
② 赵修己位至翰林天文。
③ 靳德进官至昭文馆大学士，知太史院，领司天台事。
④ 可参阅《太祖实录》卷99、卷106、卷115、卷125；《太宗实录》卷19、卷51、卷58。台北："中央研究院"历史语言研究所，1962年，据北京图书馆所藏之红格本《明实录》所校印之刊本。
⑤《尉缭子》卷2，收入《中国兵书集成》第1册，北京：解放军出版社，沈阳：辽沈书社，第386页。

对》云："后世庸将，泥于术数，具以多败。"[1] 明朝之《草庐经略》云："今日军中，动辄艳慕太乙、六壬、奇门遁甲、六丁六甲、神将太乙。"[2] 是故，长久以来，术数与军事间早有极为密切之关系。在此一强烈的传统下，扮演重要咨询角色的术数家，对军事的确造成相当程度之影响，此当是探讨军事史者所应加以留意的。再者，星占得否影响军事决策或军事行动，原仅与君王或将领采信与否有关，但由于部分术数家伪造天象，或如晁崇利用星占以遂私图，致使星占对战争的影响更加多元。

六、 结论

唐太宗曾问开唐名将李靖曰："阴阳术数，废之可乎？"李靖答道："不可。兵者，诡道也，讬之以阴阳术数，则使贪、使愚，兹不可废也。……盖存其机于未萌也，及其功在人事而已矣。"[3] 李靖认为阴阳术数不可废，因为兵士的迷信心理是可加以利用的，此即如《淮南子·氾论训》所言："乃借鬼神之威，以声其教。"明确指出术数运用之妙，实存乎一心。

李靖所指的术数，包括各种推算占卜吉凶之方法。按《通典·兵部》："夫戎事，有国之大者，自昔智能之士，皆立言作训。其胜也，或验之风鸟、七曜，或参以阴阳、日辰。"由于战争乃攸关无数生灵及王朝兴衰之大事，故智能之士或占验风鸟、七曜，或观察阴阳、日辰，此即所谓兵家阴阳学。亦即除星占外，选择、风角、太乙、奇门、六壬、杂占等术亦经常用于战场[4]，种类之多，实不胜枚举，这当是军事史的重要一环。

柴壁之战中，"月晕左角，角虫将死"的预言，意指军事行动将遭逢

---

① 〔唐〕李靖：《唐太宗李卫公问对》卷下，收入《中国兵书集成》第2册，第270页。

② 《草庐经略》卷3，收入《中国兵书集成》第26册，第127页。

③ 〔唐〕李靖：《唐太宗李卫公问对》卷下，第179—280页。

④ 李训详：《先秦的兵家》，台北：台湾大学出版委员会，1991年，第79—195页。

辎重补给的困难。太史令晁崇提出预警，理应有功，然却落得叛国罪而被处死，颇令人费解。其次，以现代的认知而言，晁崇何能预知牛疫之发生，这是极其不可思议的。这两个疑点，在证实晁崇伪造天象后，随即豁然开朗。晁崇或其党羽所"制造"之牛疫虽影响北魏对蒲阪的作战能力，但终不免为拓跋珪识破而招致杀厄，故其计划是失败的。然而这个例子在说明天文官的确有可能利用星占术影响军事行动，后秦国祚续延十余年的关键，或许即在此些微处，唯此已不易言之。

晁崇之所以胆敢谎奏天象，实由于历朝对天文术数的严格管制，知者甚少，以及天人感应思想的弥漫，使其得以上下其手。晁崇并非史上唯一玩弄术数者，其他朝代亦有类似之个案，且术数家参与战争已形成一种惯例，故星占术对战争确有其影响力。

拙文的首要目的，在于证明星占预言之"实现"，实多由于人为的介入。面对类似的记载，应先判断该天象可否回推，若回推证明天象为真，则预言可能是碰巧猜对[①]；若为假，则所谓的预言应验必属作伪或附会。对于不可回推的天象，如星占事应过于巧合，则或应抱持怀疑的态度。此一研究亦证明星占始终与中国古代军事行动紧密结合，两者既共存数千年，则星占术对军事之影响，亦应是史家所须留意的。因此，当吾人在分析战争胜负之时，除须考虑兵力多寡、地理优劣、将领才具、战争物资、战略运用等因素外，对心理层面深具影响的星占，亦应列为析探重点之一。

［原刊于姜志翰、黄一农《星占对中国古代战争的影响——以北魏后秦之柴壁战役为例》，《自然科学史研究》1999 年第 18 卷第 4 期，第307—316 页。］

---

① 《史记·日者列传》："孝武帝时，聚会占家问之，某日可取妇乎？五行家曰'可'，堪舆家曰'不可'，建除家曰'不吉'，丛辰家曰'大凶'，历家曰'小凶'，天人家曰'小吉'，太一家曰'大吉'。辩讼不决……"针对某一天象，各家自有其说法，碰巧猜对的可能性很高，可能因为史家只记下猜对的预言，遂造成一种某人预言神准的假象。

耶稣会士对中国传统
星占术数的态度

中国古代因天人感应思想的影响，一直对天文相当重视，而由于钦天监监官在明季屡推日食不验，使得天文学因缘际会地成为明清之际中西两大文化交会的主要接触点。本文即尝试理清中国社会及天主教会对星占、术数的不同态度，如何导致奉教监官遭到教内及教外的严重攻讦。而教皇于康熙三年将历书中有关阴阳选择的内容归成迷信的裁决，又如何致使身处占验职责与教会态度夹缝间的耶稣会天文家将教会当局认可的西方星占术正式引进中国。

一、 前言

在天人相应思想的主导之下，中国古代将天文视作通天、通神的重要工具①，故历代均在王朝的支持与控制下，设置有正式机构从事相关职事。在各朝天文组织的编制中，因任务分工的需要大致可分成历算、

---

① 参见江晓原《中国古代历法与星占术——兼论如何认识中国古代天文学》，《大自然探索》1988 年第 7 卷第 25 期，第 153—160 页。

天文与漏刻三个单位。① 如以清初钦天监为例，其中历科掌"推算七政经纬宿度、日月交食、五星伏见、月五星凌犯、四季天象……缮写进呈等历"；漏刻科掌"相看营建内外宫室，山陵风水，推合大婚，选择吉期，调品壶漏，管理谯楼，郊祀候时，兼铺注奇门出师方向"；天文科官员则需"测候天象，轮直在台督率天文生昼夜周览，所得象占，每日呈报"。②

由前述钦天监的职事，可知中国古代天文除包含自然科学的内容外，亦有相当多的部分属于人文的范畴。③ 即以历科与天文科所从事的推步与观象等科学活动而言，其最终目的亦是希望能透过星占、术数之学的阐释，从天变的预推与观察中体察人事，以掌握吉凶休咎并妥做因应。至于涉及行事宜忌的铺注，更属钦天监所编历书中最主要的内容之一。

明末，钦天监以两百多年未改之《大统历》屡推日食不验。来华传教的耶稣会士利玛窦（Matteo Ricci，1552—1610）认为大可藉西方天算之长，为中国政府推验天象，间接替教会宣传。此一藉天算以宣教的策略，颇受教会认同。稍后入华的教士中，精天算者因此占相当比例。天文学在此一环境下即因缘际会地成为当时中西两大文化交会的主要接触点。崇祯二年（1629），钦天监推五月朔日食又颇疏，礼部左侍郎徐光启乃奉旨成立历局，以西法修历。自此徐光启、李之藻、李天经等奉天主

---

① Ho Peng-Yoke：The Astronomical Bureau in Ming China，*Journal of Asian History*，Vol. 3，No. 2（1969），pp. 137—157；Jonathan Porter：Bureaucracy and Science in Early Modern China：The Imperial Astronomical Bureau in the Ch'ing Period，*Journal of Oriental Studies*，Vol. 18（1980），pp. 61—76。

② 此以顺治十五年汤若望奏疏中所叙钦天监内各机构的编制与职掌为例。参见汤若望等《奏疏》卷4，第66—68页。此书收入台北故宫博物院所藏之《西洋新法算书》中，所辑为顺治年间与汤若望或钦天监相关之奏疏等文献，故宫将此书收入《西洋新法历书》104卷中，然汤若望在顺治二年所进之《西洋新法历书》仅100卷（见《奏疏》卷首第3页），《奏疏》之内容最迟系于顺治十七年，故知此书原并不属汤若望所进之《西洋新法历书》。

③ Shigeru Nakayama：Characteristics of Chinese Astrology，*Isis*，Vol. 57，No. 4（1966），pp. 442—454。

教之汉臣即先后偕同入华耶稣会天文家，在明廷中勠力推行改历运动。虽历局所推日、月食及五星位置屡验，然西法却迭遭保守势力排挤，一直未得正式颁行。① 但天主教天文家在明末历局中的长期努力，终于在满人政权新主中华时开花结果，由汤若望（Johann Adam Schall von Bell，1592—1666）成功地获得了清钦天监的领导权。②

然而利玛窦此一藉天算以宣教的策略获得具体实现之后，由于中西文化上的差异，奉教天文家却发觉他们陷入了一个新的困境。奉教天文家入钦天监服务的目的，是希冀能在中国官僚体系内建立一据点，以利在中土扬教。但中国政府引用耶稣会天文家的初衷，则希望借用其卓越的推步能力，以对天象所示吉凶的趋避有更确切的掌握。这些受天主教教义熏陶以及西方天文学训练的会士，对于钦天监职事中所无法回避的传统星占、术数之学，究竟抱持何种态度？即成为本文所欲尝试探究的主要问题。

二、 传统中国社会对星占术数的态度

中国古代不论官方或民间，对星占术数之学普遍抱持相信的态度③，故往往产生一些现代人看来不十分理性的行事。如明季国运衰微，因清人克取辽东，疑为金代陵寝气旺所致（努尔哈赤以大金为国号，史称后

---

① 耶稣会士瞿纱微（Andreas Koffler）所进的西历，倒是曾获南明朝廷于永历三年（1649）时正式颁行，成为第一个取代《大统历》之西历，然同年十二月时，此历即因给事中尹三聘劾奏其"擅用夷历，烩乱祖宪"而废行。王夫之：《永历实录》卷1，收入《船山遗书全集》第16册，台北：中国船山学会与自由出版社联合印行，1972年，第5—6页。

② 有关天主教天文家明清之际在钦天监中的活动，请参阅拙文《汤若望与清初西历之正统化》，收入吴嘉丽、叶鸿洒主编《新编中国科技史》下册，台北：银禾文化事业公司，1990年，第465—490页。

③ Richard J. Smith：*Fortune-tellers and Philosophers*：*Divination in Traditional Chinese Society*，Boulder：Westview Press，1991，pp. 13—47.

金），故将位于房山县金代帝陵后之地脉掘断；又因皇太极于崇祯二年举兵入犯关内时，尝遣王、贝勒、大臣往祭房山的金太祖、世宗皇陵，明人复将陵前石柱等拆毁，改建关帝庙，以求镇压风水。①

顺治十五年（1658）六月，清政府曾下旨禁京城北面一带掘土、开窑、烧砖，其原因即为"以固龙脉"。②康熙十一年（1672）六月，钦天监官亦呈报位于京城北垣的德胜门外有窑座数十所，因"当都城来脉，风水所关"，故请行禁止，结果这些窑座均遭拆毁填平。③

中国古代儒者更往往将具备风水地理知识视为体现孝道的具体方式之一，如宋儒蔡发有云："为人子者，不可不知医药、地理。"且从流传一时的《儒门崇理折衷堪舆完孝录》及《地理人子须知》等书的书名，亦清楚呈显出作者欲纳堪舆于孝道的思维。透过所谓"上以尽送终之孝，下以为启后之谋"的理念，地理之术始终在中国社会盛行不衰。④

而地理选择之事除深入古代社会外，更为官方进行各项仪礼时所重。历史上即尝见因此等事处理不当而引发大狱的事件：如北宋仁宗初，"势横中外"的权宦雷允恭，自请负责修建真宗陵寝，结果因私自决定更改葬地，又不幸在此新穴中掘出巨石，且石尽水出，致坐"擅移皇堂"等罪，遭杖死、籍家，判司天监邢中和亦因此案流沙门岛，同时坐决配者有七十人。⑤顺治十五年，更因选择荣亲王葬期一事，使礼部自尚书以下七名官员遭到革职等处分，此一择日之争更成为"康熙历狱"时导致五名天主教天文家遭处斩的主因之一。⑥

---

① 《世祖章皇帝实录》卷 160、卷 110，北京：中华书局，1985 年，第 8 页、第 3—4 页。

② 《世祖章皇帝实录》卷 118，第 10 页。

③ 《圣祖仁皇帝实录》卷 39，北京：中华书局，1985 年，第 11 页。

④ 参见拙文《择日之争与康熙历狱》，《清华学报》（新竹）1991 年新 21 卷第 2 期，第 247—280 页。

⑤ 事见李焘《续资治通鉴长编》卷 98，北京：中华书局，第 2283—2284 页及《宋史》卷 468，第 13654—13655 页。

⑥ 参见拙文《择日之争与康熙历狱》。

至于古人对星占、事应笃信的态度，即可从官方所修各断代史中多包含《天文志》一事略窥端倪。且历代文献中尤多具体的事例，如汉时屡因天变而策免三公。① 成帝时，更因天文官伪报"荧惑守心"的天象，导致丞相翟方进被赐死以当灾。② 又如金海陵帝欲南侵时，亦频向天文官问询天象，希望能了解"天道何如"。③ 天兴元年（1232），彗星见，司天奏"其咎在北"，金哀宗竟黯然长叹曰："我亦北人，今日之事，我当灭也，何乃不先不后，适丁此乎?"④ 宋太宗亦曾因天文官报"荧惑犯舆鬼"之天象而语宰相等曰："天文谪见如此，秦地民罹其殃（案：鬼宿之分野为秦）。五星凌犯，朕尝候之，未尝无其应，朕且夕念之，不遑宁处。"⑤ 明洪武十六年（1383）二月，月犯毕宿，占书中以此天象为"有边兵之急"的征兆。⑥ 次日，太祖即遣使谕辽东都指挥，当严加号令，多方警备，且运米四十万石渡海，又发步骑数十万屯驻北平、真定等处，并示知凡此"皆为天象之故"⑦! 除了史事之外，即便在通俗小说中，我们亦屡可见将天象与人事相应的记述，如在顺治年间所刻的《平山冷燕》中，书首即以明末钦天监官在早朝时所上报的异象为引，影射故事中的众才子俱属上应天象。⑧

---

① 参见影山辉国《漢代における災異と政治——宰相の災異責任を中心に》，《史学杂志》1931 年第 90 编第 8 号，第 46—68 页。

② 参见本书《汉成帝与丞相翟方进死亡之谜》《中国星占学上最凶的天象——"荧惑之心"》。

③ 《金史》卷 20，北京：中华书局，第 426—427 页。

④ 《金史》卷 20，第 435 页。

⑤ 《续资治通鉴长编》卷 39，第 834 页。

⑥ 参见李淳风《乙巳占》卷 2，收入《丛书集选》第 169 册，台北：新文丰出版公司，第 32—31 页。

⑦ 《明太祖实录》卷 152，台北："中央研究院"历史语言研究所，1966 年校刊本，第 1 页。

⑧ 其奏辞曰："臣夜观乾象，见祥云瑞霭，拱护紫微，喜曜吉星，照临黄道，主天子圣明，朝廷有道……臣又见文吕六星，光彩倍常，主有翰苑鸿儒，丕显文明之治，此在朝在外，济济者皆足以应之，不足为奇也。最可奇者，奎璧流光，散满天下，主海内当生不世奇才，为麟为凤，隐伏山林幽秘之地，恐非正途网罗所能尽得。乞敕礼部会议，遣使分行天下搜求……"〔清〕荻岸山人著，李致中校点：《新刻批评平山冷燕》，沈阳：春风文艺出版社，1982 年，第 2 页。

三、 教会对中国传统星占术数的态度

明清之际，奉教人士在教义的影响下多拒斥中国传统的星占、地理、选择之术，如利玛窦在其以西方读者为对象的《中国札记》一书中，尝称择日为中国社会最普遍的迷信。至于西方所无的地理风水之术，利氏则以为与星占同样是骗人的。① 又，利玛窦亦尝记载一位本长于堪舆与星占术的皈依者，在受洗之后即因有违反戒律之虞，而将此类藏书悉数焚毁。②

当时的奉教天文家们每将天文与历法严格划分，如徐光启在崇祯二年七月所上的《礼部为奉旨修改历法开列事宜乞裁疏》疏中有云：

> 私习天文，古有明禁。……臣等考之《周礼》，则冯相与保章异职；稽之职掌，则天文与历法异科。盖天文占候之宜禁者，惧妄言祸福，惑世诬人也，若历法则止于敬授人时而已，岂律例所禁哉！③

又，徐光启在《条议历法修正岁差疏》中，尝胪列历算的实用功能，其中即借口"天文一家，言灾祥祸福，律例所禁"，刻意地将历算与星占间

---

① 利玛窦原著，金尼阁增订，何高济、王遵仲、李申译，何兆武校：《利玛窦中国札记》上册，北京：中华书局，1983 年，第 87—90 页。此本主要根据 Louis Joseph Gallagher 译自金尼阁所著 *De Christiana expeditione* 一书的英译本 *China in the 16th Century. The Journals of Matthew Ricci* 1583—1610, New York: Random House, 1953。

② Jacques Gernet: *China and the Christian Impact*, Cambridge: Cambridge University Press, 1985 (translated in English by Janet Lloyd), pp. 178—179; originally published in French as *Chine et Christianisme*, Paris: Editions Gallimard, 1982.

③ 〔明〕徐光启撰，王重民辑校：《徐光启集》卷 7，上海：上海古籍出版社，1984 年，第 324—331 页。

的传统密切关系避开不提①，仅叙述气象、水利、乐律、制器、会计、营建、测量、医药、守时等事如何可与历算旁通。

徐氏受天算于耶稣会士，他的观点显然受到西方星占学的浓厚影响，如其称"若考求七政行度情性，下合地宜，则一切晴雨水旱，可以约略豫知"。此一以气候受七政运行影响的看法，或有称之为天文气象学（astrometeorology）者，乃当时西方星占学中最主要的应用之一。又，徐氏以医家用药应"察知日月五星躔次，与病体相视乖和顺逆"，更属当时西方所流行星占医学（astrological medicine）的基本主张。②

顺治元年（1644）七月，摄政王多尔衮决定采行西法③，汤若望在奉旨所编的《时宪历》中，为突显西法的优越，于历首添加了数页旧历所无的"诸方节气及太阳出入昼夜时刻表"，强调节气、日出、日没的时刻均随地而异；但对传统历书中所载方位、神煞、用事等主要的内容，汤若望在无法回避或删节的情形下，只得要求不奉教的钦天监监官到局协助铺注。④ 由于汤若望所主编的新历远较钦天监所编的《大统历》精确⑤，故清政府亦开始将监官传统应负责的阴阳选择事交由汤若望办理，如顺治元年十月初一日，福临在北京行登极礼的日期及时辰，即是汤若望奉旨选择的。⑥

---

① 中国传统星占的对象是统治阶层以及军国政事，故古代天文家除编制民历外，更有多种专供御览而内容涉及日、月食及五星凌犯等天象的历书，其目的即是为星占的需要。

② 当时西方社会普遍相信人体内各器官及四液乃与七政的位置相应或受其影响。而生病即四液失调所致，即使在 17 世纪后半叶的欧洲，所谓的星占医家（astrological physician）仍是所有医生中最受病人欢迎的。参见 Bernard Capp, *Astrology and the Popular Press*, London: Faber and Faber, 1979, pp. 204—214; Derek Parker and Julia Parker, *A History of Astrology*, London: André Deutsch, 1983, p. 159。

③ 《奏疏》卷 1，第 10—11 页。

④ 《奏疏》卷 1，第 15—17 页。当时历局的官生几已奉教，在教义的拘限下，或无人习阴阳选择事。

⑤ 《奏疏》卷 1，第 19—22 页。

⑥ 《奏疏》卷 1，第 42—45 页。

顺治元年十一月，汤若望正式掌钦天监印信①，自此为天主教在中国的发展开创了一个崭新的局面。唯汤若望在监中所必须从事的占候及选择事，却一直令其忐忑不安。稍早时，汤若望还上疏试图以西方星占学的内容替代历书中依旧法铺注的部分，称：

> 历之可贵者，上合天行，下应人事也。苟徒矜推测密合之美名，而遗置裨益民用之实学，聊将一切宜忌仍依旧法铺注，终非臣心之所安……若目前紧要之事，谨约举条议二款，伏乞圣鉴施行。计开：一、考验七政情性，原与人事各有所宜，不明此理，则一切水旱、灾荒无从预修救备之术，而兵、农、医、贾总属乖违。臣西洋是以有《天文实用》一书，已经纂译首卷，未暇讲求，合无恭请敕下臣局陆续纂成，嗣后依实用新法铺注，庶国计民生大有裨益矣。②

但谕旨仅曰："礼部一并看了来说"，汤若望的主张当时似未获采行。③

汤若望在民历颁行之后，又编制完成《七政经纬历》，将日、月、五星的计算坐标列表④，并于顺治元年十二月上奏，盼将此一原仅供少数统治阶级使用的历书与民历同样颁行全国。因他从西方星占学的观点出发，以为此历将使"灾荒旱潦皆知预备，岂但农民，即工者、商者、医者与凡一切匠艺人等，莫不相时观候以知趋向。"结果奉有"《七政历》着速颁行，礼部知道"之谕⑤，但此历当时似乎仅颁于直隶八府而不曾

---

① 《奏疏》卷2，第69页。

② 《奏疏》卷1，第48—49页。

③ 汤若望于顺治初所著的《新历晓或》（收入台北故宫博物院所藏之《西洋新法算书》）中有云："西法皆关推算之事，而该监铺注尚仍旧例，非西洋天文实用之铺注也"（第5页），知当时历书仍用古法铺注。但沈兼士先生曾于"内阁大库"中见到一件由汤若望于顺治二年十二月二十二日所上的奏疏，其中即以"西洋天文实用之学"占天时人事。渠志廉：《汤若望司铎年谱》，《新铎声》1958年第17期，第72—84页。

④ 《奏疏》卷1，第46—47页。

⑤ 《奏疏》卷2，第78—80页。

广颁各省。① 由于阴阳诸家相度、选择必以七政的行度为本，而《时宪历》中只有朔望、节气、太阳出入、昼夜长短等资料，故民间射利之徒乃另私纂《便览通书》以供术家之用。② 康熙十九年正月，钦天监为杜绝此一现象，曾奏请全面颁行《七政历》，上因问大学士李霨的意见，李氏对曰："颁行亦无益，星家所用皆与此不同。"康熙帝最后谕旨仍照现行历施行，称："《七政历》分析节气极为精细，但民间所用皆是《便览通书》，依旧历所分节气，虽颁发《七政历》，未必能用。"③ 此例具体显示出中国传统民间术数学所披挂的天文外衣，在清初以来已因钦天监行用西法而渐与官方天文学的内容相背驰。

身为监正的汤若望因无法从根本改革中国具悠久传统的历书，只好在其中由奉教监官依科学知识所制订的部分（如"都城顺天府节气时刻""各省太阳出入昼夜时刻"及"各省节气时刻"等表），特意重复标明"依新法推算"字句。④ 此一做法突显出汤若望等监官处于中国传统与天主教教义之间的尴尬。为求能藉立足钦天监以在中土宣教，他们只能透

---

① 顺治前期每年所印的汉字《七政历》仅三百五十本，分送各衙门使用。顺治十年，钦天监上疏请增印，奉旨曰："汉字《七政历》及汉字《民历》应听该监自印广行以便民，不必拘定数目"但或因经费有限等原因，《七政历》似未能全面颁行；《奏疏》卷3，第10—11页及第44—45页。又，谈迁在《北游录》（台北：文海出版社，收入《明清史料汇编》7集第11册）中，亦详列当时颁给各衙门《七政历》的数目（《纪闻下》，第379—380页）。

② 南怀仁等，《熙朝定案》（法国巴黎国家图书馆藏本，编号 BNP 2908 Ⅱ），第164页。在清初小说《云仙笑》中，曾述及一名乐公济者，专从事合婚选日的生意，此君案头置有一本占算时参考用的《七政通书》，或即《便览通书》在民间的别名。〔清〕天花主人原著，朱眉叔校点《云仙笑》，沈阳：春风文艺出版社，1983 年，《张昌伯厚德免奇冤》第5册，第78—79页。本文所提及有关"历狱"的各原始中文文献（如《熙朝定案》《钦定新历测验纪略》《妄推吉凶辩》《妄占辩》《妄择辩》等书）的讨论，均请参阅拙文《康熙朝涉及"历狱"的天主教中文著述考》，《书目季刊》1991年第25卷第1期，第12—20页。

③ 中国第一历史档案馆整理：《康熙起居注》第1册，康熙十九年正月十二日壬寅条，北京：中华书局，1984 年，第482页。

④ 如见台北"国家图书馆"藏《大清顺治十五年岁次戊戌时宪历》（善本第6339 号）。

过此一方式消极地回避两文化间的冲突。①

但汤若望此一务实态度，并无法获得所有教士的体谅或认同。自顺治五、六年起，以安文思（Gabriel de Magalhaes，1609—1677）为首的教士们发表了一连串文件抨击汤若望，在教内掀起轩然大波。② 汤若望被批评其担任监正一职有违耶稣会"不宦"的誓约，且称其所编制的历书中含有不合乎教义的迷信内容。汤若望及其支持者则针对各项批评提出辩驳，双方在此后十数年的争执中，并屡向教廷呈递正反的意见。

为确切掌握当时双方的论争，我们有必要先对当时西方的星占学做一概略的了解。③ 15、16世纪可说是星占学在欧洲最兴盛的时代。由于担心星占取代人们对上帝的信仰，且又受星占家所做大量政治预言的困扰，教皇希斯笃五世（Sixtus V）在1586年发布一训谕，公开谴责星占术，并不许教徒拥有此类书籍。当时流行的用来卜算个人命运的天宫图（horoscope）亦在禁止之列。④ 教会认为"只有上帝知道未来，即使魔鬼亦不可能预见"，唯有涉及星占医学的行为以及预卜气候、天灾、庄稼丰

---

① 详细的讨论，请参见拙文《从汤若望所编民历试析清初中欧文化的冲突与妥协》，《清华学报》（新竹）1996年新26卷第1期，第189—220页。

② 有关此一争辩的始末，详见 Alfons Väth S. J.：*Johann Adam Schall von Bell S. J.*：*Missionar in China*，*Kaiserlicher Astronom und Ratgeber am Hofe von Peking*，1502—1666，Cologne：J. P. Bachem，1993，pp. 267—294，或见杨丙辰之中译本《汤若望传》第2册，台北：台湾商务印书馆，1949年，第420—470页。又，安文思对汤若望的攻击，或部分肇因于两人所分别依附的豪格与多尔衮间的权力冲突。古伟瀛：《朝廷与教会之间——中国天主教史中的南怀仁》，收入《南怀仁逝世三百周年国际学术讨论会论文集》，台北：辅仁大学出版社，1987年，第14—28页。

③ 有关教会对星占的态度，参见 *A History of Astrology*，pp. 123—149。

④ 中世纪欧洲所流行的天宫图为一正方形，其内包含十二个等腰三角形，各代表一宿，星占学家将推算所得某一时刻日、月、行星的位置书于其上，以为占算之用。希斯笃五世认为每一灵魂均由上帝配属一位天使，其任务即在保护灵魂不受天星的影响，故以天宫图占命并无意义。但顺治九年，薛凤祚协助耶稣会士穆尼阁（Jean Nicolas Smogolenski，1611—1656）译撰《天步真原》（台北：艺文印书馆，收入《百部丛书集成》之中之《守山阁丛书》）时，即在其中《人命》下卷列出十五个西方人物出生时的天宫图，并详加推演说明，由此可知天主教会对天宫图的禁约并未受到严格遵行。

歉、航行成败等事始被允许。1631 年时，教皇尔本八世（Urban Ⅷ）更因不满大量流传的有关政治及教会的预言，又重申希斯笃五世的训谕，并威胁将把忽视此一禁令者抄家或处死。

但教会的反对并无法有效抑制星占学在当时欧洲社会的影响力。直到 17 世纪后半叶，在哥白尼（Nicolas Copernicus，1473—1543）、伽利略（Galileo Galilei，1564—1642）、开普勒（Johannes Kepler，1571—1630）等学者所接续建立的新天文学中，星占理论所根据的地心说被确证有误①；再加上牛顿（Isaac Newton，1642—1727）等所创机械论物理学（mechanistic physics）的兴起，终于使得星占学渐渐丧失在知识界的存活能力，开始正式和科学分道扬镳，成为伪科学（pseudoscience）的主支。②

明末清初耶稣会士东来之时，星占学与天文科学在欧洲社会的界限仍不十分明显。著名的天文家第谷（Tycho Brahe，1546—1601）即是星占术的支持者，而曾任第谷助手的开普勒据说亦曾为人占卜天宫图以贴补家用。③

但耶稣会士们对星占的态度或仍遵循希斯笃五世以及尔本八世所颁训谕的精神。曾任罗马耶稣会学院（Jesuit Coilege at Rome）校长的安吉利斯（Alexander de Angelis），即为抨击星占术最力的人士之一，并尝于 1615 年时接连写了至少五部以上的论著以强调其立场。④ 耶稣会士兼神

---

① 因星占学认为天地之间存在着密切对应的因果关系，故天体的运行可用来预卜地球上人、事的命运，但哥白尼的地动说（日心说）则主张决定地上事物命运的金、木、水、火、土五星，与地球相同，亦不过是围绕太阳运转的行星而已，此说严重打击了星占学的理论基础。

② *The New Encyclopcedia Britannica*（15th Edition，1979），Vol. 2，pp. 219—223；*Astrology and the Popular Press*，p. 32.

③ ［日］荒木俊马：《西洋占星术》，东京：恒星社，1997 年，第 152—157 页。另可见席泽宗主编《世界著名科学家传记，天文学家Ⅰ》，北京：科学出版社，1990年；江晓原撰《第谷》及倪彩霞撰《开普勒》，第 8—34 页及 138—165 页。

④ *A History of Astrology*，p. 149.

学家达乃尔（Adam Tanner）亦于同年著有《星占神学》（Astrologia Sacra）一文，讨论星占与神学间的关系。他将星占预言分成四类：一、有关人类自由意志能转移的事故或行动，如预言某政治人物将遭刺杀等事；二、有关人类自由意志无法转移的事故或行动，如预测气候阴晴及田禾丰歉等事；三、预测人类可直接受星辰影响之行动的时间，如决定医疗放血及农耕播种等事的最佳时间；四、预推涉及日、月、五星运行的天象。达乃尔认为第一类预言是应绝对鄙弃的，第四类因属自然现象的推算，当然可为教会允许。至于其余两类预言虽可接受，但因人类对相关知识的掌握尚欠完备，故仍不应深信。①

我们现在已很难确切了解汤若望对中国传统星占、地理、择日等术的真实态度，他很可能因执着于利玛窦所倡藉天算以宣教的策略而为辩驳而辩驳。汤若望在答辩时，似尝借用达乃尔的说法，强调中国历书中的铺注部分即类同于第二、三类预言，故应为教义所允许，且当时欧洲风行的历书（almanac）中，亦有类似中国选择铺注的内容，而教会方面并不曾就此提出批判。汤若望认为择日至多可算是一种错误的观察，而不应归于迷信之列。②

汤若望更尝在南怀仁（Ferdinand Verbiest，1623—1688）的协助下

① 参见《汤若望传》第 2 册，第 444—445 页，原书第 281—282 页。达乃尔对星占的看法，基本上与李之藻协助傅泛际（P. Furtado，1587—1653）翻译的《寰有诠》（法国巴黎国家图书馆藏本，编号为 BNP 2919）一书中的态度相似（见卷 4，第4—12 页），该书原名 Commentarii Collegii Conimbrincensis Societatis Iesv, In qvatvor libros Decoelo Aristotelis Stagiritae（1592），系耶稣会在葡萄牙所开办的高因勃拉（Coimbre）大学的课本，乃当时耶稣会葡萄牙省会长丰赛伽（P. Fonseca）所主编的八部亚里士多德（Aristotle，前 384—前 322）学说的讲义之一；方豪：《中国天主教史人物传》上册，香港公教真理学会及台中光启出版社，1967 年，第 208—215 页。

② 《汤若望传》第 2 册，第 445—447 页，原书第 282—283 页。当时欧洲的历书十分风行，如在 17 世纪后半叶，英国全国一年的历书销售额往往达到四十万册，在这些历书中除日历（calendar）、七政运行以及日月食资料、法律名词表、黄道带人（Anatomy 或 Zodiacal Man，显示人体各部位与黄道各宫间对应关系的图形，为医家治病的参考）外，同时亦包含气候及收成预测、吉日凶日表等。参见 Astrology and the Popular Press，pp. 29—30，44。

写就《民历铺注解惑》一书，为己所编历书中的铺注内容提出解释。在此书中，汤若望将选择日时视为人们从长期积累的经验中所做出的一约定成俗的举动。①《民历铺注解惑》一书完成于康熙元年，其成书可能受到教会于顺治十六年对在华传教士所发布的一项重要训令鼓舞，其文有云：

> 只要不是显然有违宗教和善良道德，千万不可使人们改变自己的礼仪、习惯与风俗……不要输入国家，但要输入信仰。任何民族的礼仪与习惯，只要不是邪恶的，不仅不应排斥，且要予以保存……不值得赞扬的，你无须像阿谀奉媚者一般，予以阿谀，只宜小心谨慎，不予置评，绝不可毫不体谅地随便予以谴责。你若碰到丑风陋习，可以对以耸肩和缄默，而不必言语表示不满，但人们若有接受真理的心意，便该把握时机，慢慢扫除这些恶习……②

汤若望及南怀仁对选择事的辩驳，或即是顺着此一训令中尊重不同文化传统的精神所做的。

此一牵扯入当时多数在华传教士的"历书之争"，直到康熙三年时，始因教皇的裁决而尘埃落定。虽然历书中有关阴阳选择的内容被归成迷信，但由于汤若望等奉教监官并未实际参与制订这一部分的内容，且任钦天监监官对教会在中国的宣教活动有极大利益，故教会当局并未禁止奉教天文家参与制历，并特许教士接受监官之职。③

汤若望虽在"历书之争"中获得教会当局的支持，但安文思等人在

---

① 详细的讨论，请参见拙文《从汤若望所编民历试析清初中欧文化的冲突与妥协》。

② 燕鼐思（Joseph Jennes）原著，栗鹏举（Albert van Lierde）英译，田永正（Paul T'ien Yung-Cheng）中译：《中国教理讲授史》，台北：天主教华明书局，1976年，第 88 页；原书名 *Het Godsdienstonderricht in China*（Brasschaat：De Blèvre，1942）。

③ 《汤若望传》第 2 册，第 455—466 页；原书第 287—292 页。

先前攻击他时所提"钦天监之管理，为引起他人厌恶之资，且汤若望掌管此职，易涉重大之生命危险"的忧虑①，却不幸在紧接着由杨光先等所掀起的"康熙历狱"中凿然发生。先是汤若望授意钦天监中职司选择事的杨弘量疏告礼部下葬顺治帝殇子荣亲王的时辰有误，以致礼部自尚书恩格德以下共七位官员均遭严重处分。康熙初，杨光先在恩格德等人的支持下，反控监官所选的荣亲王殡葬时刻为大凶，以致累及其母及先帝相继升遐等藉口，令相争多年的汤若望、安文思等会士均遭系狱。此一清初最大教案严重阻挠了天主教会在中国的发展。②

在经过天主教内激烈的"历书之争"以及反教人士所掀起的"历狱事件"的严重打击之后，奉教监官开始重新考量对中国传统阴阳选择事应持的态度。因钦天监中所做的这些职事此时已被教会当局归为迷信之列，故他们不仅不再能如先前般一径将就中国天文的传统，且得从教会的新立场出发，明确表白其对中国式相度、选择以及星占等术的态度。

康熙七年，上命钦天监及南怀仁同选起建太和殿的日期③，杨光先等因而攻讦南怀仁曰："历法关系选择，今南怀仁不习选择，则是南怀仁之历法有何用乎？"南怀仁回奏曰："选择较历法最易，故知选择者甚多，由此可知历法重且要于选择。况选择系于历法，历法不系于选择。"南怀仁在此疏中并说明自己所长者为天象推步，占验方面则称己所能预测的唯有如"某日宜疗病针刺、宜沐浴、宜伐木、宜栽种与收成"等项，于定吉日、凶日一事则"不敢妄定"。帝又问其新、旧两历间有关铺注与支干的异同，南怀仁对曰：

　　若论支干，新旧二历如一，若论补〔铺〕注，原不关系天行，非从

---

　　① 《汤若望传》第2册，第435页；原书第276—277页。
　　② 参见拙文《择日之争与康熙历狱》；《杨光先家世与生平考》，《"国立编译馆"馆刊》1990年第19卷第2期，第15—28页。
　　③ 此事原委详见南怀仁《钦定新历测验纪略》（法国巴黎国家图书馆藏本，编号BNP 4992），第39—42页。

历理所推而定，惟从明季以来沿习旧例而行。今南怀仁所习者皆天文实用、历法正理而已，此二端实南怀仁所用选择之根本也。如定兵、农、医、贾诸事宜忌从此而定，务期日后与天有相应之效验，与历年所报各节气、天象历历可证。

南怀仁在此不断强调历法远重于选择，而其中对铺注的态度则多在教会容许的范围之内。

康熙八年，南怀仁成功地将杨光先排挤出钦天监，并奉旨担任治理历法一职①，接续汤若望生前在监中的工作。在短短数日内，南怀仁即一口气写就《妄推吉凶辩》《妄占辩》《妄择辩》三书，用科学的态度条举批判杨光先等以术数占断吉凶休咎的看法，认为这些均属虚妄。② 如其在破选择之说时，即尝举例提出十分具说服力的论据，曰：

本监所选定之吉日或太近，或太远。为工部等衙门不便用者，则本部衙门驳回本监所定之吉日，令更定便用之日期……若本监凡选之吉日吉地，果有一定之祸福所关系者，则部员、监员何敢改换其吉日与吉地，以随其便用乎？③

---

① 或因受先前安文思等教士攻击汤若望违反耶稣会"不宦"誓约的影响，且又担心正式任官易重蹈汤若望之覆辙，南怀仁坚持不任编制内的监官，仅愿以"闲散"身份为钦天监治理历法。《熙朝定案》，康熙八年五月□日及十三年三月二十八日之奏疏，此据 Ulrich Libbrecht 教授所提供各图书馆藏本的影本。有关《熙朝定案》版本的讨论，可参见 Willy Vande Walle：Problems in Dating the Writings of Ferdinand Verbiest：*The Astronomia Europaea and the Xi-chao ding-an*，收入《南怀仁逝世三百周年国际学术讨论会论文集》，第 237—252 页以及拙文《康熙朝涉及"历狱"的天主教中文著述考》。

② 笔者所见之《妄择辩》一书，原藏罗马耶稣会档案馆，编号 ARSI Jap. Sin. II45D，《妄推吉凶辩》及《妄占辩》则均藏法国巴黎国家图书馆，编号分别为 BNP 4995 及 BNP 4998。

③ 《妄推吉凶辩》，第 18 页。

并指选择家虽使用许多天文术语，却丝毫不晓历理及历法，"皆偷历日之高明，以混不知者之眼目，以便行其诳术也"①。

耶稣会天文家在重掌钦天监之后，因职责在身且又不能违背教会立场的情形下，乃由南怀仁于康熙八年起将教会认可的西方星占术正式引进中国。② 在今北京第一历史档案馆所藏的二百余件康熙朝钦天监题本中③，我们即可清楚见到西方星占术的内容，如其中有云：

> 自立夏至夏至，土星为天象之主，立夏、小满二节，土星、太阳及金、水二星，久在相会之限，主空际多漾气，阴云，天气仍凉。立夏初旬，土、火二星在夏至左右两宫相近，主人身气血不和，多痨病、吐血，遍体疼痛之疾，于五月初二、初三、初四、初九、初十、十一日调理服药，方合于天象……④

题本中更屡见西方星占学家所用天宫图的形式，但南怀仁仅借此图以预推各主要节气的气候、收成等现象，而未用来占卜个人命运⑤，且为顺

---

① 《妄择辩》，第6—7页。

② 南怀仁照汤若望先前所译的《天文实用》一书，预推每年于春、夏、秋、冬四正节及四立节，以及交食等日的天象，凡于"各季所主天气、人物之变动效验，如空际天气□冷热、干湿、阴云、风雨、霜雪等项有验与否，下土有旱涝，五谷百果有收成与否，人身之血气调和、不调和，疾病多寡，用药治理以何日顺天、何日不顺天"等项，均为南怀仁奏报的主要内容。见南怀仁《预推纪验》（ARSI Jap. Sin. II 45a），第1页。

③ 该馆已整理摄制成8卷缩影卷片，名为《钦天监题本专题史料》。

④ 见南怀仁等钦天监监官于康熙十六年四月初四日所上题本，此据Ulrich Libbrecht教授所提供其摄自北京第一历史档案馆之影本。

⑤ 南怀仁从西方星占学的观点认为风雨旱涝等事，均与天象有"因性相连"的关系，唯由因人类对这方面知识的掌握仍颇多欠缺，故"尚不能推知其十分之一"。他并以中国占书中所谓"甲子有雨，乙丑日有风"等说法，是"无知者之占也"。参见《妄推吉凶辩》第12页及《妄占辩》第12页。南怀仁在《预推纪验》一书中，开列有钦天监于康熙八年至十九年间预推气候变化有验之事，但这些其所谓"观候而验者"，显然均属附会。

应环境，图中原以黄道十二宫表示的坐标更改用了中国传统的十二次（图一）。或为缓和保守人士可能的反弹情绪，南怀仁在依西法所作的占辞之后，均仍附加有中国传统的占辞，但篇幅均远较西式占辞为少，或仅聊备一格，以避人口实。

南怀仁虽大肆抨击传统的阴阳选择事，且成功地引进西方星占术，但他仍无法使钦天监面目一新。或因受教会当局新态度的影响，南怀仁在任职钦天监之后，对寻常节气尚有观验，但对星辰凌犯等项则均未奏闻①，以致康熙十六年三月，遭上责其"蒙昧疏忽，有负职掌"，经礼部会议后，本拟交吏部议处，幸获宽免。② 南怀仁因此被迫开始奏报特殊天象的占验，如当月即报有天雨土、瑞星见、卿云现三事，且其题本上的占法完全是中国式的。

至于相度、选择方面，南怀仁仍依循汤若望的策略，强将其区分为实用与虚用两部分，以其中实用者为"合理之用"，是教会可以接受的；而虚用者为"非理之用"，纯属迷信。如他以地理的实用在于选取一美观、相称的地形及地势，而选择的实用则在于选取一便用的时辰。③

---

① 前述康熙朝钦天监档中，即有超过五分之二为在四分、二至或二立时所做的定期报告。由于中国古代对星辰凌犯的占辞常涉及统治阶层，故此类星占应不太受教会认可。

② 康熙十六年三月十三日，上谕礼部曰："帝王克谨天戒，凡有垂象，皆关治理，故设立专官，职司占候，所系甚重，一切祥异，理应详加推测，不时具奏。今钦天监于寻常节气尚有观验，至今岁三月霜雾及以前星辰凌犯等项，应行占奏者，并未奏闻，皆由该监官员蒙昧疏忽，有负职掌，尔部即行察议具奏。"《圣祖仁皇帝实录》卷66，第6—7页。第一历史档案馆所藏的这批钦天监档案起自康熙十六年三月十八日，恰在南怀仁受责之后。

③ 《妄推吉凶辩》，第14—18页。

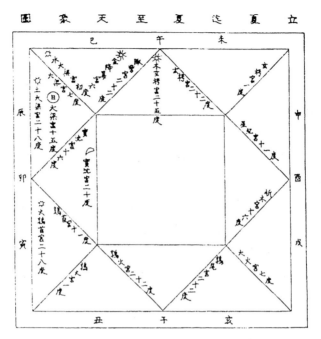

图一 南怀仁等钦天监监官于康熙十六年四月初四日所上题本末附的
天宫图。原图已不甚清晰，此处所示为笔者据北京第一历史档案馆原
件重绘的摹本。其中"玄枵宫"的"玄"字，并未因避康熙帝的名讳
而缺笔或改字。又，西方典型的天宫图，多在图中的正方形内书有所
占算个人的出生时日，但南怀仁因仅借用此图以预测气候、收成等现
象，故正方形内留白。

　　由于耶稣会士将在钦天监中服务一事视为宣教的垫脚石，故虽然他
们或并不相信星占、术数之学，但在当时文献中我们却屡可见奉教天文
家藉职务之便，间接利用占验以维护教会的利益或遂行其对政事的主
张。① 如顺治六年，摄政王多尔衮以"京城水苦、人多疾病"为藉口，

---

　　① 中国古代天文与政治间的关系十分密切，较特殊的个案研究可参见本书《汉
成帝与丞相翟方进死亡之谜》《中国星占学上最吉天象——"五星会聚"》。

欲于京东神木厂创建新城软禁幼帝，汤若望即以掌钦天监印务的身份上疏曰：

> 建城所关非小，龙脉必合星垣……今新建基址，乃龙脉之余气，土脉、水势未及都城……今所建之地未为尽善，臣因此而思，臣前屡奏占验，有月生晕、有雾气、有风皆主土工兴之兆，然此兆非建城所宜，乃天心垂爱示警也。兹若建城，恐蹈前占，未可轻举，事关重大，臣不敢缄默……

汤若望在无充分理由的情形下，将自己先前所报称的有"土工兴之兆"的占辞，改占为"天心垂爱示警"，并反以风水未善为由反对建城。多尔衮因而传汤若望入内院面说，最后终于听从他的意见，下诏以"估计浩繁"为由罢此事。①

又，顺治九年，达赖喇嘛将入朝，当其尚未入京时，汤若望即奏报太阳表面有斑点出现，并称此乃因喇嘛僧徒遮掩住皇帝的光辉所致。稍后，汤若望更上奏"太白星与日争光"及"流星入紫微宫"两天变，并与大学士洪承畴及陈之遴共谋，以此两天变示警为由疏谏，致皇帝决定不亲至关外迎接。而当达赖入京觐见后，汤若望又上疏将当时战事失利、痘疫流行等事，附会为上天对人们过于敬重喇嘛的一种惩示。由于汤若望所奏天象的时机及其星占意义与时事太过巧合，令人怀疑这些占验很可能是汤若望藉职务之便而蓄意附会出的，期盼压制当时在统治阶级间盛行的喇嘛教的气焰。② 顺治十一年时，上执意欲东巡满洲，宗勋以及文武大臣俱以境内未定而极力反对，当时汤若望亦曾利用天象劝阻此事。③

---

① 《世祖章皇帝实录》卷44，第1页；《汤若望传》第1册，第247—248页；第2册，第429页，原书第165及273页；《奏疏》卷3，第1—2页。

② 参见拙文《择日之争与康熙历狱》。

③ 《北游录·纪闻下》，第373页。

四、 结论

在中国古代社会中，天文因与星占、术数紧密结合而带有特别浓厚的伪科学色彩以及人文精神。汤若望等耶稣会天文家在顺治朝初掌钦天监时，或为稳固在监中的地位且避免保守人士不必要的反弹，对与教义不太相合的中国式星占、术数之学多采较为务实的宽容态度。但稍后在其他耶稣会士以提倡迷信且违反"不宦"誓约相责的情形下，汤若望等奉教天文家为保留此一官僚体系内唯一的宣教据点，不得不理出一套说辞，将其中内容强分成"合理之用"与"非理之用"两大类，为辩驳而辩驳。

教会当局在康熙初虽裁决会士们可续在监中任职，却认定历书中有关阴阳选择的内容为迷信，令耶稣会天文家对此无法再消极地采取回避的态度。但奉教监官尚未来得及就阴阳选择事表态，即因"康熙历狱"的发生而遭系狱甚或处斩。杨光先等人掀起此一教案的因素相当复杂，但中西社会对星占、术数的不同态度显然为当时引发冲突的重要导火线之一。奉教监官在突显西法优越的同时，因未能适度考量入中国社会广泛将天文应用于术数的实际需要，终致引发以维护传统为职志的保守人士的反击。[1]

康熙八年起，"历狱"开始全面翻案，奉教天文家并以西法又重掌钦天监，但传教活动却因被猜忌而颇受拘限。[2] 南怀仁为响应教会当局的新态度，开始对中国传统的星占、术数之学展开严厉的攻讦，并将教会认可的西方星占术正式引进中国。但南怀仁尽管贬抑却仍无

---

[1] "康熙历狱"之后，布衣杨爌南亦曾于康熙八年有过攻击奉教监官的举动。参见拙文《杨爌南——最后一位疏告西方天文学的保守知识分子》，《汉学研究》1991年第9卷第1期，第229—245页。

[2] "历狱"虽于康熙八年八月平反，但谕旨上仍称："伊等聚会散给《天学传概》及铜像等物，仍行禁止……其天主教除南怀仁等照常自行外，恐直隶各省复立堂入教，仍着严行晓谕禁止。"《圣祖仁皇帝实录》卷31，康熙八年八月辛未条，第4—5页。

法全盘否定或扬弃中国传统的星占及阴阳选择术。天主教天文家虽在此后一百多年间，均接续担任监正或监副等要职①，但清朝的钦天监却始终未能追随西方天文学的发展而质变成一天文科学的研究机构。②

从本文的讨论中，我们可发觉在明末清初时，当教会当局评断中国传统与天主教教义是否相合时，其所提供的弹性往往并不大，且对本身的价值判断常抱持过分的优越感。如西历在推步方面虽远胜于《大统历》与《回回历》，但耶稣会天文家所指称旧历推算春秋两分的时刻有差至两日者，并责旧历误定一日为百刻、圆周为三百六十五度有奇等事，均为因中、西方的定义不同所导致的太过主观的误解。③又如教会视中国传统星占为迷信，事实上，若从现代知识界的立场而言，当时教会所认可的天文气象学以及星占医学的内容亦同属伪科学的范畴。

由于奉教监官无法在中国社会与教会当局两者对天文的看法上善作调和以避开冲突④，且教会在敬祖与祀孔等礼仪的处理态度上，亦未能

---

① 清代除由杨光先发起的反西学、西教运动所影响到的短暂时期（1664—1669）外，常由教士担任钦天监监正或监副等要职，最后一位任职钦天监的教士为高守谦（Verissimus monteiro da Serra），道光六年（1826）时，因疾告假回欧。参见阎林山、马宗良、徐宗海《鸦片战争前在中国传播天文学的传教士》，《中国科学院上海天文台年刊》1982 年第 4 期，第 362—369 页。

② Nathan Sivin：Copernicus in China，*Studia Copernicana*（Warsaw）No. 6（1973），pp. 63—122.

③ 清初著名的天文家王锡阐即曾对此类批评提出中肯的意见。〔清〕王锡阐：《晓庵新法》原序，台北：台湾商务印书馆，景印《钦定文渊阁四库全书》本。另参见席泽宗《试论王锡阐的天文工作》，《科学史集刊》1963 年第 6 期，第 53—63 页；江晓原《王锡阐及其〈晓庵新法〉》，《中国科技史料》1986 年第 7 卷第 6 期，第 48—51 页；江晓原《王锡阐的生平、思想和天文活动》，《自然辩证法通讯》1986 年第 7 卷第 6 期，第 53—61 页；Nathan Sivin：Wang Hsi-Shan, in *Dictionary of Scientific Biography*，New York：Charles Scribner's Sons，1976. Vol. 14pp. 159—168。

④ 参见本书《清前期对觜、参两宿先后次序的争执》。

妥为尊重中国的文化传统①，终使天主教在华的传教活动，自康熙末年起，即因官方的连续禁教政策，而陷入了长期的低潮②；直到道光朝之后，教士们始能在受帝国主义护持的不太健康的气氛下，重新入华展开传教活动③。而在另一方面，清初时虽出现耶稣会士挟大量西学以宣教的特殊环境，却因保守人士的作梗，致使钦天监丧失了成为一引进西方近代科学重要据点的契机。

[原刊于《九州学刊》1991 年第 4 卷第 3 期，第 5—23 页：L'attitude des missionnaires Jesuites face l'astrologie et la divination chinoises，in L'*Europe en Chine* ，*interactions scientifiques*，*religieuses et culturelles aux* ⅩⅦ*e et* ⅩⅧ*e siecles*，ed. Catherine Jami & Hubert Delahaye，Paris：College de France，1993，pp. 87—108.]

---

① Jacques Gernet：*China and the Christian Impact* ．pp. 181—192；John D. Young，*Confucianism and Christianity*：*The First Encounter*，Hong Kong：Hong Kong University Press，1983，pp. 117—123；矢沢利彦，《中国とキリスト教》，东京：近藤出版社，1972 年。

② 张力、刘鉴唐：《中国教案史》，成都：四川省社会科学院出版社，1987 年，第 147—185 页。

③《中国教案史》，第 275—295 页。

从尹湾汉墓简牍看中国社会
的择日传统

选择术是中国古代天文的重要内容之一，亦是各类术数当中系统最庞杂者。此术透过时空的制约曾影响历代亿万中国人的日常生活，但先前却很少获得学术界足够的关注。

本文即先理清尹湾汉墓简牍中涉及选择术的内容，以掌握该术早期的形态，并透过个案研究与后世的选择术规则相比较，藉以析探中国术数的发展模式及其与社会之间的互动关系，并尝试探讨选择术何以能在华人社会存留两千余年而不被时代淘汰。透过类似的研究，不仅可以增进我们对术数史的了解，更有机会丰富我们对古代通俗文化和古人生活礼俗的认识。

一、 前言

1993年，江苏连云港市近郊的尹湾发掘出六座汉墓，其中第六号墓中出土的文物最丰富，共有一百余件竹简和木牍，逾半或为历谱，或与术数相关，包含元延元年（前12）、二年和三年五月之历日，以及神龟占、六甲占雨、博局占、刑德行时、行道吉凶等内容。该墓主人师饶为东海郡的功曹史，虽仅百石小吏，但地位重要，是太守的心腹左右，主要负责一郡吏员的考绩和升迁等业务。①

师饶作为一功曹史，必须经常至郡下所辖的各县、邑、侯国洽公，此情形明显见于墓中所出土的元延二年（前 11）大事记。师饶在这一册预先编制的历谱上，逐日记载他何日出行、住宿何地以及其他重要公私事务，偶亦记当日气象。惟因简册的残破，该年日记约有六十余日的文字缺损，而在其余各日的记事当中，知师饶至少有一百三十多天均外宿。无怪乎选择出行时日、方位以及占雨的内容，在师饶陪葬的简牍中占有相当大的篇幅。

选择术或为中国社会所流传的各类术数当中内容最庞杂者，历代曾著录的相关文献逾千百种。这些文献的使用者或诉求对象并不局限于下层社会，而是广及各个阶层，并往往由政府加以主导。在官方天文机构的执掌中也明白记载相关的内容，如东汉的太史令就必须"掌奏良日及时节禁忌"②；即使至清末，钦天监中也有漏刻科官生负责"诹吉日、辨禁忌"之事。③

事实上，选择术透过时空的制约曾影响历代亿万中国人的日常生活，甚至还流传至邻近的朝鲜和日本等国。即至今日，选择术仍活跃于各华人社会。以台湾为例，每年印行的各式民历和通书，至少在数百万册以上④，民间以择日为业者更不下数万人。

拜中国社会对选择术的笃信之赐，目前还有相当比例的择日原典存世，但这些书籍多被视同秘籍而藏诸民间术家之手，各大图书馆或因鄙夷其中的迷信内容，反而收藏不多。近年来因利之所趋，台湾许多书局开始大量重印这些原典，惟购买者多出自对趋吉避凶的现实兴趣，少有

① 连云港市博物馆等：《尹湾汉墓简牍》，北京：中华书局，1997 年。
② 《续汉书·百官志》，北京：中华书局，第 3572 页。
③ 《清史稿》卷 115，北京：中华书局，第 3324 页。
④ 吕理政、庄英章：《台湾现行农民历使用之检讨》，收入李亦园、庄英章主编《"民间宗教仪式之检讨"研讨会论文集》，台北："中国民族学会"，1985 年，第 103—129 页。

学者利用现存的这些丰富材料来进行较深入的学术研究。①

衡诸尹湾汉墓陪葬简牍的内容，可知师饶应颇信于术数，故或可提供我们一很好的基点，以掌握选择术的早期形态并析究其演变的历程。本文即先尝试理清尹湾简牍中涉及选择术的部分内容②，并进一步探究其对时人日常生活行事的影响，更将透过与后世的选择术规则相比较，藉以析探中国术数的发展模式及其与社会之间的互动关系。③ 类似的讨论先前往往被学术界所忽略，事实上，它不仅可对术数史的研究做出贡献，更有机会具体丰富我们对古代通俗文化（popular culture）和古人生活礼俗的认识。④

二、 行道吉凶术

尹湾第六号汉墓中出土一组行道吉凶竹简（简90—113），以天干为准，用十支简将六十干支排成一个横行的六甲表，并在每个干支下注明该日为几阳几阴，以及最适合出行的方位。经查这些简的内容，可以在表一中归纳出其原理如下：此术将十干中的甲、丙、丁、戊、庚、壬、癸，定为二阳，余为二阴；十二支中的子、丑、寅、午、未、酉、戌，定为一阳，余为一阴。至于各纪日干支属几阳几阴，即由该干支的阴阳数相加而成。而各日宜出之方位，则由地支决定，其中逢子、巳、未日，

---

① 笔者近年来致力于购求或复印清代以前出版的选择术文献（包含历日和通书），已得约两百余种，希望将来能详考并著录各书的作者、版本和流传过程，提供学者研究时初步之参考。

② 其中《神龟占》《博局占》等内容，可参见刘乐贤《简帛数术文献探论》，武汉：湖北教育出版社，2003年，第144—164页。

③ 有关中国传统术数的概括性介绍，可参见 Richard J. Smith：*Fortune-Tellers & Philosophers*, *Divination in Traditional Chinese Society*, Boulder, Colorado：Westview Press, 1991。

④ 透过选择术文献的内容，往往能充实我们对古人社会生活的了解，参见蒲慕州，《睡虎地秦简〈日书〉的世界》，《"中央研究院"历史语言研究所集刊》1993年第62本第4分，第623—675页。

宜出西门（此处的"门"乃泛指方向）①；逢丑、午、亥日，宜出东门；逢寅、辰、酉日，宜出南门；逢卯、申、戌日，宜出北门。原简之中有四处文句与此一规则不合，疑均为抄写时的讹误。②

表一　行道吉凶之规则，用以推求各干支日适宜出行的方位

干支 ＼ 干	甲二阳	乙二阴	丙二阳	丁二阳	戊二阳	己二阴	庚二阳	辛二阴	壬二阳	癸二阳
子一阳		西	西			西	西			西
丑一阳	东			东	东		东	东		
寅一阳		南	南			南	南			南
卯一阴		毋	毋			北	北			毋
辰一阴		南	南			南	南			南
巳一阴	毋			毋	毋			西	西	
午一阳		东	东			东	东			东
未一阳	西			西	西			西	西	
申一阴		北	北			北	北			北
酉一阳	南			南	南			南	南	
戌一阳		北	北			北	北			北
亥一阴	毋			毋	毋			东	东	

行道吉凶简末还记有相关的规则，其文曰：

行得三阳，又得其门，百事皆成，不辟执、勾之日。

行得三阳，不得其门，行者忧，事亦成。

---

① 感谢"中研院"史语所刘增贵先生的提示。
② 如"（乙）酉，二阴一阴，南门"，应作"（乙）酉，二阴一阳，南门"；"（乙）巳，二阴一阳，西门"，应作"（乙）巳，三阴，毋门"；"（丁）酉，三阳，东门"，应作"（丁）酉，三阳，南门"；"（辛）丑，二阴一阳，南门"，应作"（辛）丑，二阴一阳，东门"。参见刘乐贤《尹湾汉简〈行道吉凶〉初探》，《中国史研究》1997年第4期，第50—53页。

　　行得二阳一阴，唯得其门，以行，其物不全。

　　行得二阴一阳，唯得其门，以行，必系、束缚。

　　行得三阴，毋门，不可行，行必死亡。

使用时，或多先在较方便出行的日子中，选择干支属三阳者（六十干支中共有二十六日），并从最合宜的方位出行，时人相信如此即可"百事皆成"，而纵使当日不得其方而出，也仅有小忧，其事仍可成。如果非得在二阳一阴或二阴一阳之日出行，则必须行得其方，否则就会有"其物不全"或"必系、束缚"的际遇。

　　当时的选择家将每日均对应到建除十二神之一①，其中的"执（或作挚）日"，被认为在该日出行不利，如湖北云梦睡虎地所出土的秦简中即有云："挚日，不可以行。以亡，必挚而入公而止"。至于臽日，云梦秦简日书尝记其规则为："正月壬臽，二月癸臽，……五月乙臽，……十二月己臽"，并称："凡臽日，可以取妇、家女，不可以行，百事凶"，认为该日宜嫁娶，但不宜出行。② 换句话说，尹湾汉简前引"行得三阳……不辟执、臽之日"之文，即是告知欲择吉之人，只要选择在三阳之日出行，就不需特别去避执日或臽日。

　　但如果非得在不属三阳的日子出行，前术认为很可能会出现不吉，而在乙卯、乙巳、乙亥、己卯、己巳、己亥、辛卯、辛巳、辛亥等九个所谓的"三阴"之日出行，甚至还有死亡之虞，亦即一年当中将有15％的日子极不适宜出远门，比例不可谓不高。倘若时人均十分信赖此术，则每逢这些日子，各交通要衢就将出现人车绝迹的景象。

---

　　① 指建、除、满、平、定、执、破、危、成、收、开、闭等十二神，其规则参见本书《敦煌本具注历日新探》。

　　② 饶宗颐、曾宪通：《云梦秦简日书研究》，香港：香港中文大学出版社，1982年，第4—11页；刘信芳：《〈日书〉四方四维与五行浅说》，《考古与文物》1993年第2期，第87—94页；刘乐贤：《睡虎地秦简日书研究》，台北：文津出版社，1994年，第175—179页。唯饶、曾二氏初误以臽日就是建除十二神中的定日。

然而实际的情形恐非如此，如以颇相信术数的师饶为例，从其元延二年（前11）大事记现存的诸简当中，我们共可见到二十八个三阴之日载有行程，其中约有十五天，前后各一日的居停地均同，亦即他当日很可能并不曾出远门，其余之日则大多曾明显转赴它地。可见此一推求行道吉凶之术，并非师饶择日所遵循的绝对准则。师饶以职务所需，必须经常至各地出差，想必无法完全依照此术来决定公干与否，他很可能在必要时会采取其他方法来趋吉避凶。

时人出行如不暇选日，常改用所谓的禹步之法，其术可见于云梦秦简日书甲、乙种，或天水放马滩秦简日书甲种。各文献虽略有不同，但大致的过程可描述如下：先投禹符于地，次以特殊步伐行"禹步"①，口念咒言："皋，敢告曰：某行毋咎，先为禹除道"，接着在地上画北斗状，并拾取中央之土而怀之，旋即上车，勿反顾。②

类似的术法，甚至流传至近世，称之为"纵横法"，此除见于明清两代风行一时的术数书籍《玉匣记》外，亦被收录在《居家必用事类》等通俗出版物中。③ 依术，当事人应正立门内，先叩齿三十六通④，次以右手大拇指划四纵，再划五横，随后口念咒语："四纵五横，吾今出行，禹王卫道，蚩尤避兵，盗贼不起，虎狼不行，还归故乡。当吾者死，背吾者亡。急急太上老君律令"，念毕即行，切勿反顾。另法，则面对欲出行的方向，口诵前述咒言七遍，再于地上划四纵五横，并以土块压之，随

---

① 禹符的形制不详，至于有关禹步的讨论，可参见藤野岩友《禹步考》，收入氏著《中国の文学と礼俗》，东京：角川书店，1976年，第302—316页；工藤元男《云梦睡虎地秦墓竹简"日书"と道教的习俗》，《东方宗教》1990年（76）第43—61页。

② 此见饶宗颐、曾宪通《云梦秦简日书研究》，第20—22页。

③ 〔明〕许真君：《增补选择通书玉匣记》卷上，脉望斋藏道光十四年聚三堂刊本，第51页；《居家必用事类》丙集，《北京图书馆古籍珍本丛刊》景印明刊本，北京：书目文献出版社，第20—21页。脉望斋为笔者书斋名。又，笔者过眼的《玉匣记》，即超过十几种版本。

④ 叩齿的具体做法，可参见南宋周守中原著、胡文焕校刊《养生类纂》卷上，《北京图书馆古籍珍本丛刊》景印明刊本，第57—58页。

即出行，仍不可反顾。此一四纵五横的格子状图式，又称作"九龙符"，民间传说在远行时，如望空划此符，即可辟邪魅精怪。①

前述所提及的行道吉凶法则，其原理或亦可归于当时相当风行的刑德之术。如魏世祖欲击蠕蠕，朝臣多持反对态度，乃请太史张渊上言曰："今年己巳，三阴之岁，岁星袭月，太白在西方，不可举兵。北伐必败，虽克，不利于上。"世祖心意不决，遂召崔浩与渊等论辩，浩曰："阳者，德也；阴者，刑也。故日蚀修德，月蚀修刑。夫王者之用刑，大则陈诸原野，小则肆之市朝。战伐者，用刑之大者也。以此言之，三阴用兵，盖得其类，修刑之义也。"世祖于是决定攻打蠕蠕。② 经查表一中各干支所代表的阴阳数，可发现己巳正属三阴，故张渊或根据类似师饶所曾使用过的刑德之术。直指三阴为大凶，而建议该年不应举兵，崔浩在此提出完全不同的诠释，认为："阴者，刑也"，而三阴为阴者之最，战伐又是"用刑之大者"，故若选在三阴之岁用兵，恰可符合王者的"修刑之义"③。

从此一事例，可知尹湾汉墓中所记载的行道吉凶规则，很可能与同一墓中所出土的刑德行时法则（见后），都同属某种刑德之术。前者协助选择某一干支之日最合宜的方位，后者则判断某一日干最合宜的时辰。张渊与崔浩两人对三阴之岁所提出的说辞大相径庭，则突显出术家在诠释时所拥有的广大自由度。崔浩或具备极细致的政治敏感度，遂能以一自圆其说的论理，反驳对手并迎合上意。

后世的选择书籍中似未见前述的行道吉凶之术流传，如明清两代十分风行的《玉匣记》中，列举各种有关出行的法则，其中"出行通用吉日"共有二十六个干支，虽然其数目恰与表一中干支属三阳者相同，但

---

① 〔明〕姚广孝等编：《永乐大典》卷8628，北京：中华书局，1960年，第7页。

② 《魏书》卷35，北京：中华书局，第815—816页。

③ 对术数的了解往往有助于我们对史书内容的通读，如见何丙郁，《太乙术数〈南齐书·高帝本纪上〉史臣曰章》，《"中央研究院"历史语言研究所集刊》1996年第67本第2分，第383—413页。

两者仅有十四个干支重叠，前者甚至还有三个属于三阴的大凶之日。①

　　事实上，近代术家所行用的许多出行择吉的法则，不仅与尹湾行道吉凶术的具体内容有异，且其架构更是日趋复杂！如其中的"周公出行吉凶方"，胪列各日支往东、南、西、北四方出行的吉凶，其占辞就扩展到得财、自如、倍利、刑狱、生病、口舌、失脱、酒食、死亡、公事、刀兵、失耗、大吉、大凶、小吉、小凶、大利等各种内容。至于"日家八门定局"，则是将六十干支日在八卦方位的吉凶分别以休、生、伤、杜、景、死、惊、开等八门表示，术中并附奇门剋应的占辞。如欲往北方出门求财，由于休门乃"仕宦、高迁、求财、买卖、得利、百事谋为，皆吉"，故依术可选在甲子、乙丑、丙寅、戊子、己丑、庚寅、壬子、癸丑、甲寅等日出行，因这几天坎（北）方恰为休门所在。②

三、　刑德行时术

　　除了选择最合宜的日名干支外，行事当天究竟何段时间最吉，亦是相信此术之人颇为关切的。而师饶墓中所出土的十三枚刑德行时简，即是提供择时的法则。该术首将天干分成甲乙、丙丁、戊己、庚辛、壬癸等五部分，并将一天区隔成鸡鸣至蚤食、蚤食至日中、日中至铺时、铺时至日入、日入至鸡鸣等五时段③，次以端、令、罚、刑、德五字，分别对应于各日干的五个时段（见表二）。简首以"刑德行时"名之，即或

---

① 〔明〕许真君：《增补选择通书玉匣记》卷上，第50页。
② 〔清〕杨翰：《选择约编》卷6，脉望斋藏光绪二十八年重刻本，第20—21页。
③ 鸡鸣相当于丑时，蚤食（或作食时）相当于辰时，日中（或作正中）相当于午时，铺时相当于申时，日入相当于酉时。参见尚民杰《云梦〈日书〉十二时名称考辨》，《华夏考古》1997年第3期，第68—75、79页。

取用其中的刑、德二字。①

表二　刑德行时之法则，用以推求各日干最宜行事的时段

日干 时段	甲、乙	丙、丁	戊、己	庚、辛	壬、癸
鸡鸣至蚤食	端	德	刑	罚	令
蚤食至日中	令	端	德	刑	罚
日中至铺时	罚	令	端	德	刑
铺时至日入	刑	罚	令	端	德
日入至鸡鸣	德	刑	罚	令	端

在刑德行时简之末，另有数枚简说明应如何使用此术，其文曰：

以端时，请谒、见人，小吉；以行，有喜；系者，毋罪；疾者，不死；生子，大吉。

以令时，请谒、见人，小吉；以行，莫敢禁止；疾者，不死；系者，毋罪；亡人，不得；生子，必贵。

以罚时，请谒、〔见〕人，小凶；以行，不利；系者，有罪；疾者，死；生子，凶。

以刑时，请谒、见人，大凶；以行，不利；系者，有罪；亡者，必

---

① 《汉书·艺文志》中尝云："阴阳者，顺时而发，推刑德，随斗击，因五胜，假鬼神而为助者也。"并收录有《刑德》7 卷和《五音奇胲刑德》21 卷，知刑德为阴阳之学的一部分，并衍生出许多复杂的内容。此外，在马王堆和银雀山汉墓中也曾出土有关刑德的内容，知本文所论或仅为其中之一分支。饶宗颐：《马王堆〈刑德〉乙本九宫图诸神释——兼论出土文献中的颛顼与摄提》，收入李学勤主编《简帛研究》（第一辑），北京：法律出版社，1993 年，第 89—95 页；陈松长，《帛书〈刑德〉略说》，收入《简帛研究》（第一辑），第 96—107 页；卡林诺斯基（Marc Kalinowski）：《马王堆帛书〈刑德〉试探》，收入饶宗颐主编《华学》（第一辑），广州：中山大学出版社，1995 年，第 82—110 页；陈松长：《帛书〈刑德〉乙本释文订补》，收入《简牍学研究》（第二辑），兰州：甘肃人民出版社，1997 年，第 51—61 页。

得；生子，子死。

以德时，请谒、见人，喜成；以行，大利；系者，毋罪；疾者，不死；亡盗，不得；生子，必吉。

以出行为例，如当事人先依行道吉凶术择取了性属三阳的癸未日，由于在端时和德时远行，一为有喜，一为大利；而癸日的德时在铺时至日入，端时在日入至鸡鸣，故依术应选在当日铺时至鸡鸣之间出行。

与先前讨论的行道吉凶术相同，"刑德行时"之术亦罕见近世流传。在《玉匣记》之类的选择术畅销书中，出现类似"出行十二时吉凶方向"的规则以替代（见表三）①。该术的吉时选择较方便且直接，因使用者不再需要去记忆或查询刑德五时相应的意义，且依据此术，出远门时，不论前往任何方向，至少可赶早在寅时（相当于今制早上三至五时）启程；此外，随着出行方向的不同，他还可以依表三选择其他的吉时，自由度因此增大许多。

表三　《玉匣记》中的"出行十二时吉凶方向"

时辰 方位	子时	丑时	寅时	卯时	辰时	巳时	午时	未时	申时	酉时	戌时	亥时
吉方	西南	西北	四方	南方	北方	西南	北方	西北	其他	四方	西北	四方
凶方	东北	东南	无	其他	其他	东北	其他	东南	北方	无	东南	无

然而，前述选择出行方位的方法，在术家之间并未获得共识，如在题为明初刘基所辑的《多能鄙事》中，亦出现"十二时出行吉凶方"一表②，列出各时辰往四方出行的吉凶预测，但其休咎往往与《玉匣记》中的"出行十二时吉凶方向"表相背，如辰时北方、辰时东方、辰时西

---

① 〔明〕许真君：《增补选择通书玉匣记》卷上，第51页。
② 〔明〕刘基：《多能鄙事》卷10，台南：庄严文化事业公司，《四库全书存目丛书》景印明嘉靖四十二年刊本，第6页。

方、午时南方、申时南方等时辰方位，即出现一为吉、一为凶的情形。类似的矛盾状况，亦可见于宋代的《新编阴阳足用选择龟鉴》、明代的《多能鄙事》以及清代的《选择约编》等书之间（详见表四）①。

表四　各时辰不同出行方向之吉凶

时辰 方位	子时	丑时	寅时	卯时	辰时	巳时	午时	未时	申时	酉时	戌时	亥时
东方	财 吉 得财	平 凶 自如	财 得财 得财	万倍 有财 倍利	小吉 吉 小吉	刑狱 凶 刑狱	财 病 得财	病 凶 生病	财 得财 大吉	口舌 口舌 口舌	失败 吉 失脱	小吉 吉 小吉
南方	吉 吉 大吉	凶 吉 大凶	吉 吉 大吉	财 吉 得财	酒肉 得财 酒食	财 吉 得财	病 吉 生疾	吉 病 大吉	凶 吉 大凶	酒食 酒食 酒食	死 病 死亡	万倍 得财 倍利
西方	酒肉 酒食 酒食	吉 吉 大吉	凶 吉 大凶	病 凶 主病	凶 吉 大凶	口舌 凶 主病	死 凶 大吉	万倍 吉 倍利	公事 官事 公事	财 有财 得财	吉 吉 大吉	大利 吉 大利
北方	兵 凶 刀兵	吉 吉 得财	财 有财 得财	死 凶 死亡	财 凶 得财	小吉 小衰 大吉	财 吉 倍利	大利 有财 大利	吉 凶 大吉	吉 酒食 大吉	吉 酒食 大吉	失败 吉 失耗

所铺注内容的上栏取自宋代《新编阴阳足用选择龟鉴》中的"逐日出行吉凶方"，中栏取自明代《多能鄙事》中之"十二时出行吉凶方"，下栏取自清代《选择约编》中之"周公出行吉凶方"。

刑德行时术虽然在中土已不再风行，但在大量因袭中国择日传统的日本，仍可见到其流传的痕迹。如笔者在日本室町时代（1336—1573）成书的《三宝吉日》②中，见有一"五时立命次第"的规则（见表五），就明显源自中国的刑德行时之术，唯已为了因应十二时辰制的兴起而略作修改。经与表二相较，可以发现该书将原先的"端"时，取偏旁读成"立"时，且误"令"时为"命"时。虽然刑德五时的含意，未见此书说明，但其所对应的时辰，则近于尹湾汉墓所出土的刑德行时表，如原先

---

① 〔清〕杨翰：《选择约编》卷6，第20页。不著撰人：《新编阴阳足用选择龟鉴》后集卷1，台北"国家图书馆"藏元刊本，第1页。

② 不著撰人：《三宝吉日》卷910，东京：平文社，《续群书类从》标点本，第44页。

的鸡鸣（相当于丑时）至蚤食（辰时），被改作寅、卯时；蚤食（辰时）至日中（午时）被改作巳、午时；铺时（申时）至日入（酉时）被改作甲、酉时；日入（酉时）至鸡鸣（丑时）被改作亥、子时；只有日中（午时）至铺时（申时）的变化较大，被改成丑、辰、未、戌时。即使在日本文政二年（1819）重刊的《文政大杂书》中，亦仍载有各日干与刑德五时的对照表，并注明："德、命，吉；立，半吉；罚、刑，凶"①，亦即刑德行时之术在近代日本或仍流传。

表五　日本《三宝吉日》一书中的"五时立命次第"规则

日干 / 时辰	甲、乙	丙、丁	戊、己	庚、辛	壬、癸
寅、卯	立	德	刑	罚	命
巳、午	命	立	德	刑	罚
丑、辰、未、戌	罚	命	立	德	刑
申、酉	刑	罚	命	立	德
亥、子	德	刑	罚	命	立

四、 历谱中之选择术

尹湾汉墓所出土的历谱有几种不同形式，如其中的第 10 号木牍，虽然仅长 23 公分、宽 7 公分，但却巧妙地将元延元年（前 12）历日的重要资料均胪列其上。编写者首沿逆时针方向将六十甲子依序排成长方形，其上下两边各六个干支，左右两边各二十四个干支。接着，将每月的月名及月份大小，依其朔日干支所在，以大字书于上下两边的十二个干支之上。最后，再将二分、二至、四立、三伏、腊日和十二月晦日，分别

---

① ［日］须原屋善五郎：《文政大杂书》，脉望斋藏日本文政二年耕文堂重刊本，第 9—12 页。

写于相应干支之下。① 其历注内容与银雀山元光元年（前134）历谱或敦煌永光五年（前39）历谱均相近，但排列方式则迥异②，在目前已公开的简牍中，仅甘肃金关出土的五凤三年（前55）历日与之相类③。

在此一长方木牍上所记载的各个时节当中，有许多日子应行祭祀之事，如《汉官仪》中有云："诸陵寝皆以晦、望、二十四气、三伏、社、腊及四时上饭"④，而《说文解字》亦称："腊，冬至后三戌腊祭百神。"⑤正史中也可见到一些具体实例，如汉章帝时，太子清河孝王刘庆在窦皇后的毁谮之下遭废，其母宋贵人也被迫饮药自杀，庆以其母葬礼有阙，窃自感恨，故每至四节或伏、腊之日，即于私室中偷偷祭拜。⑥

除了祭祀之外，前述木牍上所记载的时节往往诸事不宜，如《汉官旧仪》称："伏日万鬼行，故尽日闭，不干它事。"⑦ 而南宋赵师侠于绍熙四年（1193）成书的《赵氏拜命历》中亦称："月节日、中气日、朔日、上弦、望日、下弦、晦日、灭日、没日、二社日、三伏日、腊日……皆阴阳交会之辰……不可兴动，百事皆凶。"⑧ 赵氏前引书乃据其家旧藏诸书增益而成，亦即其中的内容或渊源久远。故前述的历日木牍，除列陈当年的朔闰资料外，很可能主要在提供择日的参考，目的是提醒

---

① 其中在癸未日之下，《尹湾汉墓简牍》一书的编者误将"三月十六日立夏"释作"三月十九日夏至"（第127页）。

② 陈梦家：《汉简年历表叙》，《考古学报》1965年第2期，第103—149页；张培瑜：《出土汉简帛书上的历注》，收入国家文物局古文献研究室编《出土文献研究续编》，北京：文物出版社，1989年，第135—147页。

③ 刘乐贤：《尹湾汉墓出土历谱及其相关问题》，收入饶宗颐主编《华学》（第三辑），北京：紫禁城出版社，1998年，第247—257页。

④ 《后汉书》卷2，北京：中华书局，第99页。

⑤ 〔汉〕许慎：《说文解字》卷4下，台北：华世出版社，影印日本东洋文库藏宋刊本，第5页。

⑥ 《后汉书》卷55，第1801页。

⑦ 《后汉书》卷4，第179页。

⑧ 转引自《居家必用事类》丙集，第24页。

使用者应行祭祀的日子，或进行它事时所应尽量避免的干支。①

　　类似元延元年（前 12）历日木牍的编写方式，并非仅适用于该年。此因中国传统历法仅有三十日和二十九日大小两种月长，而汉代行用平朔法，故通常小、大月是相间分布，唯每隔十五或十七个月，必须安排一个连大月。在此一推历的法则之下，每年各月的朔日干支，将分成两群，每群的数目（五至七个）顶多相差一个，且每群各月朔干支的序号（如以甲子为 1，乙丑为 2……癸亥为 60）是连续的，有时亦会出现两个月的朔日干支相同的情形，又，此两群起始干支的序号必定相隔在 29 至 31 之间。故在编写当年的历谱时，即可将此两群干支沿逆时针方向分别置于木牍的上下两边。又由于此一排列为逆时针，遂将当年最末一个月的朔日干支固定于木牍下边最左的位置。② 至于介于此两群之间的干支，则可分别依序排列在左右两边，而两边的数目（二十三至二十五个），或相等，或差一。

　　尹湾汉墓中还出土元延三年（前 10）五月的残历木牍乙方（编号为第 11 号），其形式乃将该月排列成上下两栏，分别从丙辰一日至庚午十五日以及从辛未十六日至甲申二十九日，木牍的上方并以大字记："五月小。建日：午；反支：未；解衍：丑；复：丁、癸；刍日：乙；月省：未；月杀：丑；□□：子"，各日之下偶亦可见师饶的记事。

　　在历日之前按月列出重要神煞的传统，亦可见于敦煌出土的具注历中，但其具体内容已有相当大的改变，如以后唐明宗长兴四年（933）的历日（S. 276）为例，在各月铺注之前，即分别列出该月天道、天德、月德、合德、月空、月厌、月煞、月破、月刑等神煞的方位，其中仅有月煞（亦名月杀）

---

① 唯其中被《赵氏拜命历》归类为"百事皆凶"的日子，要较尹湾历日木牍中所记载者为多，此或为历代术家不断附益的结果。

② 此为五凤三年和元延元年两历日木牍的共同点。刘乐贤以元延元年十一月朔日为甲子，而该月朔干支又恰好位于木牍的最右上角，在不解其原因的情形下，他遂怀疑此一排列具有意义尚待考的"数术含义"。参见刘乐贤《尹湾汉墓出土历谱及其相关问题》一文。

同于尹湾汉简。唯此一传统在元代以后的历日中则已完全消失。

从尹湾汉墓所出土的文献，知当时该地或流行以十三、四方木牍合编成一整年之历日①，其中首页乃记当年朔闰和八节、三伏、腊日等时节，其格式和内容应同于尹湾第 10 号木牍，接着，每月单独有一方木牍，列出各日序干支和该月重要的神煞所在，各日之下并留有记事空间，此应同于尹湾第 11 号木牍所示。由于尹湾汉墓第 10 号及第 11 号木牍的大小形状完全相同，且其上文字的书写方式（历日的内容用隶体，个人记事则用草体）和大小字的编排比例，均如出一辙，亦增强此一说法。这种以十三、四方木牍合编而成的历日，应就是现今月历最早的表现形式。

前述木牍上所记的建日、反支、解衍、复日、刍日、月省和月杀等名词，均为选择术中的神煞，其在秦汉的宜忌规则虽多相当零散②，但我们或仍可参见乾隆六年（1741）成书的《钦定协纪辨方书》。根据这本中国历代官方所编纂的最大型选择术百科全书上的记载，知建日诸事多吉，唯忌结姻亲、开仓库；反支忌上表章；复日忌为凶事，利为吉事；月杀忌停宾客、兴穿掘、营种植、纳群畜。其中建日、反支和月杀的铺注方式，千余年来几乎无甚变化。③ 至于解衍和月省，尚未见于笔者过眼的几十种选择书籍，其规则与宜忌皆不详。下节则以变动最剧烈的复日为例，详究在过去近两千年间，该神煞规则与名称的演变历程，尝试深入了解中国术数的发展模式。

五、 复日及相关神煞

有关复日的铺注方式，《钦定协纪辨方书》引《历例》一书称："正、

---

① 有关出土各种汉代历谱的形制，可参见陈梦家《汉简年历表叙》一文。

② 其中建日和反支，可参见饶宗颐、曾宪通《云梦秦简日书研究》，第 4—11、17—18 页；刘乐贤《睡虎地秦简日书研究》，第 300—307 页。

③ 〔清〕允禄等：《钦定协纪辨方书》，台北：台湾商务印书馆，景印《钦定文渊阁四库全书》本，成书于乾隆六年，卷 4 第 9—11 页、卷 5 第 61 页、卷 6 第 16、72—73 页。有关神煞规则历久未变的个案讨论，可参见张培瑜《出土汉简帛书上的历注》一文。

七月，甲、庚；二、八月，乙、辛；四、十月，丙、壬；五、十一月，丁、癸；三、九、六、十二月，戊、己日也。"① 知第 11 号木牍中所谓的"复：丁、癸"，乃指该月的复日在丁、癸两天。早在破城子探方出土的汉简中，即已出现类似的规则："复日：甲庚、乙辛、戊己、丙壬、丁癸、未、戊己、甲庚、乙辛、戊己、丙壬、丁癸"②，其内容显然是依序铺陈正月至十一月复日所在的日干，原简最末应缺"戊己"两字。至于当中的"未"字，则或指建未之月（亦即夏正之六月）。依据《历例》的规则，该月的复日恰在戊、己日，唯其他各月之名为何未注明，则不详。

前述的复日规则，或一直行用至宋代。如以敦煌出土的《雍熙三年丙午岁具注历日》（伯3403）为例，该历在历首的说明中，有"复日不为凶事"句，而在各日下的铺注内容中往往夹杂一"复"字，以表示复日所在，如称："岁位、地囊、复，祭祀、加官、拜谒、裁衣吉"，经查其安排规则，恰与《历例》同，唯各月起始点的定义，并非历法中的朔日，而指的是各月节气③，此故，二月就定义成从惊蛰（二月节）至清明（三月节）前一日，余类推。④ 由于敦煌出土的五十余件唐末、五代残历，大多不见铺注复日，知此一神煞在当时或并不太为当地术家所重。

敦煌具注历在铺注神煞时以节气为各月之始的规矩，或已有相当久远的历史，此因我们从现存各汉简残历中，即可见到不以朔日作为各月

---

① 〔清〕允禄等：《钦定协纪辨方书》卷5，第61页。《历例》一书的作者不详，由于日本贺茂在方应永二十一年（1414）成书的《历林问答》（东京：经济杂志社，《群书类从》标点本）中，尝摘引《历例》一书，知其成书下限应在14世纪之前。

② 编号为 E. P. T27：2，参见甘肃省文物考古研究室等编《居延新简》，北京：文物出版社，1990年，第78页。

③ 刘乐贤或不解此，且不知当时术家如逢魁、罡等极凶之神煞时，即不再铺注复日的规矩（详见后文），遂误称雍熙三年历日中铺陈复日的规则与《历例》不同。参见刘氏著《尹湾汉墓出土历谱及其相关问题》一文。

④ 近代许多通书都将各月节当天的铺注分成节前和节后两部分。但或因篇幅的限制，有些内容较简略的通书，如在香港出版的《辛酉年三篇通胜》（民国10年）和在成都出版的《集福堂授时通书》（民国29年），即未做此划分。

铺注起点的情形。① 但由于目前我们尚未发现任何一本宋代（含）之前的历日记有各节气的确切时刻，故受实际条件之限，早期的铺注很可能均以天为单位。后世择家或为增强其术的"精密度"，才逐渐改用各月节的瞬间作为铺注的分际，如宋掌禹锡即称："凡择日，皆取月节气应为正，气应时刻随历日用之"②。大约在元、明之后，因官本历日多已在书首明记二十四气的时刻，此一铺注的法则遂更容易具体施行，并沿用迄今。

据《钦定协纪辨方书》的记载，约在 11 世纪左右由掌禹锡编写的《地理新书》中，复日的安排开始出现新的变革："正月，甲；七月，庚；二月，乙；八月，辛；四月，丙；十月，壬；五月，丁；十一月，癸；三月、九月，戊；六月、十二月，己"③，其铺注方式较先前的分划更加细致。然而，此一新的复日规则，似乎一时并未能获官方天文学家接受，如在《大宋宝祐四年丙辰岁会天万年具注历》抄本中，所有复日即仍依循《历例》的法则，唯某些原应出现复日的日子，却不见铺注，此或因该日另出现其他极凶的神煞而遭略去。④

---

① 如在敦煌出土的永元六年（94）历简（沙畹 537 号）中，我们可以发现十二月二日甲寅和十七日己巳均注八魁，经查李贤注《后汉书》卷 30 上有云"春三月，己巳、丁丑……冬三月，甲寅、壬戌，为八魁"（第 1045 页），知十七日乃因日入正月节立春，故依春三月的规则铺注所致。

② 所谓的"气应时刻"，其字面意义乃指以律管候气之法所确定的二十四气时刻，在此则直指各气的起始瞬间。黄一农、张志诚：《中国传统候气说的演进与衰颓》，《清华学报》（新竹）1993 年新 23 卷第 2 期，第 125—147 页；〔宋〕掌禹锡：《重校正地理新书》卷 11，台北"国家图书馆"藏金明昌三年刊本，第 5 页。

③ 〔清〕允禄等：《钦定协纪辨方书》卷 5，第 61—62 页。

④ 此一情形亦见于清初的许多通书中，如在刘春沂的《刘氏家藏阐微通书》卷 8《日时篇》中，我们可以发现少数依该书之术应注复日之日，因该日已有如争雄受死、月大耗、月破大耗、天罡、钩绞、荒芜、正四废或河魁等极凶之神煞，即不再注复日。类似情形亦可见于康熙年间刊行的另两本大部头通书——魏明远的《象吉备要通书大全》卷 29（第 2 页）以及陈应选的《陈子性藏书》卷 8（第 73 页）中。此外，在清钦天监于康熙间奉敕编纂的《钦定选择历书》中，有少数干支日依术应注复日而未见，这些日子均记："凶神：月破（或作月建、或河魁、或天罡），余事皆忌"，其中月破、月建、河魁或天罡全属大凶，只要逢值其一，即诸事不宜，故原应加注的复日或因此被略去。

掌禹锡的《地理新书》现仅存金明昌三年（1192）由张谦所刊刻之本，名为《重校正地理新书》。唯经查其复日的铺注方式，却仍同于《历例》。① 张谦在重刊此书时，很可能为顺应当时司天台实际行用的复日铺注规则，而擅将掌氏书中的文字校正还原成了旧说。② 亦即，允禄等人在编纂《钦定协纪辨方书》时，或根据的是《地理新书》的初刊本。

在12、13世纪间编撰的《三历撮要》中，我们还可见到复日名称的突变③，如该书正月安葬吉日条下即称："癸酉、丁酉、己酉三日，不犯重复、重赙诸凶杀，大利"，虽然此书并未明记这些神煞的宜忌和铺注规则，但从稍后的选择书中，知重赙即重葬（亦与复日相关，详见后）之别名④，而《三历撮要》十月安葬吉日条下，记当月丙午和壬午两日均"值重复"，又恰与《历例》中铺注复日的法则相合，疑此"重复"或源自先前所述的复日。

在约13世纪成书的《台司妙纂选择元龟》中，我们也可发现除了复日之外，另出现有性质相近的重日和重葬两神煞，其中重日早见于汉简，其铺注规则是系于每月的巳、亥两日⑤。或因重、复二字均有"吉者愈吉、凶者愈凶"的寓意，故前引书称复日"宜一切吉事，不宜凶兆"，而若在重丧日殡葬，亦被认为可能再发生丧事。唯经查该书不同章节中所

---

① 〔宋〕掌禹锡：《重校正地理新书》卷11，第3—5页。

② 《金史·选举志》中称当时在考选司天台学生时，乃以《婚书》《地理新书》测试考生的合婚、安葬、易筮法、六壬课以及三命五星之术（第1152—1153页），然因掌禹锡在其《地理新书》中所定出的新复日规则，并未被宋、元的官历所采用，故张谦在重刊此一官方天文机构之重要参考书籍时，很可能必须对此一铺注规则加以"校正"。

③ 不著撰人：《三历撮要》，台北：艺文印书馆，《百部丛书集成》景印光绪十四年据宋版重刊之本，第2、37页。

④ 〔明〕上官震：《台司妙纂选择元龟》丙集，台北"国家图书馆"藏明弘治十三年重刊本，第2页。

⑤ 饶宗颐：《记建兴廿八年"松人"解除简——汉"五龙相拘绞"说》，收入李学勤主编《简帛研究》（第二辑），北京：法律出版社，1996年，第390—394页。

记各神煞的铺注规则，却发现同一神煞往往前后有差①，此一情形亦同样见于表六中的《台司妙纂选择元龟》《臞仙肘后经》《新刻趋避检》《历法大旨通书》《发微历正通书大全》《永宁通书》等书。

事实上，从宋迄明的选择家，对复日及其所衍生各神煞（如重丧、重复、重日、天地重复日、复丧等）的定义和铺注，往往言人人殊（见表六）。如在 13 世纪上半叶成书的《新编阴阳足用选择龟鉴》中，仅出现重丧之名，而不见复日；然而在官方编纂的《大宋宝祐四年丙辰岁会天万年具注历》中，则只见复日和重日，而不见重丧。此外，在弘治十五年（1502）编印的《便民图纂》中，则称安葬忌重葬、重复、重日等神煞，全书未见复日之名，亦不见重日的铺注规则。虽然该书所记重葬的规则同于《台司妙纂选择元龟》，但其所列重复日的规则，却又与后书中的复日完全不同，而是和重日一致。② 至于大约 15、16 世纪成书的《择日便览》中，亦不见复日，唯其所记重复的规则与《地理新书》中的复日相同，而重丧除三、六月在己日外，余月的铺注则同于重复。③

或因元代以后官方大幅修订历日中的内容，各日之下的铺注仅记载宜忌诸事，而取消了如宋代历日中的神煞。④ 民间术家在不易查考印证的情形之下，对复日的规则遂更加莫衷一是（见表六），甚或为推陈出新，而依照己意修改前人之说。

———————————

① 〔明〕上官震：《台司妙纂选择元龟》甲集，第 39 页；丙集，第 2、13—60 页。

② 〔明〕邝璠编：《便民图纂》卷 9，北京：中华书局，1959 年，景印万历二十一年刊本，初刊于弘治十五年，第 3、23、28 页。

③ 〔明〕周於德原撰，万邦孚增补：《择日便览》卷上，《北京图书馆古籍珍本丛刊》景印明刊本，第 12 页。

④ 张培瑜、卢央：《黑城出土残历的年代和有关问题》，《南京大学学报》1994 年第 2 期，第 170—174 页。

表六　各书（大致依成书先后次序排列）中所记每月复日、重丧、重复、重日、天地重复日、复丧等神煞的铺注规则

书名 ＼ 月份	正	二	三	四	五	六	七	八	九	十	十一	十二
复日												
《历例》	甲庚	乙辛	戊己	丙壬	丁癸	戊己	甲庚	乙辛	戊己	丙壬	丁癸	戊己
《地理新书》	甲	乙	戊	丙	丁	己	庚	辛	戊	壬	癸	己
《历事明原》	甲	乙	戊	丁	丙	己	庚	辛	戊	癸	壬	己
《台司妙纂选择元龟》	甲	乙	戊	丙	丁	戊	庚	辛	己	壬	癸	己
《瞳仙肘后经》	甲	乙	戊	丙	丁	戊己	庚	辛	戊己	壬	癸	己
《新刻趋避检》	甲庚	乙辛	戊己	丙壬	丁癸	戊己	甲庚	乙辛	戊己	丙壬	丁癸	戊己
《发微历正通书大全》	甲	乙	戊	丙	丁	戊	庚	辛	己	壬	癸	己
《刘氏家藏阐微通书》	庚	辛	戊	壬	癸	戊	甲	乙	戊	丙	丁	戊
《陈子性藏书》	庚	辛	戊	壬	癸	戊	甲	乙	戊	丙	丁	戊
《象吉备要通书大全》	庚	辛	戊	壬	癸	戊	甲	乙	戊	丙	丁	戊
《钦定协纪辨方书》	甲	乙	戊	丙	丁	己	庚	辛	戊	壬	癸	己
重葬（重服、重殡）												
《阴阳足用选择龟鉴》	甲	乙	戊己	丙	丁	戊己	庚	辛	戊己	壬	癸	戊己

续表

书名＼月份	正	二	三	四	五	六	七	八	九	十	十一	十二
《合司妙纂选择元龟》	甲庚	乙辛	戊己	丙壬	丁癸	戊己	甲庚	乙辛	戊己	丙壬	丁癸	戊己
《合司妙纂选择元龟》	甲	乙	戊己	丙	丁	戊己	庚	辛	戊己	壬	癸	戊己
《耀仙肘后经》	甲	乙	戊己	丙	丁	戊己	庚	辛	戊己	壬	癸	戊己
《耀仙射后经》	甲庚	乙辛	戊己	丙壬	丁癸	戊己	甲庚	乙辛	戊己	丙壬	丁癸	戊己
《玉匣记》	甲	乙	己	丙	丁	己	庚	辛	己	壬	癸	己
《便民图纂》	甲庚	乙辛	戊己	丙壬	丁癸	戊己	甲庚	乙辛	戊己	丙壬	丁癸	戊己
《择日便览》	甲	乙	己	丙	丁	己	庚	辛	己	壬	癸	己
《新刻趋避检》	甲	乙	己	丙	丁	己	庚	辛	己	壬	癸	己
《新刻趋避检》	甲庚	乙辛	戊己	丙壬	丁癸	戊己	甲庚	乙辛	戊己	丙壬	丁癸	戊己
《历法大旨通书》	甲	乙	己	丙	丁	己	庚	辛	己	壬	癸	己
《历法大旨通书》	甲	乙	戊	丙	丁	己	庚	辛	戊	壬	癸	己
《发微历正通书大全》	甲	乙	己	丙	丁	己	庚	辛	己	壬	癸	己
《发微历正通书大全》	甲庚	乙辛	戊	丙壬	丁癸	己	甲庚	乙辛	戊	丙壬	丁癸	己
《諏择历眼》	甲	乙	己	丙	丁	己	庚	辛	己	壬	癸	己

续表

书名＼月份	正	二	三	四	五	六	七	八	九	十	十一	十二
《日用集福通书》	甲	乙	戊	丙	丁	己	庚	辛	戊	壬	癸	己
《刘氏家藏阐微通书》	甲	乙	己	丙	丁	己	庚	辛	己	壬	癸	己
《陈子性藏书》	甲	乙	己	丙	丁	己	庚	辛	己	壬	癸	己
《象吉备要通书大全》	甲	乙	己	丙	丁	己	庚	辛	己	壬	癸	己
《永宁通书》	甲	乙	己	丙	丁	己	庚	辛	戊	壬	癸	己
《永宁通书》	甲	乙	戊己	丙	丁	戊己	庚	辛	戊己	壬	癸	戊己
《选日燃犀》	甲	乙	戊	丙	丁	己	庚	辛	戊	壬	癸	己
《选吉易知》	甲庚	乙辛	戊己	丙壬	丁癸	戊己	甲庚	乙辛	戊己	丙壬	丁癸	戊己
重复												
《历法大旨通书》	甲	乙	戊	丙	丁	戊	庚	辛	己	壬	癸	己
《发微历正通书大全》	甲	乙	戊	丙	丁	戊	庚	辛	己	壬	癸	戊
《玉匣记》	庚	辛	己	壬	癸	戊	甲	乙	己	壬	癸	戊
《便民图纂》	巳亥	巳亥	巳亥	巳亥	巳亥	巳亥	巳亥	巳亥	巳亥	巳亥	巳亥	巳亥
《择日便览》	甲	乙	戊	丙	丁	己	庚	辛	戊	壬	癸	己

续表

书名＼月份	正	二	三	四	五	六	七	八	九	十	十一	十二
重日												
《合司妙纂选择元龟》	甲	乙	戊	丙	丁	戊	庚	辛	己	壬	癸	己
《合司妙纂选择元龟》	巳亥	巳亥	巳亥	巳亥	巳亥	巳亥	巳亥	巳亥	巳亥	巳亥	巳亥	巳亥
《历法大旨通书》	巳亥	巳亥	巳亥	巳亥	巳亥	巳亥	巳亥	巳亥	巳亥	巳亥	巳亥	巳亥
《历法大旨通书》	甲	乙	戊	丙	丁	己	庚	辛	戊	壬	癸	己
《发微历正通书大全》	巳亥	巳亥	巳亥	巳亥	巳亥	巳亥	巳亥	巳亥	巳亥	巳亥	巳亥	巳亥
天地重复日（天地重复日）												
《瞿仙肘后经》	巳亥	巳亥	巳亥	巳亥	巳亥	巳亥	巳亥	巳亥	巳亥	巳亥	巳亥	巳亥
《新刻趋避捡》	巳亥	巳亥	巳亥	巳亥	巳亥	巳亥	巳亥	巳亥	巳亥	巳亥	巳亥	巳亥
《陈子性藏书》	巳亥	巳亥	巳亥	巳亥	巳亥	巳亥	巳亥	巳亥	巳亥	巳亥	巳亥	巳亥
复表												
《陈子性藏书》	庚	辛	戊	壬	癸	戊	甲	乙	戊	丙	丁	戊

　　然而，不顾民间术家之间的分歧，尹湾汉墓简牍中所行用的复日铺注规则，很可能被官方一直沿用至清初。此因韩国首尔大学奎章阁藏有《大统历注》一书，记明代推步历日所用的大统历术，该书的复日条下即仍摘引《历例》。此外，在钦天监于康熙间奉敕编纂的《钦定选择历书》中，亦采用同法铺陈复日①，而该书主要乃参考明钦天监于洪武九年（1376）刊行天下的《选择历书》。

　　除了规则出现变动之外，相关神煞的本质亦曾发生重大变化，如复日和重日早期均被视作吉神，重丧为凶神，此可明白见于约在13世纪初成书的《台司妙纂选择元龟·逐月择日图》，或明宁献王朱权（1378—1448）《臞仙肘后经》书首的《天运星煞值日图目录》中。然而，在15世纪下半叶成书的《新刻趋避检》中，我们却发现复日已被改归入凶神，明末之后所出版的选择书，几乎全都因袭此一分类方式。

　　选择家为因应复日所可能带来的厄运，还发展出相关的禳灾之术，如在晋建兴二十八年（340）所书写的一方木牍上，我们可以看到一段为某王氏之家"解复"的文字②。此因王氏之子于十一月丙申朔亡故，当日恰逢复日③，为免再遭死丧之事，遂请人作法去邪，文中详细叙及如何以松人或柏人当灾的方法。

　　在15世纪以后，相应的禳灾之术已有颇多改变，如《臞仙肘后经》和《择日便览》二书中，即称人死之日恰逢重丧的话，应施法如下："用小白纸函一个，内用黄纸硃书四字于内，安于棺上"。至于书写在黄纸上的四字，每月不同，如正、三、六、九、十二月，皆书："六庚天刑"；二月书："六辛天庭"；四月书："六壬天年"；五月书："六癸天狱"；七月书："六甲天福"；八月书："六乙天德"；十月书："六丙天威"；十一

---

　　① 〔清〕安泰等：《钦定选择历书》卷5，台北"国家图书馆"藏康熙二十四年刊本，第61—62页。

　　② 简上的文字可参见饶宗颐《记建兴廿八年"松人"解除简》。

　　③ 由于十一月节大雪在该月三日戊戌日，故十一月丙申朔应依十月的规则铺注，亦即复日在丙、壬。

月书："六丁天阴"。若犯重日（又名天地重复日），则需："用桑木一段、甘草一两，安棺内，又于岁德方上取土，造泥人五个，同殓棺内"①。

入清之后，部分编印通书的民间术家，似乎曾尝试将这些神煞的混乱情形加以整合。此故，在大英图书馆所藏的《康熙二十九年庚午日用集福通书》、《康熙三十年岁次辛未六螭集七政便览通书》以及台北故宫博物院所藏的《大清雍正五年岁次丁未溪口全书》中，均不见铺注复日、重复或重日，但其安排重葬的规则则完全同于《地理新书》的复日。然而，术家们对此的看法也并非完全一致，如在大英图书馆所藏的《大清康熙四十一年岁次壬午便民通书》中，虽亦不见复日或重日，但书中唯一铺注重丧的五月二十四乙巳日，却与表六中任一已知的规则均不符。

或因受到康熙历狱等涉及选择术的大案影响②，清初曾数度以政府的力量编辑官订的选择书，希望能整合划一术家之间的分歧，此举亦对复日等神煞造成重大影响。康熙二十四年（1685），钦天监监正安泰等奉敕编纂完成《钦定选择历书》十卷，但因此书并不曾"考究根源"，故大学士李光地于康熙五十二年（1713）又奉旨将曹震圭的《历事明原》重加考订，撰成《御定星历考原》六卷。乾隆四年（1739），因官刻的《钦定选择历书》和编制时宪书用的《万年书》中，仍有内容不一且"参差错误"的情形，更动员了近五十名官员和钦天监官生，以两年多时间对先前流传的各种选择神煞进行详细的整理与辨析，并于乾隆六年十二月（1742）完成《钦定协纪辨方书》三十六卷。

在《御定星历考原》或《钦定协纪辨方书》二书中，曹震圭的《历事明原》均为论述各神煞铺注义理最主要的参考依据，然而有关曹氏其

---

① 〔明〕朱权：《臞仙肘后经》卷下，第98页；〔明〕周於德原撰，万邦孚增补：《择日便览》卷下，第42—43页。

② 参见拙文《择日之争与康熙历狱》，《清华学报》（新竹）1991年新21卷第2期，第247—280页。

人其书的资料，却几乎不见后世术家或学者谈及。① 经查正史，仅《元史》出现一次曹震圭之名，称此人尝因替奸臣阿合马推命，而于至元十九年（1282）遭世祖剥皮处死②，唯并未言及其生平、职衔或著述。

笔者近在韩国首尔大学的奎章阁中，赫然见到《历事明原》五卷，卷首题称曹氏为"司天算历科管勾"。由于该书在《三元太岁立成》条下有"皇统甲子为上元，泰和甲子为中元，今正甲子为下元"句③，其中皇统甲子乃金熙宗四年（1144），泰和甲子为金章宗四年（1204），而上、中、下三元各相隔六十年④，因知"今正甲子"乃指元世祖至元元年（1264），亦即《历事明原》应成于至元元年至十九年间。由于书中使用金朝年号，知曹氏原或是金朝遗民。作为元司天监算历科的负责官员⑤，他应有机会参考官方丰富的藏书，此故，在其书中即援引了几十种选择书，并加注大量的个人按语。

有关复日的义理和规则，《历事明原》中有云：

《天宝历》曰："复日者，为魁、罡所击之辰也，故曰复其日，忌为凶事，利为吉事。"《历例》事【曰】："正、七月，甲、庚；二、八月，乙、辛；四、十月，壬、丙；五、十一月，丁、癸；六、十二月，戊、己也。"震圭谓："复日者，重见也。为遇本建之辰，有所忌之干同也。假令正月建寅，即甲也，又如辰、戌月，戊也，丑、未者，己也，仿此。"又按："《地理新书》云：正月，甲；七月，庚；二月，乙；八月，

---

① 仅张培瑜在未注明出处的情形下，称其为"元至元年间司天台官员"。参见张氏著《吐鲁番新出土的唐代写本历书》，《考古与文物》1988年第4期，第91—94页。

② 《元史》卷205，第4564页。

③ 〔元〕曹震圭：《历事明原》卷5，首尔大学奎章阁藏元刊本，第29页。

④ 有关三元的安排规则，可参见本书《敦煌本具注历日新探》。

⑤ 参见《元史》卷90，第2296—2297页；《金史》卷65，第1270页。元代袭金朝官制，天文机构下设天文、算历、三式、测验和漏刻等科，各有管勾二员负责，均为从九品。历代但有金、元两朝用算历科之名。

辛；四月，丁；十月，癸；五月；丙；十一月，壬也。"①

其中魁、罡均为极凶的选择神煞②，但或因《天宝历》的论理并无从说明复日的铺注法则，曹震圭遂提出个人的解释。由于干支各有阴阳五行之性（见表七）③，以正月建寅为例，寅属阳木，而甲亦属阳木，故曹氏认为正月值甲日才是所谓的"重见"。依照该新说法，正月复日应在甲，二月在乙，三月在戊，四月在丁，五月在丙，六月在己，七月在庚，八月在辛，九月在戊，十月在癸，十一月在壬，十二月在己。此一安排复日的方式，其实与《地理新书》稍异，如两书中所列的复日所在，四月和五月相反，十月和十一月亦相反，但曹氏很可能为增强己说的可信度，而径改《地理新书》的文字。

表七　干支与阴阳五行对照表

五行		木	火	土	金	水
天干	阳	甲	丙	戊	庚	壬
	阴	乙	丁	己	辛	癸
地支	阳	寅	午	辰、戌	申	子
	阴	卯	巳	丑、未	酉	亥

曹震圭或为目前已知最早为复日规则提出"合理"解释者，李光地在《御定星历考原》一书中所记复日的内容，几乎全摘抄自曹氏所集注的《历事明原》，但李氏或未能确实理解曹震圭的论证，此故，仅据《地理新书》原书将复日的规则作了校改，而未对两者之间的异同详加辨正。④

----

　①　〔元〕曹震圭：《历事明原》卷3，第24—25页。
　②　有关魁、罡的铺注方式，可参见黄一农《敦煌本具注历日新探》。
　③　何丙郁：《子平推命法》，香港：香港大学出版社，1988年，第14页。
　④　〔清〕李光地：《御定星历考原》卷4，《钦定文渊阁四库全书》本，成书于康熙五十二年，第32页。

钦天监监正进爱在乾隆四年（739）请旨重修《钦定选择历书》和《万年书》时，尝上奏曰：

> 复日乃月建所同之干，如正月建寅为阳木，而甲亦阳木，故正月以甲日为复日；七月建申为阳金，而庚亦阳金，故七月以庚日为复日。世俗作为歌诀云："正七月连甲庚"，通书因误以正月之庚日、七月之甲日皆为复日，逐月皆误，俱宜改正。①

在此，曹震圭的理论被全盘接受。然而，经查稍后实际编纂完成的《钦定协纪辨方书》中，复日的铺注规则却仍采依《地理新书》，原因待考。

在《钦定协纪辨方书》的复日条中②，内容除照抄李光地的《御定星历考原》外，还附加了一大段考辨，批判先前有关复日宜忌的说法，如称："俗则以为犯此，则致重丧，益无是理"，并指正月甲日、二月乙日或三月戊日虽为复日，但依据《选择宗镜》，这些日子均属葬课中的吉日，故该书总结称："复日之忌，固不可从，而世俗相传已久，今定为鸣吠遇复日则忌，德、赦、六合遇复日则不忌，庶存其名，不害于义云"。其中选在鸣吠日安葬，被认为可使"亡灵安稳、子孙富昌"；而德指天德、月德、天德合和月德合等神煞；赦指天赦，所值之日皆上吉；六合者，其日宜会宾客、结婚姻、立契券、合交易③。亦即官方虽以复日乃一无多大道理的俗忌，但因相传已久，故仍姑存其规则，并未依曹震圭之说加以改订。唯建议在处理安葬等凶事时，所选的鸣吠日如恰逢复日，则应避忌，在处理婚姻等吉事时，所选的德、赦或六合日如恰逢复日，则毋须避忌，但亦不注宜。

乾隆十六年（1751）以后，由于官方弛私印历日之禁，民间择日馆

---

① 〔清〕允禄等：《钦定协纪辨方书》卷首奏议，第4页。
② 〔清〕允禄等：《钦定协纪辨方书》卷5，第61—62页。
③ 有关鸣吠、德、赦、六合之义，详见允禄等《钦定协纪辨方书》卷5，第4—9、20—22、64—65页；卷6，第26—27页；卷10，第8—10、64—65页。

开始公开大量编印通书，以谋取厚利①，术家并强调各自的特色以增强竞争力，在此一风潮之下，复日遂又被各通书收入。虽然术家均倾向采纳《钦定协纪辨方书》中的复日规则，但具体的铺注却异同互见。如在广东出版的《崇道堂罗传烈通书》和《集福堂罗传烨通书》中（参见表八），均完全依照各月复日所系的日干铺注，唯刻工为求简便，大多刻作读音相近的"伏日"②。

至于近代其他大多数的年度通书中，则往往有部分日干依术应注复日而未注，此因该日恰值某些属于大凶的神煞，故复日遂被略而不记，但对何种凶煞不需再加注复日，各家看法却颇多差异（参见表八）。以1994年甲戌岁为例，如单纯依《地理新书》上的规则铺注，当年共应有三十四个复日，但在港台各择日馆所出版的通书中，所见到的复日却分别有三、九、十五和二十七等不同天数。

表八　笔者过眼年度通书中的复日铺注情形

通书年份（公元）	通书名称	藏书处	复日铺注情形
康熙二十九年（1690）	日用集福通书	大英图书馆	完全未见铺注复日
康熙三十年（1691）	六螭集七政便览通书	大英图书馆	完全未见铺注复日
康熙四十一年（1702）	便民通书	大英图书馆	完全未见铺注复日
雍正五年（1727）	溪口全书	台北故宫博物院	完全未见铺注复日
嘉庆十二年（1807）	继成堂洪潮和通书	荷兰莱顿大学	仅两天未依术铺注
嘉庆十九年（1814）	攀丹桂大全通书	英国伦敦大学	仅有十天铺注复日
嘉庆二十年（1815）	广贤堂大全通书	英国伦敦大学	仅有三天铺注复日
嘉庆二十一年（1816）	继成堂洪潮和通书	荷兰莱顿大学	完全未见铺注复日
嘉庆二十四年（1819）	攀丹桂大全通书	英国伦敦大学	仅十四天铺注复日

①　见本书《通书——中国传统天文与社会的交融》。

②　由于通书中的图表和文字十分庞杂，且甚具时效性，仅当年适用，故出版商为求便捷省钱，往往大量使用俗字、简体字或同音字来刊刻。在这些通书中，"伏日"因此替代了"复日"，至于名称类似的二伏日，则直接记作初伏、中伏和末伏。

续表

通书年份（公元）	通书名称	藏书处	复日铺注情形
道光十六年（1836）	彤桂堂大全通书	大英图书馆	仅一天未依术铺注
道光十九年（1839）	集福堂罗传烨通书	脉望斋	完全依术铺注复日
道光三十年（1850）	崇道堂罗传烈通书	脉望斋	完全依术铺注复日
咸丰七年（1857）	崇道堂罗传烈通书	荷兰莱顿大学	完全依术铺注复日
同治十二年（1873）	大字三篇通书	大英图书馆	完全未见铺注复日
光绪十年（1884）	崇道堂罗传传烈通书	脉望斋	完全依术铺注复日
光绪二十一年（1895）	集福堂罗传烨通书	脉望斋	仅一天未依术铺注
民国 10 年（1921）	三篇通胜	大英图书馆	仅两天未依术铺注
民国 11 年（1922）	通胜	大英图书馆	仅有一天铺注复日
民国 16 年（1927）	继成堂洪潮和通书	日本国会图书馆	仅十四天铺注复日
民国 18 年（1929）	继成堂洪潮和通书	日本国会图书馆	仅十二天铺注复日
民国 22 年（1933）	继成堂洪潮和通书	日本国会图书馆	仅有九天铺注复日
民国 28 年（1939）	广东选择便览通书	脉望斋	仅有五天铺注复日
民国 29 年（1940）	集福堂授时通书	脉望斋	仅有两天铺注复日
民国 31 年（1942）	多文堂新通胜	马以工教授	仅有一天铺注复日
甲戌岁（1994）	香港天宝楼大字通胜	脉望斋	仅廿七天铺注复日
甲戌岁（1994）	吕逢元通书便览	脉望斋	仅十五天铺注复日
甲戌岁（1994）	蔡炳圳七政经纬通书	脉望斋	仅有九天铺注复日
甲戌岁（1994）	林先知通书便览	脉望斋	仅有三天铺注复日

　　近代所行用复日规则的文字，虽可溯源自宋代的《地理新书》，然而两者之间仍有实质上的差异，此因清代钦天监在耶稣会天文家的主导之下，声言为与天行密合，乃改传统的平气推历之法为定气，而此两种方

法所求得的节气时刻，往往可差至一两日①。

虽然在官版的《钦定协纪辨方书》中，对复日的存在价值颇多保留，但近世术家当中，仅少数人敢对复日等神煞提出进一步质疑。青江子在其于乾隆初年所撰的《选时造命》中，尝尖苛地批判重葬俗忌，称己曾于八月辛日葬坟，年久却安然无恙。又讥重日、复日"行吉事则再吉，行凶事则再凶"之说，曰："此日娶亲，明日又娶乎？此日中科，明日又中乎？此日生男，明日又生乎？"对于类似《臞仙肘后经》中的禳灾之术，青江子亦深不以为然，认为死生有命，"一小匣即可转死为生，命何若是之易转也！"他并举实例称己于数十年间遇重日死、重日葬者不计其数，但却未闻有重复出现死亡之事实者②。然而，从现今刊行的年度通书中均仍铺注相关神煞的事实，可知类似的批评显然并无太大效力。

汉简中所行用的复日规则，虽曾随时代而发生明显变化，但日本在传承中国早先的规则后，却一直因袭未改，此从该国10至18世纪现存的十来个具注历日的铺注中，即可明显发现。③ 至于应永二十一年（1414）成书并于17世纪数度重刊的《历林问答》中，亦引中国的《历例》一书以说明复日的义理与规则。④

此外，笔者在日本正德二年（1712）序刊、文政六年（1823）补刊的《循环历》中，也可见到如下的文字："复日：正、七，甲、庚；二、八，乙、辛；三、六、九、雪，戊、己；四、十，丙、壬；五、霜，丁、

① 黄一农：《从汤若望所编民历试析清初中欧文化的冲突与妥协》，《清华学报》（新竹）1996年新26卷第2期，第189—220页。
② 〔清〕青江子：《选时造命》卷4，脉望斋藏乾隆七年序刊本，第76页。
③ 如见《续群书类从》所收录的日本永久三年（1115）、建历四年（1214）、贞永二年（1233）、延庆三年（1310）、应永十八年（1411）以及长禄三年（1459）等历（卷九百一十二页81—136），韩国首尔大学奎章阁现藏的日本延应二年（1240）具注历，以及佐藤政次《历学史大全》（东京：骏河台出版社，1977年增补本）收录的日本长德四年（998）、应安七年（1374）、永和三年（1377）、宝历五年（1755）等历（第143—145、167—174、1115—1116页）。
④ ［日〕贺茂在方：《历林问答》卷506，《群书类从》标点本，第316页。

癸"①，其中"雪"乃指十二月，"霜"指十一月，该复日条下并同引《历例》一书以析释其义理，知汉代铺注复日的法则，直至18、19世纪都还仍在日本流传。

六、 结论

尹湾汉墓中丰富的选择术内容，使我们有机会掌握到该术早期的形态，而透过本文的讨论，我们可以发现选择神煞的铺注规则，虽有延亘两千年不变者，但也有未几即遭淘汰或更易者。或因对外在世界的陌生恐惧，占人从东周或秦汉以来对出行一事就极为慎重②，此故，相关的神煞不断增添积累，至明代时，即已逾二十几种。在明刊的《新刻趋避检》一书中，记出行的规则更达十七叶之多，当中还包含许多颇为有趣的术文，如称："甲子、丙子、戊子、庚子、壬子此五日，用卯时出行，向东去，至二、三里，见一女人抱儿来，主人在家，有酒食，求财大吉"③，很难想象时人据此以占卜吉凶。

事实上，如对所有出行神煞均确实加以避忌的话，很容易造成"无吉辰可用"的状况④，无怪乎，元代择日家魏天祐尝称："出行涉远，日辰散在诸历，最是参错不齐"，他并举例指出不同书中同一干支日往往吉凶互见的事实，又因每日之下通常均吉神与凶神混杂，故魏氏亦建议：

---

① ［日］小泉松卓：《循环历》卷2，脉望斋藏日本文政六年补刊本，第28—29页。
② 湖北省文物考古研究所编：《江陵九店东周墓》，北京：科学出版社，1995年，第506—512页；［日］工藤元男：《埋もれていた行神——主として秦简"日書"による》，《东洋文化研究所纪要》，106（1988），第163—207页；王子今：《睡虎地秦简〈日书〉所见行归宜忌》，《江汉考古》1994年第2期，第45—49页。
③ 〔明〕胡泰撰，胡文焕重修：《新刻趋避检》卷下，台北"国家图书馆"藏明刊本，第26—42页。
④ 〔明〕上官震《台司妙纂选择元龟》甲集，第32—34页。

"或不能尽去其凶，得吉多凶少，亦皆可用……是日子不可太求全也。"①
此外，如事急不暇择日，亦有术家认为即使恰值凶日也可从权，只要选
择在黄道吉时由吉门出行即可。②

在此一纷乱繁杂的情形之下，一般民众或术家常必顺依循各自的判
断，选择所欲遵循的派别或决定所欲采用的神煞。是故，有些人虽相信
择日之术，但或因此无所适从，如宋儒邵雍出行时往往不择日。然而若
有人告之以不利，则不行，他所持的理由就是："人未言，则不知；既
言，则有知。而必行，则鬼神敌也。"③

此外，由于早先的择吉之术只与年月日的干支相关，亦即所推得的
吉方、吉日或吉时均不因人而异，此一状况很容易受到日常实际经验的
挑战。近世的选择家或为增强说服力，遂开始在择吉的过程中考虑入个
人因素，如欲出行求财，就强调必须"于宜出行日中，择本命生旺，或
天财、地财、月财、三合、五合、六合、禄马、贵人，再择吉时。"④ 引
文中的本命即随人而定，但有许多不同的类别，如出生的年支称作本命
元神，假令子年出生之人，其本命元神就是子神；至于生年的干支，则
为本命日，假令甲子年生，其本命日就是甲子日。⑤ 亦即在出行择吉之
时，有的术家会建议当事人尽量选用与其出生年的地支相同甚或干支皆
同之日，而不是仅仅参照各神煞之所在。至于前引文中所提及的禄马与
贵人，其方位亦是随本命元神而改变。⑥

---

① 〔元〕魏天祐：《涓吉成书》总类，台北"国家图书馆"藏元世祖至元十八年
刊本，第 20 页。

② 〔清〕杨翰：《选择约编》卷 6，第 19 页。

③ 〔宋〕邵伯温：《河南邵氏闻见前录》卷 19，《百部丛书集成》本，宋绍兴二
年成书，第 8 页。

④ 〔清〕姚承舆：《择吉会要》，台南：大正书局，景印道光二十九年刊本，第
149—150 页。

⑤ 此可参见日人所撰之《本命抄》卷 908，《续群书类从》标点本，第 435—438 页。

⑥ 〔清〕王维德：《永宁通书》天集之三，台北：集文书局，景印光绪十二年重
刻康熙五十年初刊本，第 14—15 页。

正文中还以复日作为一重要的个案研究，对其名称和规则的演变历程，做了详尽的爬梳，此或为学界迄今对选择术中之具体内容所进行最深入的探讨之一，希望这种模式能对术数史学术研究的深耕略有抛砖引玉之效。

中国历代官方天文家对复日的铺注规则，很可能从汉代沿用至清初而未曾有所更易。宋掌禹锡虽创新规则，但一时并未能取代千余年来的传统。入元之后，因历日的表达方式出现重大变革，亦即在各日之下的铺注不再胪列神煞，而仅注记宜忌诸事，在无从比对验证的情形下，民间术家遂提出各种不同的主张，并衍生出重丧、重复、大地重复日、复丧等众多相关的神煞，甚至将原属吉神的复日亦转变成凶神。

复日的铺注规则在缺乏论理基础的情形下，遂出现言人人殊的结果。即使，元初曹震圭曾利用阴阳五行学说为复日的铺注提出一"合理"解释，但其所修订的铺注规则，却始终未能取代众说。此一事实亦突显出"理性"判断往往并不足以影响中国术数的发展。

不同择日派别之间的矛盾，终在清初因关涉康熙历狱等大案，而引发官方的介入。清廷于是数度以政府的力量编辑官订的选择书，乾隆初年完成的《钦定协纪辨方书》三十六卷，即是官方为整合划一选择术义理与规则的最重要的努力。该书虽对复日等神煞的存在并不十分认同，但因其术的历史悠远，亦不敢轻言革除，只好姑存其说，唯书中标举掌禹锡所提出的铺注规则以替代日法。

乾隆十六年（1751）以后，由于清律不再禁止民间印行通书，选择家为丰富各自的内容以增强市场竞争力，遂又开始在各日之下的铺注中巨细靡遗地胪列包含复日在内的各种神煞，许多原被《钦定协纪辨方书》指名批判甚至遭到删除的神煞，亦重新被收入。虽然各术家均仍采纳官方在《钦定协纪辨方书》中所订定的复日规则，但对复日到底在同值何种凶神时可略而不记，却各有看法，导致各个通书中的铺注结果常异同互见。

至于日本的选择术，虽有许多内容因袭中国，但演变的模式却并不相近，如尹湾汉代简牍中所行用的复日规则，在日本即一直维持到 18、19 世纪而不变，此虽或因无相关配合环境使然，但也可能主要是因中日两国重洋远隔，术数界并未能持续交流，而该国术家又不愿轻言改变来自术数"发源地"的传统所致。[①]

神煞的演化递增、吉凶程度的引进以及本命观念的出现，均大大扩展了选择术的复杂性与自由度。在前述复日的个案研究中，我们也可见到后世的选择家为增加其术的"精密度"，并营造出上应天行的形象，乃强调铺注规则中的月份，是从该月节气的起始瞬间至下月节气之前。这些发展增强了许多民众对选择术的笃信程度，另一方面，也提供了选择术新的动力来面对外界的挑战与质疑，令其得以不被近代社会的剧烈变动所淘汰，并成为华人通俗文化中相当特出的一部分。

[原刊《"中央研究院"历史语言研究所集刊》1999 年第 70 本第 3 分，第 589—626 页。]

---

① 类似的情形亦发生在历法的交流之上，如日本自唐朝传入麟德历后，行用约六十多年，其间中国历家曾以进朔法略加修正，但日本则仍遵用原术推算，以致两国历日中的朔闰颇多相异之处。参见黄一农《中国史历表朔闰订正举隅——以唐〈麟德历〉行用时期为例》，《汉学研究》1992 年第 10 卷第 2 期，第 305—332 页。

敦煌本具注历日新探

一、绪言

具注历日乃指以铺注为主要内容的历书，亦即后世所称的民历①。传统上，历日的编制向为官方天文机构最主要的职事之一。披上天文神秘外衣并纳入数字神秘意义的阴阳选择之学，即透过历日的颁行而深刻影响及社会的各个层面。虽然历书的发行量一直为中国古代各类书籍中最大的②，但因其内容深具时效性，以致能留存后世的反而不多。

笔者近因处理明末清初中西历法之争，才开始接触民历，并尝试探究其编制的规则以及内容的演进，希望能借此了解历书的本质及其与社会间的密切互动关系。惟因明代以前的中原历日存世有限③，颇感资料

---

① 有关历日的一般性讨论可参见 Richard J. Smith, "A Note on Qing Dynasty Calendars", *Late Imperial China*, Vol. 9, No. 1 (1988), pp. 123−145。

② 《元史》卷 94《食货志》（北京：中华书局，1975 年点校本；以下所引各正史版本均同此）中记载天历元年（1329）全国售卖的民历共达三百多万本（第 2404 页），亦即平均约每四户人家即拥有一本官方印售的历，虽然其他时代有关历书发行的资料均付诸阙如，但由天历元年之例，应已见一斑。

③ 如汉简存约二十种残历，唐代存显庆三年、仪凤四年、乾符四年、中和二年等残历，宋代存宝祐四年具注历日及嘉定十一年等残历，元历存至正二十五年残历，明历则留存较多，如台北"中央图书馆"善本书室即藏有五十余种；参见罗振玉《流沙坠简》（1914 年本），收入《罗雪堂先生全集》续编第 7 册，台北：文华出版公司，1969 年，第 2719—2809 页；陈久金《敦煌、居延汉简中的历谱》，（转下页）

不足。近偶得阅《敦煌宝藏》中所收众多残历的书影①，虽然这批历日多为敦煌当地历家所自行编制的，但其铺注的内容与规则却大致依循中原的传统，且在时间的分布上更延亘达两百年之久，无怪乎严敦杰尝将敦煌具注历日与汉简历谱以及明清历本并列为中国历法史上三项重大史料②。可惜学界迄今对敦煌石室所出的这些丰富资料，尚停留在一初期摸索的阶段，即便是对各残历定年的研究，亦仍然有欠完备。

民国以来，罗振玉曾分别刊印己所藏残历四种（散 0673、散 0674、散 0675 及散 1721），并推判其年代③，此为敦煌历日研究的滥觞。但罗氏因不娴于历学，以致其推论颇多可议之处，王重民即尝评其"推算法极不可靠""考据方法极不科学"④，但王氏本身亦未能提出具建设性的断定残历年代的方法。

（接上页）收入中国社会科学院考古研究所编辑《中国古代天文文物论集》，北京：文物出版社，1989 年，第 111—136 页；国家文物局古文献研究室等编《吐鲁番出土文书》，北京：文物出版社，第 5 册（1983 年）第 231—235 页以及第 6 册（1985 年）第 73—76 页；〔日〕服部宇之吉《佚存书目》（1933 年本），收入严灵峰辑《书目类编》第 100 册，台北：成文出版社，1978 年，第 44578 页；〔宋〕荆执礼等《宝祐四年丙辰岁会天万年具注历》，收入严一萍选辑《续聚珍版丛书》第 36 册，台北：艺文印书馆；张培瑜、卢央《试论新发现的四种古历残卷》，《中国天文学史文集》第 5 集，北京：科学出版社，1989 年，第 104—125 页。

① 黄永武辑：《敦煌宝藏》，台北：新文丰出版公司，1981—1986 年。本文中所论及的各敦煌石室所出历日，若未特别言明者，均是摘引自此书。

② 严敦杰：《跋敦煌唐乾符四年历书》，收入《中国古代天文文物论集》，第 243—251 页。

③ 罗振玉：《敦煌石室碎金》（1925 年东方学会本），收入《罗雪堂先生全集》三编第 6 册，台北：文华出版公司，1970 年，第 2355—2374 页。罗振玉：《贞松堂藏西陲秘籍丛残》（1939 年本），收入《罗雪堂先生全集》三编第 9 册，第 3299—3307 页。

④ 王重民：《敦煌古籍叙录》，北京：商务印书馆，1958 年，第 160—163 页。

笔者自敦煌文书中整理出四十余件具注历日后，即试由其中铺注的规则、节候的安排、纪月及纪日的次序，用语及历式的特征等下同角度，多方考定各残历的年代。惟因先前对敦煌学的接触颇缺，以致在断出绝大部分残历的年代之后，始赫然发现许多先进早已从事过类似的研究。如上田穰（1942）即从朔闰、节候、月建以及蜜日等的安排规律，重定出罗氏所藏散 0673，散 0674 及散 1721 三历的年代。① 董作宾（1943）亦独立以类似方法改定罗氏原先所推散 0675 的年代。② 严敦杰则于 1946 年提出以历日中年神方位图及月九宫图（详见后）的排序规则，做为定年的方法③，薮内清（1964）在推断斯 276，斯 681v 及斯 1439v 三历年代时，即曾独立引用过此一规则。④ 藤枝晃（1973），更在这许多基础上，整理并析究得二十余件年代确定的历日⑤，其大作〈敦煌历日谱〉一文即为敦煌年代学的研究建立了一重要的里程碑。

在最近的十多年间，仅部分大陆学者偶有相关的论述，如荣孟源（1983）曾为文析论二十一件历日，内中有五件未见先前其他学者论及⑥，但因其不曾利用铺注的规则协助推求，且未谙敦煌历与中原历的

---

① ［日］上田穰：《具注历断简》《科学史研究》，1942 年第 3 号，第 171—198 页。本文中所引的敦煌卷子，以伯字编号者，为伯希和（Paul Pelliot）原藏；以斯字编号者，为斯坦因（Aural Stein）原藏；以孟字编号者，乃指孟列夫（L. N. Menshikov）所编目录的序号，原件藏苏俄科学院列宁格勒分院所属之东方学院；以散字编号者，乃依"敦煌遗书散录"中之编序。参见王重民等《敦煌遗书总目索引》北京：中华书局，1983 年，以及黄永武《敦煌遗书最新目录》，台北：新文丰出版公司，1986 年。

② 董作宾：《敦煌写本唐大顺元年残历考》，《图书月刊》第 3 卷第 1 期，1943 年，第 7—10 页。

③ 严敦杰：《飞九宫考》，《东方杂志》第 42 卷第 14 号，1946 年，第 25—27 页。

④ ［日］薮内清：《スタイン敦煌文献中の曆书》，《东方学报（京都）》，第 35 号，1964 年，第 543—549 页。

⑤ ［日］藤枝晃：《敦煌历日谱》，《东方学报（京都）》第 45 号，1973 年，第 377—441 页。

⑥ 荣孟源：《被盗的敦煌层》，《中华文史论丛》总第 27 辑，上海：上海古籍出版社，1983 年，第 239—254 页。

异同，以致所断出的年代多误。施萍亭于同年发表的《敦煌历日研究》一文①，则为近来难得一见的力作，虽其考定残历年代的方法，大致不脱先前窠臼，但却补充并厘清了不少前人的阙误。笔者所知最近的一篇论及敦煌历日的论述，则是 1989 年由席泽宗与邓文宽合撰成的《敦煌残历定年》一文，此文综合先前所发展出的各个断定年代的方法以析究三十九件历日，文中虽未附详细的推论过程，但将其结果按年代顺序汇总成一表，此表或为目前有关敦煌残历定年最完整的一份资料。②

虽然前引诸论文考定了不少残历的年代，但前人大都未能提供一逻辑上完备的推论过程，如其多不曾先厘清中原历与敦煌历在不同时期彼此异同的程度，且未曾由历中的用语及避讳分析其可能的年代上下限，以致常见称中原历某年与残历相近，即径以该年为唯一的解，而不遑推求其它各年中是否亦有可能。

笔者在深慕前辈学者论述精博之余③，犹窃幸在考定的方法以及资料的整理上，尚有可资发挥的些许空间，故不揣谫陋，勉力撰就此文。

二、 敦煌具注历日鸟瞰

敦煌石室所出的历日，以北魏太平真君十一（450）及十二年两历最古④，但此两历仅录各月朔日干支及二十四气（含十二中气及十二节气）日期，并无铺注的内容，故或不属传统具注历一类。今存的敦煌所出历

---

① 该文收入《1983 年全国敦煌学术讨论会文集》上册"文史、遗书编"，兰州：甘肃人民出版社，1987 年，第 305—366 页。

② 该文收入《中国历史博物馆馆刊》第 12 期，1989 年，第 12—22 页。

③ 很有趣地，前述所言及的各学者，彼此多不谙对方的研究成果：如董作宾似未曾见到上田穰的著作，董作宾及严敦杰之文不曾为薮内清及藤枝晃所引，薮内清未见王重民之文，施萍亭亦不知上田穰、董作宾及严敦杰的研究，柴孟源更不曾征引先前众学者论著。

④ 苏莹辉：《敦煌所出北魏写本历日》，《大陆杂志》第 1 卷第 9 期，1950 年，第 4、8 及 10 页。

日多为写本，刻本仅见乾符四年（877）历（木刻006）、中和二年（882）历（木刻101）以及太平兴国三年（978）历（斯612）三种，但前两本应均为购传自中土的唐历，而不属当地历家所自行编制的敦煌本历日。

乾符四年历的样式与其它敦煌本历日均不相同，其上端逐日列有铺注的内容，下端则相当紧凑地排录有"六十甲子宫宿法""推七曜直用日法立成""推男女小运行年灾厄法""推丁酉年五姓起造图""十二相属灾厄法""五姓安置门户井灶图""推游年八卦法""五姓种莳日"等大量图表。

笔者以此历为唐历的理由有三：一、历中的置闰月份、月尽大小以及朔日干支，均与中原当年行用者完全相同，此一情形对敦煌本历日而言相当少见。二、此本部分的铺注规则（如天道的运行方同、详见后）与同一时期的敦煌本历日有相当出入。三、其上文字多谨守唐讳（详见后），如因此改七十二候中之"雉入水为蜃"为"野鸡入水为蜃"，改"虎始交"为"武始交"，并将"治病"一辞全改称"理病"。今存各敦煌本历日中，虽不乏年代在乾符四年前后不远者，但却无一避"治"字。然此本或非官历，而是民间自行印售的，此因其历式与通常官印的具注历日大异，且传统上官历的印制均相当严谨①，但此本中除部分蜜日（见后）错置外②，亦误将原为十二月节次候的"鹊始巢"当成末候。

至于中和二年历日，现仅存前数行，无各日铺注。此历前刻"剑南西川成都府樊赏家历，中和二年具注历日，凡三百八十四日，太岁壬寅，干属木、支水，纳音属金"等字，或为现存最早一件题为"具注历日"的古历。唐僖宗广明二年（881）正月，帝因黄巢之乱避迁成都，就西川节度使府舍为行宫，七月，改元中和，明年称中和二年，故此历应成于

---

① 如南宋淳熙十一年（1184）甲辰岁历日内有错字，结果判太史局李继宗放罢，局官吴泽、荆大声、刘孝荣等三人各特降一官，负责实际抄写及雕字的人员，则各杖一百并科罪；〔清〕徐松纂辑：《宋会要辑稿》"职官十八"之九十六至九十七，台北：新文丰出版公司，1976年。

② 严敦杰：《跋敦煌唐乾符四年历书》。

中和元年七月至十二月之间。或因当时戎事倥偬，僖宗未得暇处理颁朔一事，而历书攸关民生日用，故樊赏在社会的广大需求下始自行刻历，又为避免有窃夺正朔之嫌，因此特别在历首注明此为"家历"，以别于通常所行用的官历。

当时通行的历日依其内容的详略，或有大、小历之别，售价或亦颇差。① 太平兴国三年残历似为大历中唯一存世者，前题有"大宋国，王文坦请司天台官本勘定大本历日，太平兴国三年应天具注历日戊寅岁，干土、支木，纳音土，凡三百五十五日"句，其中所称《应天》一历乃王处讷等人于建隆四年（963）造呈的。② 除一般具注历中常见的年神方位图及"推逐日人神针灸法"外（详见后），此历更列有"今年新添校太岁并十二年神真形各注吉凶图""推杂种莳法""周公八天水行图""九曜歌咏法""推小运知男女灾厄吉凶法""六十相属宫宿法"等未见于它历的大量图表或歌诀。

施萍亭以此卷为"刻本中原日历"，但此历既然前题为"王文坦请司天台官本勘定"，显见应为一使用大宋年号的敦煌本历日。王文坦在编制时或曾依敦煌当地的特殊需求作了部分修改，而未完全照所请得的"官本"原式刷印，否则他在题记中应不致称此历为其"勘定"的。

今存的其它各敦煌本历日，应多属小历，而粗近全璧者仅同光四年、显德三年（956：斯95v）、太平兴国六年（981：斯6886v）以及雍熙三年（986：伯3403）四历。其历首往往有一序文（长短下一，亦有完全删节者），略言制历的目的、该年各神杀（又名神煞）的方位以及行事的宜忌，次则依序分行纪日并作铺注（详见后）。其中《淳化四年癸巳岁具注历日》（伯3507）则与通常的小历不同，内容更加简略，不仅无序文，且

---

① 如北宋时，有民侯氏世于司天监请历本印卖，但民间私自印售小历者，每本仅索一、二钱，熙宁四年（1071），王安石下令尽禁小历，由官方自印大历，每本值数百钱，以收其利；参见宋李焘《续资治通鉴长编》卷220，"熙宁四年二月戊寅"条之注文，第16册，北京：中华书局，1986年点校本，第5360页。

② 《宋史》卷68《律历一》，第1498页。

各日不分行，每月只拣选较重要的日期，接续记载节候、月相、蜜日或昼夜长短等相关资料，中亦偶记有铺注的内容。①

由于敦煌地区自行编历之举与当地的政治局势有密切关系，且在后文考定年代的过程中，偶亦涉及当时的时代背景，故笔者在此先对唐末、五代时河陇一带的历史作一简略的介绍。安禄山称乱之后，吐蕃屡次寇边，终使凉、甘、肃、瓜等州于广德二年（764）以后次第沦陷。② 建中二年（781），与敦煌同隶沙州的寿昌陷蕃，而敦煌因有党河的天然屏障，且唐、蕃又于建中四年定盟，故直到德宗贞元二、三年（786—787）间，始因双方毁盟交恶而被逼降。③ 此后约六十年间，敦煌均非唐土。直到宣宗大中二年（848），张议潮（又名义潮）起义兵，河陇蕃兵方被肃清。大中五年，张议潮遣兄议潭入朝告捷，并献瓜、沙等十一州图籍。咸通八年（867），议潮入质，获赐田宅于京师，十三年，卒于长安赐第，其子孙则世守敦煌一带为归义军节度使。④

张议潮入居京师时，因无子即以其侄淮深代守归义。大顺元年（890），淮深或以阋墙之争卒，议潮婿索勋于大顺三年接续张氏的世勋，

---

① 施萍亭在其《敦煌历日研究》文中，称此历"无序，无神将所在，无人神，无日游，无吉凶（只正月初一注了"嫁、修、符、葬吉"五字），而撮取了朔日干支、蜜日、月相、节候、祭祀、昼夜时刻。可以说，抄历者摘取了当年历日中所有科学性的精华，是很有见地的人"，但此一抄写者或并不有意识地在历中置入较多今人所谓的科学内容，事实上，其中除正月初一外，亦有多处记有往亡、天赦、土王事等典型的历注。

② 王小甫：《安史之乱后西域形势及唐军的坚守》，《敦煌研究》1990 年第 4 期，第 57—63 页。

③ 苏莹辉：《论唐时敦煌陷蕃的时代》，《大陆杂志》第 23 卷第 11 期，1961 年，第 13—14 页；苏莹辉：《再论唐时敦煌陷蕃的时代》，《大陆杂志》第 29 卷第 7 期，1964 年，第 8—11 页；饶宗颐《论敦煌陷于吐蕃的年代》及苏莹辉之跋文，《东方文化》第 9 卷第 1 期，1971 年，第 1—14 页；苏莹辉：《论敦煌县在河西诸州中陷蕃最晚的原因》，《大陆杂志》第 41 卷第 9 期，1970 年，第 23—25 页；陈国灿：《唐朝吐蕃陷落沙州城的时间问题》，《敦煌学辑刊》1985 年第 1 期，第 1—7 页。

④ 参见向达《罗叔言"补唐书张义潮传"补正》（原发表于 1948 年），收入氏著《唐代长安与西域文明》，北京：三联书店，1957 年，第 417—428 页。

未几，即以乱亡。乾宁元年（894），议潮第十四女出定乱事，并以议潮侄孙承奉嗣。①唐亡之后，张承奉于后梁太祖开平四年（910）自立为白衣天子，号西汉金山国，乾化四年（914），此一新政权灭亡。②稍后，曹仁贵及其弟议金（又名义金，为索勋婿、淮深甥）先后帅其土，曹氏自此持续统领敦煌一带约达百二十年之久。③藤枝晃在《敦煌历日谱》一文的讨论中即将敦煌这段期间的历史区分成吐蕃期、归义军前期（张氏）、西汉金山国期以及归义军后期（曹氏）等四个阶段。

自张议潮逐蕃以来，敦煌地区的统治者名义上虽多受中土之官，但其行政并未受节制，亦未领用中朝之历。王重民认为敦煌历日乃自陷蕃以后始与唐历不同，但其直接的论据仅根据伯 2005 以及伯 3354 中的两条纪日资料④，其中伯 3354 以开元十八年（730）为闰六月，同唐历，而伯 2005 中称仪凤三年（678）为闰十月，王氏因以唐历是年为闰十一月，故疑此卷脱一字。由于王氏所引用的两个例证中，确知符合其结论的仅一例，故我们或有必要重新检视此一论点。

笔者在翻查《旧唐书·高宗本纪》后，发现其中记有"（仪凤三年）闰十月戊寅，荧惑犯钩钤。十一月乙未，昏雾四塞，连夜不解。丙申，雨木冰。壬子，黄门侍郎、同中书门下三品来恒卒"等事⑤，而在《新

---

① 邓文宽：《也谈张淮深之死》，《敦煌研究》1988 年第 1 期，第 76—80 页；钱伯泉：《为索勋篡权翻案》，《敦煌研究》1988 年第 1 期，第 68—75 页。

② 卢向前：《金山国立国之我见》，《敦煌学辑刊》1990 年第 2 期，第 14—26 页。

③ 贺世哲、孙修身：《瓜沙曹氏年表补正之补正》，《甘肃师大学报（哲社版）》第 1 卷第 1 期，1980 年，第 72—81 页；苏莹辉：《朱梁时曹仁贵继张氏为沙州归义军节度使说》，《大陆杂志》第 68 卷第 1 期，1984 年，第 31—33 页；唐耕耦：《曹仁贵节度沙州归义军始末》，《敦煌研究》1987 年第 2 期，第 14—19 页；苏莹辉：《张承奉称帝称王与曹仁贵节度沙州归义军颠末考》，《书目季刊》第 24 卷第 4 期，1991 年，第 11—12 页。

④ 王重民称高昌墓砖上可资考证的纪日有六（时间从公元 569 年至 705 年），其上闰月及晦朔均与隋、唐历合，由于高昌位于敦煌之西，故王氏以此为敦煌在陷蕃之前乃用唐历的旁证，然而此一论据事实上并无绝对的必然性，仅可做一参考而已；参见王重民《敦煌本历日之研究》，《东方杂志》第 34 卷第 9 期，1937 年，第 13—20 页。

⑤ 《旧唐书》卷 5《本纪五》，第 104 页。

唐书·高宗本纪》中，则略去"荧惑犯钩钤"及"昏雾四塞，连夜不解"二事，仅称"闰十一月丙申，雨木冰。壬子，来恒薨"①。两书中部分的记事虽同，但却系于不同月份。经比对文献中的实际纪日资料并细究各相关的证据后，笔者以为是年唐历应闰十月②，亦即仪凤三年唐历实与伯2005中的置闰月份相同。由于《新唐纪》在修撰之时多依《旧唐纪》大肆删削，而在略去"闰十月戊寅，荧惑犯钩钤"时，很可能不慎将此句句首的"闰"字保留入下一句所载的十一月事前。

表一　陷蕃前唐代敦煌文书中可资考证之纪日资料

出处	西历	纪日叙述及讨论
斯513	676	"上元三年，闰三月十一日"
伯2005	678	"唐仪凤三年，闰十月"
斯238	692	"如意元年，闰五月十三日"
斯2278	693	"大周长寿二年，岁次癸巳，九月丁亥朔"
斯2278	695	"证圣元年，岁次癸未，四月戊寅朔"
散0885	703	"长安三年，岁次癸卯，十月己未朔"
斯2136	708	"大唐景龙二年，岁次戊申，五月壬辰朔"
伯3354	730	"开元十八载，闰六月廿日"
★伯2457	735	"开元廿三年，太岁乙亥，九月丙辰朔，十七日丁巳"——唐历此月初一日为癸丑，与丙辰日差三天，丁巳日为初五，亦颇差，故此一纪日叙述显然有问题。
斯6454	751	"大唐天宝十载，岁次辛卯，正月乙酉朔"
★斯2851	780	"大历十五年，正月卅日"——唐历正月小。
★斯5871	782	"大历十七年，闰三【月】"——唐历闰正月。

前有★符号者，表示敦煌历的纪日与唐历不同。

① 《新唐书》卷3《本纪三》，第74页。

② 详见拙文《中国史历表朔闰订正举隅——以唐〈麟德历〉行用时期为例》，《汉学研究》。

在经翻查各主要的敦煌文书后，笔者又新找出十条年代介于唐初与敦煌陷蕃之间的可资考证的纪日资料（见表一），其中伯2457之纪述明显有误，至于斯2851及斯5871中所载大历十五（780）及十七年的纪日，虽与唐历稍差，惟因当时敦煌附近已经陷蕃，故此两本很可能原作于敦煌周遭地区，后始入藏石室的。其余新找出的纪日资料，则均与唐历合，故我们似可就此推论敦煌在陷蕃之前，确因奉李唐正朔而一直领用中土历日。

自陷蕃之后，敦煌当地汉人因民生日用的需要始自行编历，惟因吐蕃无年号，只得改成仅以干支纪年，如在伯2797v（公元829年历）及伯2765（即P. tib. 1070，公元834年历）两本上即分别书作"己酉年历日"及"甲寅年历日"自张议潮逐蕃之后，敦煌重又使用中土年号，惟因僻处边陲，故往往已易帝改元而尚之不知，如在现存具年号的历日中，即至少有伯3555（题为贞明八年历，实应为龙德二年）、伯3247（题为同光四年历，实应为天成元年）以及斯560（题为天福十年历，实应为开运二年）三历属此情形。从各敦煌卷子的纪年叙述中，我们也可发现即使在同一年内，当地所行用的年号亦不一定完全一致。[①]

经分析藤枝晃所搜集得的敦煌文书中的纪日资料后，知大部分的敦煌历均与中原历稍差。在吐蕃统治期间，差异尤大，如两历置闰有差至三个月者（其中全同者仅两例，差一月者有二，差两月者有四，差三月者有一，差两月以上者有一），此或因敦煌当地历家长期不曾接触到唐历所致。逐蕃之后，情形即大获改善，在二十几条可用来推求置闰月份的

资料中，几无一与中原历的闰月相差超过一个月者①。至于两历中各月朔日干支的差别，则与时代较无太大关系，其出入多不逾一、二日，唯有在闰月前后的月份，始可能差至一个月，如当中原历闰四月而敦煌历闰五月时，两历五月的朔日干支即相差约一个月，事实上，此时敦煌历的五月应与中原历的闰四月相较，而敦煌历的闰五月则应与中原历的五月相较。

三、 具注历日相关内容解读

为帮助读者对稍后考订残历年代过程的了解，笔者在此以罗振玉重新排印的散 0674 残历为样本（图一）②，对具注历日的相关内容试作一概略的解读。③ 此历前称"二月小，建丁卯"，丁卯即二月的月建，此一以干支纪月的方法，乃以甲子年正月建丙寅始，依次排列，每五年（六十月）轮回一周，闰月则无独立的纪月干支。表二中即列出每月月建与年干的对应关系，如知正月建壬寅，则可推得该年之年干必为丁或壬。

---

① 藤枝晃在《敦煌历日谱》中，指出两历的置闰月份在逐蓄以后相差逾六个月者有三，但笔者认为此三例均有待商榷。如斯 1313v 中的"壬申年后正月一日"句，藤枝晃定为公元 852 年，唐历是年闰七月，但此一纪日较有可能指的是公元 792 年，如此则置闰仅差一月。斯 6347 中的"维岁次癸未十二月九日己丑朔九日"句，藤枝晃以头一个"九日"为衍字，并推定此为记公元 863 年事，唐历是年闰六月，且十一月朔日干支为庚寅（与己丑差一天），故他以敦煌历置闰在十二月以后，但此亦可能为陈文帝天嘉四年（563）事，是年中原历的十二月朔日较敦煌历迟两日，如此则置闰将不致相差六个月以上。至于《陇西李氏再修功德记》中"岁次甲寅拾月庚申朔伍日甲子"句，藤枝晃定为公元 894 年，唐历是年九月为庚申朔，而前一年闰五月，故他以敦煌历置闰在十月之后，但笔者以为此或有可能为隋文帝开皇十四年（594）甲寅岁事，中原历此年十月为壬戌朔，与前引文中之纪日差两日，且亦不致造成两历置闰相差十七个月以上的情形。此三例的年代均仍有待详考。

② 原件影本见罗振玉《贞松堂藏西陲秘籍丛残》。

③ 参见施萍亭《敦煌历日研究》；邓文宽《敦煌古历丛识》，《敦煌学辑刊》1989 年第 2 期，第 107—118 页；强培瑜《出土汉简帛书上的历注》，收入国家文物局古文献研究室编《出土文献研究续编》，北京：文物出版社，1989 年，第 135—147 页；张培瑜、卢央《试论新发现的四种古历残卷》；陈遵妫《中国天文学史》第 3 册，上海：上海人民出版社，1984 年，第 1587—1669 页。

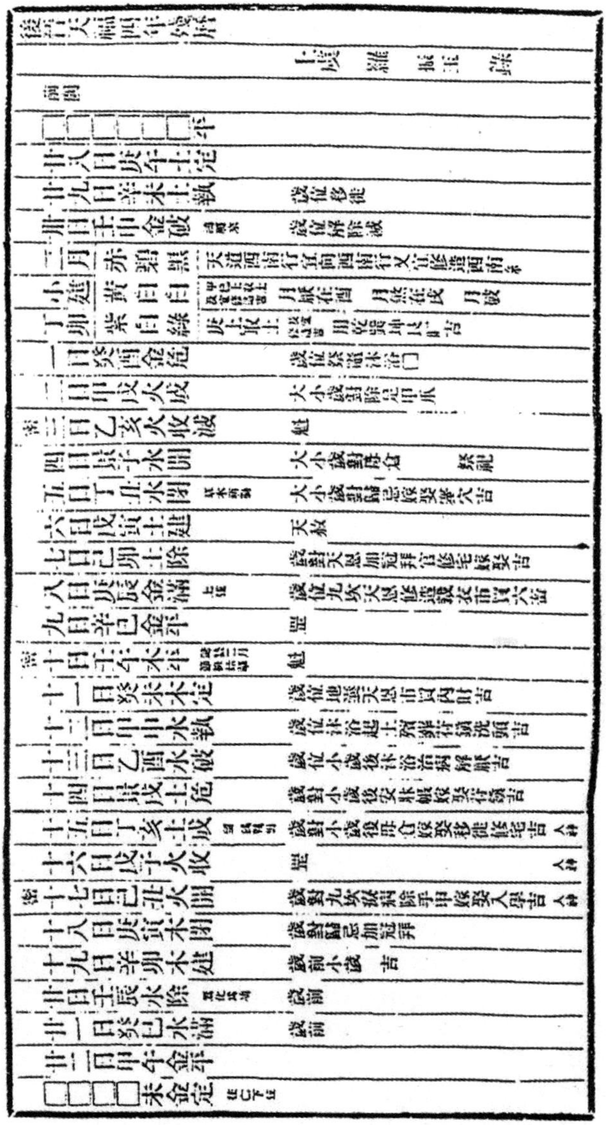

图一 罗振玉重新排印的散0674残历

其前的年号为罗氏所加

表二　每月月建与年干之对应表

	甲、己年	乙、庚年	丙、辛年	丁、壬年	戊、癸年
正月	丙寅	戊寅	庚寅	壬寅	甲寅
二月	丁卯	己卯	辛卯	癸卯	乙卯
三月	戊辰	庚辰	壬辰	甲辰	丙辰
四月	己巳	辛巳	癸巳	乙巳	丁巳
五月	庚午	壬午	甲午	丙午	戊午
六月	辛未	癸午	乙未	丁未	己未
七月	壬申	甲申	丙申	戊申	癸申
八月	癸酉	乙酉	丁酉	己酉	辛酉
九月	甲戌	丙戌	戊戌	庚戌	壬戌
十月	乙亥	丁亥	己亥	辛亥	癸亥
十一月	丙子	戊子	庚子	壬子	甲子
十二月	丁丑	己丑	辛丑	癸丑	乙丑

　　在月建之下列有一 3×3 的方阵，分书紫、黄、赤、白、碧、绿，黑等七色，其中白色重复出现三次，此即所谓的九宫图，又称紫白九星图，相传乃源自大禹治洪时洛水所出灵龟的背负之象，亦即所谓的洛书。此图实为一数字魔方阵，其所对应的数字为"戴九履一，左三右七，二、四为肩，六、八为足，而五居其中"，不论纵、横、斜任三数相加，其值均同为 15。术家将此九宫图的数字配以八卦、七色以及五行（见图二），并将图中各数"逆飞九宫"，演成九图（参见图三），以为占算之用。①

_____

　　①　参见严敦杰《式盘综述》，《考古学报》1985 年第 4 期，第 334—464 页。

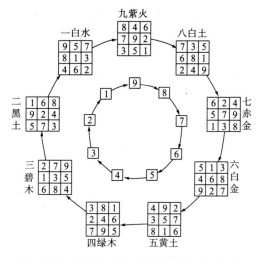

图二　洛书魔方阵及其中各数字所分别对应的八卦、七色、五行等关系

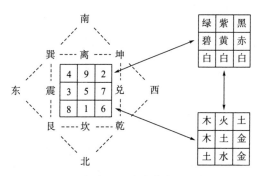

图三　九宫图（或称紫白九星图）

各方阵乃依图示的顺序依次循环，每一方阵中之九数，即是将前一方阵中的各数递减1而求得，但若该数为1，则回复为9（变化规则如内圆所示），此法称之为"递飞九宫"。

除以干支纪月外，历家更以九宫图配月，称为月九宫图（或称紫白值月图），定甲子年正月起八白土（指该月的九宫图以八为中宫，而八所对应的颜色为白，五行属土），并依图三中所示挨次递迁，每三年一循环（十二月与九宫的最小公倍数为三十六，而三十六个月相当于三年）。表三中即列出紫白值月与年支之间的对应关系。

表三　紫白值月与年支之对应表

	子、午、卯、酉年	辰、戌、丑、未年	寅、申、巳、亥年
正月	八白	五黄	二黑
二月	七赤	四绿	一白
三月	六白	三碧	九紫
四月	五黄	二黑	八白
五月	四绿	一白	七赤
六月	三碧	九紫	六白
七月	二黑	八白	五黄
八月	一白	七赤	四绿
九月	九紫	六白	三碧
十月	八白	五黄	二黑
十一月	七赤	四绿	一白
十二月	六白	三碧	九紫

　　如由此表可查知正月之月九宫图仅可能以八白、五黄或二黑为中宫，若知正月中宫为五黄，则该年的年支可推得必为辰、戌、丑或未。

　　在月九宫图之外，历家并将每年各配以一九宫图，称为年神方位图（或称紫白值年图）[1]，以为盖造修营、择定方位之用。因六十甲子与九图的最小公倍数为一百八十，故年神方位图的周期为一百八十年。此一周期恰可分成三元，每元六十年，历家定上元甲子年为一白水，依照九宫图的循环规律推算，中元甲子年因此起于四绿木，下元甲子年则起于七赤金。九宫数在后汉张衡时即甚通行，但其真正的发明年代则已难查

　　① 参见邓文宽《敦煌文献 S2620 号〈唐年神方位图〉试释》，《文物》1988 年第 2 期，第 63—68 页。

考①，而以九宫图纪年的传统，至少在隋代时即已出现②，日本的古历中，亦可见到相同的内容③，表四即列出紫白值年与年支之间的对应关系。

表四　紫白值年与年支之对应表

上元	中元	下元	纪年干支	
一白	四绿	七赤	甲子、癸酉、壬午、辛卯、庚子、己酉、戊午	子午
七赤	一白	四绿	丁卯、丙子、乙酉、甲午、癸卯、壬子、辛酉	卯酉
四绿	七赤	一白	庚午、己卯、戊子、丁酉、丙午、乙卯	年
九紫	三碧	六白	乙丑、甲戌、癸未、壬辰、辛丑、庚戌、己未	辰戌
六白	九紫	三碧	戊辰、丁丑、丙戌、乙未、甲辰、癸丑、壬戌	丑未
三碧	六白	九紫	辛未、庚辰、己丑、戊戌、丁未、丙辰	年
八白	二黑	五黄	丙寅、乙亥、甲申、癸巳、壬寅、辛亥、庚申	寅申
五黄	八白	二黑	己巳、戊寅、丁亥、丙申、乙巳、甲寅、癸亥	巳亥
二黑	五黄	八白	壬申、辛巳、庚寅、己亥、戊申、丁巳	年

　　如某年年神方位图的中宫为五黄，则由此表可查知该年的年支必为寅、申、巳或亥，若再知此年属三元中之中元，则更可推知其纪年必为壬申、辛巳、庚寅、己亥、戊申或丁巳六者之一。

　　在月九宫图之下，则记有该月内各神杀的方位。由于此历下段残缺，故笔者在参考它历之后，试补全其文字如下：

---

　　①　钱宝琮：《太一考》，《燕京学报》专号第8本，1936年，第225—254页。
　　②　如《隋书》卷34《袁充传》中即称仁寿四年（604）当上元第一纪甲子，太一在一宫（第1611页），此处"一宫"即指该年九宫图的中宫为一白；参见严敦杰《跋敦煌唐乾符四年历书》一文。
　　③　［日］铃木敬信：《暦と迷信》，东京：恒星社，1935年，第84—98页。

　　天道西南行，宜向西南行，又宜修造西南【维。月德在甲，合德在己】，甲、己上取土及宜修造吉。月厌在酉，月煞在戌，月破【在酉，月刑在子，月空在庚】，庚土取土及宜修造吉。用乾、巽、坤，艮【时】吉。

其中如天道者，乃"天之元阳顺理之方也，其地宜兴，举众物向之，上吉"；月德所在，"取土修营宜向其方，宴乐、上官利用其日"；月空所理之日，"宜设筹谋、陈计策"；月煞者，"其日忌停宾客、兴穿掘、营种植、纳群畜"。本文中所提及各神杀的涵意及其运行的规则，均可详见《御定星历考原》及《钦定协纪辨方书》各章。①

　　历中每日之下均系有干支及五行，其中干支与五行间的相配，用的是"纳音五行法"②。在五行之下另记有建除十二神名（建、除、满、平、定、执、破、危、成、收、开、闭）③，各神的名称及其吉凶意义早在云梦秦简日书中即已出现。④传统历家均定正月节立春之后的第一个建日为寅日，除日为卯日，满日为辰日……依次类推，但每逢各月节则重复前一建除神名，因此在某月节之后、次月节之前的所有建日，其所系日支必同于该月月建的地支，如二月建卯，故在二月节之后、三月节之前的所有建日均应为卯日。

　　在建除十二神名之下，则视情形注有月相（如上弦、望、下弦）或节候（如鸿雁来、草木萌动、惊蛰二月节桃始华、鸧鹒鸣、鹰化为鸠）等资料。接下则注阴阳大、小会以及各日所出现的神杀名，末则接叙所

　　① 〔清〕李光地等奉敕编：《御定星历考原》，台北：台湾商务印书馆，重印《钦定文渊阁四库全书》第811册；〔清〕允禄、梅毂成、何国宗等奉敕撰：《钦定协纪辨方书》，收入《四库全书》同一册。

　　② 参见何丙郁《从理气数观点谈子平推命法》，香港：香港大学出版社，1988年，第23—30页。

　　③ 参见董作宾《汉简永光六年历谱考》（原作于1942年），收入《董作宾先生全集》甲编第1册，台北：艺文印书馆，1977年，第329—324页。

　　④ 饶宗颐、曾宪通：《云梦秦简日书研究》，香港：中文大学出版社，1982年，第4—11页。

对应的行事宜忌。此历中所记的岁位、岁对、岁后、岁前，即属阴阳大、小会所用的术语。选择家以天子宜用岁位之日，皇后、太子、诸侯宜用岁前之日，卿、大夫宜用岁对之日，士、庶宜用岁后之日。① 至于地囊、天恩、天赦、九坎、归忌、母仓等，则为神杀名。地囊者，其日忌破土、穿井、开渠、筑墙；天恩者，其日宜施恩赏、布政事、恤孤惸，兴宴乐；天赦者，其日可以缓刑狱、雪冤枉、施恩惠；九坎者，其日忌乘船、渡水、修堤防、筑垣墙、苫盖屋舍；归忌者，其日忌远行、归家、移徙、娶妇；母仓者，其日宜养育群畜、栽植种莳。

某些历注中记有"魁"或"罡"字，此两者均为月内凶神，魁指河魁，罡指天罡，选择家认为其所值之日，百事均宜避，而其系日的规则为："阳建之月，前三辰为天罡，后三辰为河魁，阴建之月则反是。"② 因子、寅、辰、午、申、戌月为阳建，丑、卯、巳、未、酉、亥月为阴建，而建日向前数三日（即所谓的"前三辰"）必为平日，往后数三日（即"后三辰"）必为收日，故阳建之月的天罡应在平日，河魁在收日；阴建之月的河魁应在平日，天罡在收日（此处各月均定义为该月节之后至下月节之前的期间）。

历日最下方则记逐日人神，人神所在与日序间的对应关系是固定不变的，如以一日在足大指，二日在外踝……③此历这部分残缺颇为严重。传统医家以人神所在不宜针灸，许多敦煌本历日（如斯95v、伯2705、伯3403、伯3900v等历）即在历首或历尾书明此一禁忌。有的历日在逐日人神之下，更记有日游神所在，选择家以日游神于己酉日出游，凡四十四日始回房内，亦即日游神从己酉日至壬辰日均在外，从癸巳日至戊申日则在内，并称"日游在内，产妇不宜屋内安产帐及扫舍皆凶"④。有的历日在人神之上亦标明有昼长及夜长的时刻。

---

① 如伯2765卷首的序文中有"岁位，王用吉；岁前，公侯用吉……"句。
② 《钦定协纪辨方书》卷4，第17—20页。
③ 《御定星历考原》卷5，第15—16页。
④ 如见伯2705及伯3403历尾的题记。

又，在纪日之上，每隔六日亦见注有蜜（或密）字，此乃受异域所传入七曜星术的影响，选择家有"蜜日不吊死、问病"之说。[1] 判别蜜日（即相当今所称的星期日）的方法相当简单，只要将所欲推算之日的儒略周日（Julian Day）加一除以七[2]，若能整除即为蜜日。但由于敦煌历日的日序常与中原历有一、二日之差，故在求儒略周日时，应以较具绝对标准的日下干支为准，如在《雍熙三年丙戌岁具注历日》（伯3403）中，记六月三日己亥为蜜日，若欲核对此日是否确为蜜日，则可从董作宾《中国年历简谱》（简称《简谱》），之类的工具书查得该年六月己亥日（宋历为是月二日）的儒略周日（＝2081386），并看其是否符合前述的检定公式。

四、 残历年代的考定

敦煌石室中所出具年号的写本，最迟无晚过北宋真宗咸平五年（1002）者，并可上溯约六个世纪之久。今学者多以此室应是宋仁宗景祐二年（1035）西夏攻沙州时，为避战乱而封闭的。[3] 故我们或可将敦煌历日的编纂下限暂订在公元1035年。

至于各历可能的年代上限，则需由其中的术语用辞或文字避讳尝试推敲。唐历（如见乾符四年历日）中尝因避高祖祖父的名讳李虎，而将十一月节次候"虎始交"改成"武始交"[4]，敦煌当地历家于逐蕃之后所自行编

① 叶德禄：《七曜历入中国考》，《辅仁学志》第11卷第1～2期，1942年，第1—21页；庄申：《蜜日考》，《"中央研究院"史语所集刊》第31本，1960年，第271—301页；方豪：《残存于台湾香港现行历书中之摩尼教痕迹》，收入《"中央研究院"国际汉学会议论文集》中册"历史考古组"，台北："中央研究院"，1981年，第907—923页。

② 儒略周日为历学中一种连续不间断的纪日长尺，每7980年一周，起算点为公元前4713年1月1日。

③ 苏莹辉：《敦煌学概要》，台北：五南图书出版公司，1988年，第18—21页。

④ 〔清〕周广业：《经史避名汇考》，台北：明文书局，1981年影印光绪末抄本，第214—220页。

制的历日中，即沿用此名（如见伯3492v及伯4996等历）。唐亡之后，各敦煌本历日或因其字面意义不易理解而多已改复原名（如见斯95v、伯3403、伯2705等历），仅后唐同光四年历（散0673）中仍称"武始交"①。

又，同属七十二候的"雉入水为蜃"及"雉始雊"，在唐玄宗（712—756）删定《月令》时，亦为避高宗的小字雉奴，而改"雉"为"野鸡"②。此一用法即使在唐亡之后亦为各敦煌本历日沿用（参见伯3492v、伯4983、伯4996、斯95v、伯3403、伯2705等历），仅同光四年历（散0673）中称"野雉始雊"，但同历它处亦见"野鸡入大水为蜃"之名。七十二候中的"鹡旦不鸣"亦尝因避唐睿宗李旦（710—712）之名而改成"鹡鸟不鸣"③，此一节候名屡见于唐末、五代以迄宋初的敦煌本历日（如见伯4996、斯95v、伯3403、伯2705等历），仅同光四年历（散0673）中作"鹎始不鸣"。宋代则为避圣祖之名玄朗而改"玄鸟"为"乙鸟"④，但在北宋初敦煌所编的各历日（如斯1473、伯3403、伯3507等历）中，并未见有将二月中初候"玄鸟至"或八月节次候"玄鸟归"改避者。

至于唐高宗名讳中"治"字，屡出现于历注中（如称"治病吉"），但敦煌本历日中尚未发现有避此字者。宪宗元和元年（806），因高宗的神主已上迁，故尝依"已迁之庙则不讳"之礼，规定"治"字自此可不避⑤，然而此制并未被严格遵行，因通常臣民对避讳多持"不嫌讳，用，亦无罪"的态度⑥，如前述的乾符四年唐历即仍避"治"字。

---

① 后唐因自认接续李唐正统，故复行唐时之律令格式，不知是否因此袭用了部分唐讳？

② 〔清〕周广业：《经史避名汇考》，第238页。

③ 〔清〕周广业：《经史避名汇考》，第244页。

④ 如见《宝祐四年丙辰岁会天万年具注历》。

⑤ 制礼仪使奏曰："谨按《礼记》云：舍故而讳新。此谓已迁之庙则不讳也。今顺宗神主升附体毕，高宗、中宗神主上迁，则忌日并不合行香，仍依礼不讳"，制曰："可"；〔宋〕王钦若、杨亿等奉敕辑：《册府元龟》卷591《掌礼部奏议十九》，台北：台湾中华书局，1967年，第10页。

⑥ 〔清〕周广业：《经史避名汇考》，第233页。

　　讳"丙"为"景"之制，乃初唐时为避高祖之父李昞名而立下的，在唐人所撰的前朝正史中，即屡可见将天干中的"丙"字改作"景"字者①，吐鲁番阿斯塔那墓地出土的显庆三年（658）和仪凤四年（679）两唐历中亦均避"丙"为"景"②，但即使在唐初，此字亦出现有避、有不避的情形，经统计《唐代墓志铭汇编附考》第一、二册所涉及的贞观年间纪日后，发现有十八则讳"丙"为"景"，但另外有八则仍书"丙"字。③唐末的墓志铭上亦屡可见未避"丙"字之例。

　　由前述的讨论，知敦煌历家对中原的讳法并不太讲求④，且唐代避讳的法令本来就相当宽弛⑤，故若欲借某字讳避与否，以推定敦煌本残历的年限，或需十分谨慎。如发现历中避唐讳时，并无法保证其必为唐代所作，我们只可回溯该讳法的起始，并从而定出该历的年代上限，又，若历中未避某帝的名讳时，我们亦不能借此推定出其年代下限。

　　笔者在此节中将首先以罗振玉原藏散 0674 为例，详述各种辨定年代的方法，并试图建立起一推理较为严密的流程。次以类似论据新考求四种残历的年代。再整理并分析各已知年代的敦煌历日的内容，希望能透过不同时代历日的编制特征及其所用铺注规则的异同，试为其它资料较不充份的残历定年。

---

　　①　〔清〕周广业：《经史避名汇考》，第 220—223 页。

　　②　邓文宽：《跋吐鲁番文书中的两件唐历》，《文物》1986 年第 12 期，第 58—62 页。

　　③　毛汉光编：《唐代墓志铭汇编附考》第 1—2 册，台北："中央研究院"历史语言研究所，1984—1985 年。

　　④　如梁太祖开平元年（907）从司天监奏请，为避朱全忠曾祖茂琳讳，而改日辰中之"戊"字为"武"，当时且因其父名诚而兼讳"成"字，但在现存敦煌本梁末帝贞明八年（922）历日中，并未见避"戊"或"成"两字，反之，伯 3239 及斯 1563 中则见有将"戊"字以缺笔方式敬避之例；周广业：《经史避名汇考》，第 262—264 页。

　　⑤　除前述各例之外，再如唐文宗开成元年（836），前婺王府参军宋昂遭人讦奏，即因其与文宗同名而十年不改所致，又，咸通十二年（871），侍御史李谿亦以奏状内讼字与顺宗庙讳音同而遭罚俸，谿抗疏力争，竟获免；陈垣：《史讳举例》，台北：文史哲出版社，1979 年重印 1928 年本，第 146 页。

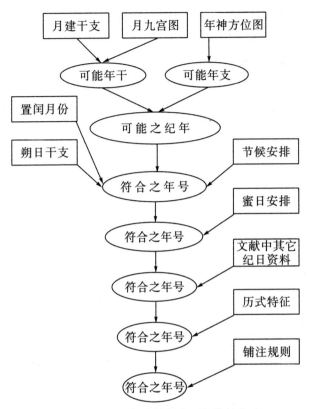

长方框内乃记各种判断残历年代的方法

图四　推断残历年代之流程图

（一）散 0674 号，后晋高祖天福四年（939）历日

罗振玉曾将此历重排刷印，并作题记曰：

右残历存三十行，首尾均佚，起正月二十七日，迄二月二十三日，以正月大建，晦日值壬申、二月朔值癸酉考之，殆后晋高祖天福四年历也。每七日注密字，与《七曜历》及《后唐天成丙戌历》同，而每日下注岁位、岁对、岁前、小岁等，则《天成历》所未有也。月下记九宫方位，则与今历同，亦《天成历》之所未有也。九宫方位及每七日注密字，

皆朱书，丙字皆避唐讳作景……又唐天宝十二载及会昌六年亦正月癸卯朔、二月癸酉朔，此姑定为后晋者，以书迹与后唐与宋淳化比例而知之，且欧洲所藏残历皆五季、北宋物，未见唐代历也。①

但罗氏并未曾考虑敦煌历的晦朔及月尽不同于中土的事实，且不知月建为考定残历年代的重要依据。② 又，罗氏所提"欧洲所藏残历，皆五季、北宋物，未见唐代历"的论据亦无充分理由，事实上，本文最后的研究结果显示，现存的敦煌本具注历日中，即至少有二十件成于唐亡之前。

由于此历中所有的"丙"字皆改书成"景"，故知其编制必在唐朝立国（618）之后。又，此历在二月十日条下，记有"惊蛰，二月节，桃始华"字样，从此一用辞更可推知其成书应在开元（713—741）之后，因唐初行用傅仁均所造的《戊寅历》，当时据古法乃以一月中为启蛰、二月节为雨水，高宗麟德二年（665），虽改行李淳风的《麟德历》，仍遵循之，直到僧一行等于开元间作《大衍历》时，始复依东汉《四分历》以雨水为正月中、惊蛰为二月节，并沿用迄今。③

此历记二月小，癸酉朔。因历中以二月建丁卯，可推知其年干应为甲或己（表二），又因历中记二月为一白水月，知其年支应为寅、申、巳或亥（表三）。由于河陇各州是广德二年（764）以后始次第陷蕃的，故在此之前敦煌一带应行用唐历，但经查《简谱》在公元713—763年间的

① 参见罗振玉《敦煌石室碎金》，收入《罗雪堂先生全集》三编第 6 册，第 2367—2368 页。内中"正月大建""小岁"等语均误读，其中"大建"原非一辞，断句应在两字中间，分别表示该月的大小及月建，如称"正月大、建癸卯"，又，"小岁"亦非一术语，应为"小岁后"之误。

② 如其所提天宝十二载及会昌六年两年之月建，均与残历不合，此两年之二月，分别建辛卯及乙卯，但残历中所记二月的月建则为丁卯。

③ 清以前的历法中，仅《三统》《戊寅》及《麟德》三历以二月节为雨水，据宋代学者王应麟所称，改启为惊，盖避汉景帝的名讳。参见《旧唐书》卷 32—34《历志》，〔清〕雷学淇《古经天象考》卷 6，扬州：江苏广陵古籍刻印社，1989 年影印道光间刊本，第 14—21 页；戴震研究会等编《戴震全集》第一册，北京：清华大学出版社，1991 年，第 292—293 页。

各唐历，并未见满足年干为甲或己，年支为寅、申、巳或亥，且二月为癸酉朔者。至于公元 764—1035 年间的各中原历中，满足相同年干及年支要求，且二月（或前后各一月）的朔日干支在癸酉前后两日之内者有四：

1. 唐德宗贞元五年（789）己巳，正月大，二月小、甲戌朔。
2. 后晋高祖天福四年（939）己亥，正月大，二月大、癸酉朔。
3. 后晋出帝开运元年（944）己亥，正月大，甲戌朔，二月小。
4. 后周世宗显德元年（954）甲寅，正月大，二月小，三月小、乙亥朔。

此处笔者已考虑入因置闰先后所造成朔日于支差约一整月的可能性。

由于中原历与敦煌历的置闰月份在归义军后期相差均不逾一月，而中原历并未曾闰开运元年的正月或闰前一年的十二月①，且显德元年亦不曾闰三月，故此两年应均可自候选名单中剔除。

再者，此历自二月壬午日起，每隔六天即上注"蜜"字，亦颇助于筛选。经推算后发觉在贞元五年及天福四年两年当中，仅后者的蜜日安排相合。

此外，各节候所系的日期，亦可在筛选时提供另一独立的辨别依据。由于冬至为一年中白昼最短之日，亦为正午时圭表日影最长之日，易于以测候验证，故古人取为二十四气之首。冬至的日期，若以现行格勒哥里历（Gregorian Calendar；简称格历）表之，均不出每年的 12 月 21 日或 22 日。至于其它节气或中气的日期，历代有两种方法推算：一曰平气法，此法将一回归年（即太阳在天球上连续两次通过春分点所需的时间间隔，约为 365.24 日）均分成二十四等分，从冬至开始等间隔地依次相间安排各个节气及中气；一曰定气法，此法将周天度数等分成二十四份，太阳移至某一分点时，即定为某一节气的日期，由于太阳的视运动迟速

---

① 因此残历中仅记二月之名，故前一月残存的二十七日至三十日等条有可能属正月或闰正月。

不均，因此各节气间相隔的日数亦不等。清朝以前，中国古代各历均是使用平气法。

表五列出在平气法之下二十四气与格历的日期对照表。其中第二栏给出各气之始（亦即初候）所对应的格历日期，至于每气的次候及末候，其日期则与初候依次相隔约 5.07（＝365.24/72）日。第三至第五栏则列出敦煌历日中所用七十二候的名称（用辞可能稍有出入），如蛰虫始振为正月节（立春）次候，故应在初候之后约五日，亦即其所对应的格历日期应为 2 月 9 日或 10 日。经比对已知年号的各敦煌本历日后，可发现各历中所载节气的日期，均与表五中所推相差不逾一、二日。①

由于此一残历中记二月壬午日为惊蛰，查贞元五年及天福四年是日分别相当于儒略历的 3 月 10 日及 3 月 3 日，经换算后知其对应于格历的 3 月 14 日及 3 月 8 日（见表六）。而在平气法之下，惊蛰应发生于格历的 3 月 7 日或 8 日，故此历的年代应以天福四年最为可能，贞元五年的差距过大。

表五　在平气法之下，二十四气与格历的日期对照表

节　气	格历日期	初候名	次候名	末候名
正月节立春	2/4～5	东风解冻	蛰虫始振	鱼水冰
正月中雨水	2/19～20	獭祭鱼	鸿雁来	草木萌动
二月节惊蛰	3/7～8	桃始花	鸧鹒鸣	鹰化为鸠
二月中春分	3/22～23	玄鸟至	雷乃发声	始电
三月节清明	4/6～7	桐始花	田鼠化为鴽	虹始见
三月中谷雨	4/21～22	萍始生	鸣鸠拂羽	戴胜降桑
四月节立夏	5/6～7	蝼蝈鸣	蚯蚓出	王瓜生
四月中小满	5/22～23	苦菜秀	靡草死	小暑至
五月节芒种	6/6～7	螳螂生	鵙始鸣	反舌无声
五月中夏至	6/21～22	鹿角解	蜩始鸣	半夏生

① 敦煌历日均使用平气法，但上田穰在其《具注历断简》一文中，乃以定气法做为判断敦煌残历年代的依据，两法所推得的的节气日期有可能相差一两日。

续表

节　气	格历日期	初候名	次候名	末候名
六月节小暑	7/6~7	温风至	蟋蟀居壁	鹰乃学习
六月中大暑	7/22~23	腐草为萤	土润溽暑	大雨时行
七月节立秋	8/6~7	凉风至	白露降	寒蝉鸣
七月中处暑	8/21~22	鹰祭鸟	天地始肃	禾乃登
八月节白露	9/5~6	鸿雁来	玄鸟归	群鸟养羞
八月中秋分	9/20~21	雷乃收声	蛰虫坯户	水始涸
九月节寒露	10/6~7	鸿雁来宾	雀入大水为蛤	菊有黄花
九月中霜降	10/21~22	豺乃祭兽	草木黄落	蛰虫咸俯
十月节立冬	11/5~6	水始冰	地始冻	野鸡入水为蜃
十月中小雪	11/20~21	虹藏不见	天气上腾地气下降	闭塞如成冬
十一月节大雪	12/6~7	鹖鸟不鸣	虎始交	荔挺出
十一月中冬至	12/21~22	蚯蚓结	麋角解	水泉动
十二月节小寒	1/5~6	雁北向	鹊始巢	野鸡始雊
十二月中大寒	1/20~21	鸡始乳	鸷鸟厉疾	水泽腹坚

表六　儒略历与格历换算表

儒略历	修正值	儒略历	修正值
2/29/100~2/28/200	−1	2/29/1000~2/28/1100	+6
2/29/200~2/28/300	0	2/29/1100~2/28/1300	+7
2/29/300~2/28/500	+1	2/29/1300~2/28/1400	+8
2/29/500~2/28/600	+2	2/29/1400~2/28/1500	+9
2/29/600~2/28/700	+3	2/29/1500~2/28/1700	+10
2/29/700~2/28/900	+4	2/29/1700~2/28/1800	+11
2/29/900~2/28/1000	+5′	2/29/1800~2/28/1900	+12

　　格历的日期即等于儒略历之日期加上修正值，如儒略历公元 945 年 4 月 20 日之修正值为 +5 日，故此日即相当于格历同年之 4 月 25 日。

　　综合以上论据，笔者以为此一残历应可确认为后晋高祖天福四年历日。由于敦煌僻处边陲，在无法获得中土之历的情形下，亦易于理解两历的晦朔稍差一事。

但后晋天福四年距唐亡已逾三十年，为何抄写此历之人尚避唐讳？又，笔者所见的约四十本敦煌历日中，为何竟仅此一历避"丙"字？下文则将就此试作一较深入的探究。

由前述有关避讳的讨论，可知此历中改"丙"为"景"的敬避方式，应并不属唐末以来所严守的讳法。在深入探讨此历避"丙"字的动机之前，让我们先对当时的时代背景做一概略的了解。唐末，藩镇雄据，梁王朱全忠于哀帝天祐四年（907）篡唐，国号大梁，史称后梁，二传至末帝，龙德三年（923）为李存勖所灭。李氏以国号为大唐，史称后唐，是为庄宗，三传至废帝时，亡于石敬瑭之手。契丹立石氏为大晋皇帝，建元天福，是为后晋高祖。敬瑭因帝位得自契丹之助，故事契丹甚谨，除割燕云十六州外，并允岁输帛三十万匹，天福三年（938）七月，甚且奉表称臣，尊契丹主为"父皇帝"，但契丹主上其称臣，令称"儿皇帝"。

由于此历编纂的时间，恰在自认承继李唐正统的后唐新灭且石敬瑭又臣事契丹之际，故笔者怀疑此本抄写之人很可能因耻于石氏的行径，而刻意以避"丙"字的方式，明白宣洩其心中的不满以及悬念故国（唐及后唐）之情。[1] 但此举或仅属抄写者的个人行为，因沙州在五代时多与中原各政权保持友好关系，如天福四年十月，石敬瑭所遣赴于阗册封的使臣张匡邺等途经沙州时，曹议金子元深即曾郊迎，并问使者天子起居，稍早去世的议金亦受追赠为太师。[2]

清代周榘在其《廿二史讳略》中，以后晋时尝因靖祖孝安皇帝讳璟

---

[1] 身为前清遗老的罗振玉，在为此历题序时，似乎有意无意间将其政治观点与学术研究互相混淆，罗氏在以错误的论据傲倖断出此为天福四年历日后，即称"五季人纪沦亡，而犹谨于胜朝之讳"，更慨然叹曰："此风尚近古，视今之食茅践土数百年，而于故国视如秦越或且如仇雠者为远胜矣！"方豪尝评罗氏此说为"借题发挥"；见方豪《残存于台湾香港现行历书中之摩尼敦痕迹》一文。

[2] 谭蝉雪：《曹元德、曹元深卒年考》，《敦煌研究》1988年第1期，第52—57页。

而兼避"景"字①，但天福七年时曾为避"敬"字（石敬瑭名中第一字）之嫌，而改复州竟陵为景陵，且，高祖时为贝州行军司马的唐景思，亦不曾因敬避而改名，显见至少在编纂此历之时，并不曾有须避"景"字之制②，亦即此本抄写者使用"景"字的动机应非具有另一层不耻石晋的涵意。

邓文宽认为此历中以"丙"作"景"，乃因"后唐以唐为正宗……敦煌不知中原改年号，仍奉后唐正朔"所致③，然而若此说为是，则颇难解释为何同光二年（斯2404）、同光四年（伯3247及散0673）以及长兴四年（斯276）等后唐时所编的敦煌本历日均未避"丙"字。况且，斯1931中有"天福三年四月二十三莲台寺僧……"句，因知天福四年历日编定之时（通常在前一年的十月左右），敦煌之人应知中原已改朝换代，并因此使用了后晋高祖的年号。

（二）斯3824v号，唐宪宗元和十四年（819）历日

此历存六月一日（丁未日）至九日以及前一月的十八日至三十日。因历中记六月建辛未，知其年干应为甲或己。由于铺注的部分仅存头一日下所记的"天赦、岁"残句，故我们无法从其用语推判出此历的年代上限。但因现存的敦煌本具注历日中，未见有早过第八世纪末之物（详见后），故我们或可相当保险地假定此为唐建国（618）以后之历。本节稍后所论的各历，若有相似情形，亦均姑且以此为其年代上限。

因历中记"（六月）……三日己酉，土、平；四日庚戌，金、执（按：应为定）；五日辛亥，金、执；六日壬子，木、执；七日癸丑，木、破……"，故由建除十二神配日时逢各月节即重复的规矩，知是年六月壬子日为六月节。

仿前例的讨论，经查《简谱》公元618—1035年间，与残历的月朔

---

① 〔清〕周榘：《廿二史讳略》，第20页；该书收入清葛元煦辑《啸园丛书》第5册，台北"中央研究院"历史语言研究所藏，光绪九年序刊本。
② 参见周广业《经史避名汇考》，第271页。
③ 邓文宽：《跋吐鲁番文书中的两件唐历》。

干支及节候系日误差在合理范围内的中原历有二：

1. 唐宪宗元和十四年（819）己亥岁，五月小、戊寅朔，六月大、
   丁未朔。
2. 北宋太宗太平兴国四年（979）己卯岁，五月小、己卯朔，六月
   大、戊申朔。

藤枝晃因此历空白处的习字中有"乾夫三年"字样，故定此为乾符三年（876）残历，但乾符三年六月建乙未，显然不合。事实上，我们仅可据此推测此历应成于乾符三年之前，因此元和十四年似为唯一的可能。

施萍亭以及席泽宗与邓文宽二文均未曾善用节候系日的资料，施氏因此误定此为开宝二年（969）历日，席、邓二氏虽同以此历为元和十四年历日（未附详细推论过程），但在文末则称"原历提供条件太少，所定年代可信度较小，暂作如此断定，有待进一步研究"。

（三）伯 2832 号，唐昭宗大顺二年（891）历日

此历未见先前学者论及，存四月二十六日丙午至二十九日己酉以及五月一日庚戌至二十一日庚午。因历中记五月建甲午且为七赤金月，故知其年干应为丙或辛，其年支应为寅、申、巳或亥。经查《简谱》公元618～1035 年间，与残历的月朔干支及节候系日（五月丁巳日为夏至）误差在合理范围内的中原历，仅唐昭宗大顺二年（891）辛亥岁，是年唐历为四月小，庚辰朔，五月大、己酉朔。又，历中在五月壬子日上注为蜜日，经推算后发现大顺二年是日确为蜜日。

（四）伯 4983 号，唐昭宗大顺三年（829）历日

此历存十一月二十九日庚午以及十二月一日辛未至三十日庚子。[①]因历中记十二月建癸丑，知该年的年干应为丁或壬。此历避"雉"字，经查《简谱》公元 712—1035 年间，与残历的月朔干支及节候系日（十

---

① 严敦杰在《跋敦煌唐乾符四年历书》一文中，称伯 4983 存四月十七日至三十日及五月一日至二十一日，此与笔者在《敦煌宝藏》中所见大不相同，不知严氏所据为何？

二月庚辰日为小寒）误差在合理范围内的中原历，仅唐昭宗景福元年
（892）壬子岁，是年唐历为十一月大、辛丑朔，十二月大、辛未朔。

伯希和所藏"观音像幡"铭文上有"唐大顺参年，岁次壬子，十二
月甲申朔"字样，大顺三年即相当于景福元年，因当年十二月无甲申日，
故藤枝晃认为此乃壬申之误写，若然，则与残历中所称的十二月辛未朔
差一日。此一差异或与当时的政治环境攸关，因此历编纂之时，张淮深
方以乱卒，在当时政权纷崩离析之际，治权或未能一统，以致有可能出
现各历书间晦朔不一的特殊情形。

（五）伯2973号，唐昭宗光化三年（900）历日

此历未见先前学者论及，存四月二十二日庚辰至二十九日丁亥。五
月一日戊子至三十日丁巳以及六月一日戊午至十八日乙亥，其中五月
大、建壬午，六月小、建癸未。由月建可知其年干应为乙或庚。经查
《简谱》公元618—1035年间，与残历的月朔干支及节候系日（五月甲
辰日为夏至）误差在合理范围内的中原历，仅唐昭宗光化三年（900）
庚申岁，是年唐历为四月小、戊午朔，五月大，丁亥朔，六月小、丁
巳朔。

表七中整理出年代已知的各敦煌本具注历日的内容特征（如年神方
位图、月九宫图、月建、蜜日、魁罡、阴阳大小会等），除原具年号的
历日之外，其余各历的年代均为先前学者（参见绪言中之讨论）或本文
所推定出的，其中仅第2及第25件的内容笔者尚未得见。下文希望能
利用这些特征，以协助辨定先前因资料欠缺而无法断出年代的部分残
历。为方便将来的查考起见，稍后定出年代的几件残历，亦一并胪列于
此表中。

表七　敦煌本具注历日之内容特征

中历	西历	年神方位图	月九宫图	干支纪月	蜜日	阴阳魁罡	大小会	编号
吐蕃期：								
1 唐德宗贞元十四年	798	—	—	—	—	—	—	散0230
2 唐宪宗元和三年	808	—	—	有	—	—	—	S. Tib. 109
3 唐宪宗元和十四年	819	—	无	有	—	—	—	斯3824v
4 唐穆宗长庆元年	821	—	无	无	—	无	有	伯2583
5 唐文宗太和三年	829	无	无	无	—	无	有	伯2797v
6 唐文宗太和八年	834	无	无	无	有	无	有	伯2765
归义军前期：								
7 唐宣宗大中九年	855	—	无	无	—	无	有	伯3900v
8 唐宣宗大中十二年	858	—	无	有	有	无	有	斯1439v
9 唐懿宗咸通五年	864	—	无	有	有	无	有	伯3284v
10 唐僖宗中和四年	884	—	—	—	—	—	—	伯3434v
11 唐僖宗文德元年	888	—	无	有	—	有	无	伯3492v
12 唐昭宗大顺元年	890	—	—	有	—	有	无	散0675
13 唐昭宗大顺二年	891	—	有	有	有	有	无	伯2832
14 唐昭宗〔大顺三年〕	892	—	无	有	—	有	无	伯4983
15 唐昭宗景福二年	893	—	无	有	有	有	无	伯4996 伯3476
16 唐昭宗乾宁元年	894	—	—	—	—	—	无	伯5024
17 唐昭宗乾宁二年	895	—	无	有	有	有	无	伯5584
18 唐昭宗乾宁四年	897	—	无	有	—	有	无	伯3248v 散1721
19 唐昭宗光化三年	900	—	无	有	—	有	无	伯2973
20 唐哀帝天祐二年	905	—	无	有	—	有	无	伯2506v

续表

中历	西历	年神 方位图	月九 宫图	干支 纪月	蜜日	魁罡	阴阳 大小会	编号
归义军后期:								
★21 后梁〔贞明八年〕	922	有	无	有	—	有	无	伯 3555
22 后唐庄宗同光元年	923	—	无	有	—	有	无	伯 3555-B13
23 后唐庄宗同光二年	924	有	有	有	—	—	无	斯 2404
★24 后唐〔同光四年〕	926	无	无	有	有	有	无	伯 3247
								散 0673
★25 后唐明宗天成三年	928	—	—	—	—	—	—	藏敦煌邓氏
26 后唐明宗长兴四年	933	—	有	有	—	有	无	斯 276
27 后晋高祖天福四年	939	—	有	有	有	有	有	斯 0674
28 后晋高祖天福九年	944	—	有	有	有	有	有	伯 2591
								散 0247
★29 后晋〔天福十年〕	945	有	有	有	有	有	有	斯 681v
								斯 560
★30 后周世宗显德三年	956	有	无	有	有	有	有	斯 95v
★31 后周世宗显德六年	959	有	有	有	—	—	有	伯 2623
★32 宋太祖乾德三年	965	—	—	—	—	—	—	斯 5494
★33 宋太宗太平兴国三年	978	有	—	—	—	—	—	斯 612
★34 宋太宗太平兴国六年	981	无	无	有	—	有	有	斯 6886v
★35 宋太宗太平兴国七年	982	有	有	有	—	有	有	斯 1473
★36 宋太宗雍熙三年	986	有	—	有	有	有	有	伯 3403
★37 宋太宗端拱二年	989	—	有	有	有	有	有	伯 2705
								斯 3985
★38 宋太宗淳化四年	993	无	有	无	有	无	无	伯 3507

前注"★"记号者,表示残历原具年号,若其年号非中朝所实际行用,则以中括号表之。表中注"—"记号者,表示资料残缺或辨识不易,或笔者根本未见该历。

（六）伯3900v号，唐宣宗大中九年（855）历日

我们将以此历详细说明如何为一资料严重欠缺的历日定年。伯3900v号残历现仅存四月十一日至六月六日，其中记四月小、戊申朔，闰四月小、丁丑朔，五月大、丙午朔，六月小，丙子朔。《敦煌宝藏》中所提供此卷之影本，聚焦模糊，反面文字亦透过纸背，经笔者赴法国巴黎国家图书馆（Bibliotheque Nationale，Paris）调阅原卷后，确定此本中无月九宫图，不记月建，亦未见注蜜日。经查《简谱》公元618—1035年间，与残历的月朔干支及节候系日（六月丙子日为大暑）误差在合理范围内的中原历有七：

1. 唐宪宗元和四年（809）己丑岁，三月大、丁丑朔，闰三月小、丁未朔，四月大、丙子朔，五月小、丙午朔，六月大、乙亥朔。

2. 唐宣宗大中九年（855）乙亥岁，四月大、乙酉朔，闰四月小、己卯朔，五月大、戊申朔，六月大、戊寅朔。

3. 唐懿宗咸通七年（866）丙戌岁，三月小、丁丑朔，闰三月小、丙午朔，四月小、乙亥朔，五月大、甲辰朔，六月小、甲戌朔。

4. 后梁太祖乾化二年（912）壬申岁，四月大、己酉朔，五月小、己卯朔，闰五月小、戊申朔，六月小、丁丑朔。

5. 后唐庄宗同光元年（923）癸未岁，四月大、乙巳朔，闰四月小、乙亥朔，五月大，甲辰朔，六月小、甲戌朔。

6. 宋太祖开宝二年（969）己巳岁，四月小、戊申朔，五月大、丁丑朔，闰五月小、丁未朔，六月大、丙子朔。

7. 宋仁宗天圣四年（1026）丙寅岁，四月小、丁未朔，五月大，丙子朔，闰五月小、丙午朔，六月小、乙亥朔。

下文将试析研究"天道"运行规则随时代的演变，以帮助筛选。表八胪列出各敦煌本历日中所记各月天道运行的方位，我们可清楚发现公元922年以前各历，均以东、西、南、北四方表之。至于公元982年以后的历日，其上所载天道运行方位则均与乾符四年唐历、宝祐四年（1256）宋历或现存明清各历相合，亦即以正月及九月天道南行，四月及十二月

西行，三月及七月北行，六月及十月东行，二月西南行，五月西北行，八月东北行，十一月东南行。而介于公元 926 年至 956 年之间的敦煌本历日，虽亦出现东南、西南及西北等方位，却与前述的定义屡有出入，且同一月份天道的所在亦未能保持一致。经查这段期间的历日均为翟奉达一人所作①，翟氏或有意将先前敦煌历家所用的简单的天道运行方位改复依中原历，但他显然未能确实掌握此中规则。

表八　敦煌本具注历日中所载各月天道运行之方位

中历	西历	正	二	三	四	五	六	七	八	九	十	十一	十二
吐蕃期：													
4 唐穆宗长庆元年	821	—	—	北	西	—	—	—	—	—	—	—	—
5 唐文宗太和三年	829	—	—	—	—	—	—	—	—	—	—	—	西
6 唐文宗太和八年	834	南	—	北	西	—	—	—	—	—	—	—	—
归义军前期：													
7 唐宣宗大中九年	855	—	—	西	北	东	—	—	—	—	—	—	—
8 唐宣宗大中十二年	858	南	西	—	西	北	—	—	—	—	—	—	—
9 唐懿宗咸通五年	864	南	西	北	西	北	—	—	—	—	—	—	—
11 唐僖宗文德元年	888	—	—	—	—	—	—	—	—	—	南	—	—
12 唐昭宗大顺元年	890	南	西	—	—	—	—	—	—	—	—	—	—
13 唐昭宗大顺二年	891	—	—	—	—	北	—	—	—	—	—	—	—
14 唐昭宗〔大顺三年〕	892	—	—	—	—	—	—	—	—	—	—	—	西
15 唐昭宗景福二年	893	—	—	—	北	东	北	东	南	东	南	西	—
17 唐昭宗乾宁二年	895	—	—	—	北	—	北	东	南	东	—	—	—
18 唐昭宗乾宁四年	897	—	西	北	西	北	东	北	东	—	—	—	—

---

　　① 翟奉达之生平事迹，参见藤枝晃《敦煌历日谱》一文及苏莹辉《敦煌翟奉达其人其事》，收入氏著《瓜沙史事丛考》，台北：台湾商务印书馆，1983 年，第 70—87 页。

续表

中历	西历	正	二	三	四	五	六	七	八	九	十	十一	十二
19 唐昭宗光化二年	900	—	—	—	—	北	东	—	—	—	—	—	—
归义军后期：													
21 后梁〔贞明八年〕	922	南	—	北	—	北	—	—	—	—	—	—	—
23 后唐庄宗同光二年	924	南	—	—	—	—	—	—	—	—	—	—	—
24 后唐〔同光四年〕	926	南	西南	北	西	西	东	北	东	南	东	东南	南
26 后唐明宗长兴四年	933	—	—	—	西	西北	东	北	—	—	—	—	—
27 后晋高祖天福四年	939	—	西南	—	—	—	—	—	—	—	—	—	—
28 后晋高祖天福九年	944	—	—	—	—	西北	东	—	—	—	—	—	—
29 后晋〔天福十年〕	945	—	—	—	—	—	—	—	—	—	—	—	—
30 后周世宗显德三年	956	南	西南	北	西	西北	东	北	东	南	东	南	西
31 后周世宗显德六年	959	南	—	—	—	—	—	—	—	—	—	—	—
35 宋太宗太平兴国七年	982	南	西南	北	西	西北	—	—	—	—	—	—	—
36 宋太宗雍熙三年	986	南	西南	北	西	西北	东	北	东北	南	东	东南	西
37 宋太宗端拱二年	989	—	—	—	—	—	—	—	—	—	—	东南	西

注"—"记号者，表示资料残缺或不易辨识。各历前之编号与表七同，表七中其它历日，则未见有关于天道的记载。

今之学者有将翟奉达誉为敦煌一代历学大家者①，但翟氏在初掌历事之时，对中国传统的历学知识似并不十分熟稔，如在其所作的同光二年历（斯2404）中，即将正月记作四绿土月，事实上，正月的月九宫图根本不可能出现以四绿为中宫的情形。又，我国自汉《太初历》起，均

① 如见姜亮夫《敦煌学概论》，北京：中华书局，1985年，第78页。

习惯以无中气之月为上月的闰月①，但翟氏在同光四年历（伯 3247）中②，却未遵循此一置闰传统，如该历正月仅见立春（正月节气）而无雨水（正月中气），但翟氏却未曾以之为闰月。

由于此一残历中记五月天道北行，而非中原历所常称的西北行，故由前述的讨论知其成书应不晚过公元 926 年，亦即前述各年中仅元和四年、大中九年、咸通七年、乾化二年以及同光元年较有可能。

又，若此历为后唐庄宗同光元年历日，则与伯 3630 中"大梁贞明九年岁次癸未五月乙巳朔"的纪日叙述不合，因贞明的年号只六年，贞明九年即相当于同光元年，而此历五月为丙午朔与伯 3630 中所用相差一日，因此同光元年应亦可自候选名单中剔除。

另外，在现存介于公元 888 及 933 年间的十五件历日中，除天成三年（928）历笔者未见之外，余均未记阴阳大、小会的资料（表七）。反之，公元 864 年以前的敦煌本具注历日中，则尚未见有未记者，且几乎每日下均注阴阳大、小会，此应为因袭未陷蕃之前唐历的传统。③ 至于公元 939 年以后的历日，则复在各日下普遍加注阴阳大、小会，唯有在斯 95v（公元 956 年历日）及斯 6886v（公元 981 年历日）两本中，此等内容为断续出现，此或因二历均采上、下两栏并书，以致无足够空间兼记之故。由于此历在各日下多注阴阳大、小会，故据此一编历的习惯与特征筛选，仅余元和四年、大中九年以及咸通七年较有可能。④

又，从表七中，我们亦可发现干支纪月的记述初见于公元 808 年及

---

① 陈遵妫：《中国天文学史》第三册，第 1383—1386 页。

② 有关同光四年历日的讨论，参见中村清二《敦煌古曆に就て》及《再び敦煌古曆に就て》，《学镫》第 53 卷，1956 年，第 1 号第 6—8 页及第 3 号第 7 页；董作宾《大唐同光四年具注历合璧》（原作于 1960 年），收入《董作宾先生全集》甲编第 1 册，第 335—354 页。

③ 如在显庆三年及仪凤四年两唐历的各日下，多记有阴阳大、小会的内容；邓文宽：《跋吐鲁番文书中的两件唐历》。

④ 由历日中所记的魁、罡（详论见后文），亦可得到同样的结果，因公元 888 年以后的敦煌本历日中均记有魁、罡，但之前则否（见表七）。

819年两历，稍后各历则未记此一资料，自858年以后各历则除《淳化四年癸巳岁具注历日》因形式特别简略而未记外，余均固定记载此一内容。干支纪月之法不见于显庆三年及仪凤四年两唐历，亦不见于北魏太平真君十一及十二年两历，各汉简残历中似亦未见，相传此乃源自唐代的命理大家李虚中（762—813）①。敦煌陷蕃之初，或袭用了此一当时方始流行的纪月法，但经与中原隔绝三十余年后，则被废弃，很可能在张议潮于大中三年（849）至五年间三度遣使入朝后未久②，始自中原再度引入此一以干支纪月的用法。由于伯3900v中各月均未记所建的干支，故咸通七年似可自候选名单中排除。

施萍亭以此为元和四年（809）己丑岁历日，但其文中颇多可议之处，今分述如下：一、施氏不知在公元618—1035年间与残历的朔日干支及置闰月份均相近的中原历有七年，而径以元和四年为唯一的解。二、她误断斯6515中"丑年闰四月五月廿四日写了"句，只能是元和四年事（此句的"四月"及"五月"中有一为衍字）③，事实上，太和七年（833）癸丑岁（此属吐蕃期，唐历闰七月）及景福二年（893）癸丑岁（此属归义军前期，唐历闰五月）两年唐历的置闰月份均与此在合理范围内。三、她以北图周字53号中"维岁次己丑正月己卯朔"句，乃指元和四年事，并称因正月为己卯朔，而残历中记四月戊申朔，故"二月只能是己酉朔，三月是戊寅朔……与残历的吻合真是天衣无缝"，但事实上，元和四年正月虽为己卯朔，却并不保证四月必为戊申朔，如亦可能出现

---

① 此见陈遵妫《中国天文学史》第三册，第1366页。天水放马滩《日书》中有"正月：建寅、除卯、盈辰……"等叙述，但据邓文宽的研究，此并不一定指的是以干支纪月，仅可推论其为记除与日支间的对应关系；参见邓文宽《天水放马滩秦简〈月建〉应名〈建除〉》，《文物》1990年第9期，第82—84页。

② 苏莹辉：《瓜沙史事述要》，《汉学研究》第4卷第2期，1986年，第465—481页。

③ 施氏在推论的过程中，先找出置闰在四月前后一个月之内的各个丑年，然后说明其中除元和四年外，余年的朔日干支与残历"全对不上"，此一证明在无充分理由的情形下，已预先假定斯6515中之纪日与残历同属一年。

"二月小、戊申朔，三月大、丁丑朔，四月大、丁未朔"或"二月小、己酉朔，三月小、戊寅朔，四月大、丁未朔"等情形，亦即其与残历的朔日干支并不一定吻合。

斯1472末尾题有"乙亥岁前四月四日，为亡阿姨师写此经……"字样，藤枝晃称其中"前四月"一辞为敦煌陷蕃时期的惯用语，代表该年有两个四月，此处所指即闰四月之前的四月，他并从抄写者的书法风格推断题记的时间应为大中九年乙亥岁。虽然我们尚无法排除伯3900v为元和四年残历日的可能，但因历中以闰月为四月，恰与斯1472题记所称若合符契，故笔者姑且将此历暂定为唐宣宗大中九年历日。

（七）伯2583号，唐穆宗长庆元年（821）历日

此历存二月二十八日乙未至二十九日丙申、三月一日丁酉至三十日丙寅、以及四月一日丁卯。因历中记三月己酉日为谷雨，经查《简谱》公元618—1035年间与残历的月朔干支及节候系日误差在合理范围内的中原历有五：

1. 唐代宗广德二年（764）甲辰岁，三月大、戊戌朔，四月小、戊辰朔。

2. 唐穆宗长庆元年（821）辛丑岁，三月大、丁酉朔，四月小、丁卯朔。

3. 唐僖宗乾符五年（878）戊戌岁，三月小、丁酉朔，四月大、丙寅朔。

4. 后唐庄宗同光二年（924）乙未岁，三月大、己亥朔，四月小、己巳朔。

5. 宋太宗太平兴国六年（981）辛巳岁，三月大、戊戌朔，四月小、戊辰朔。

由于公元888年以后各历，通常在日下均注罡、魁，而此历未记，故应成于公元888年之前。又，此历未记月建，由表七知其最可能为公元820—857年间所编制，长庆元年即为前述各年中唯一在此年限者。席泽宗与邓文宽文中虽亦以此为长庆元年历日，但并未十分确定。

（八）散 0230 号，唐德宗贞元十四年（798）历日

　　李盛铎所编《李氏鉴藏燉煌写本目录》中称散 0230 题为"戊寅年历日"，此卷笔者木见，传后为日人中村不折所藏。王重民曾提及此历，但因无原卷可资参考，故仅曰："按梁贞明四年（918）为戊寅，宋太平兴国三年（978）亦为戊寅"，未试图考定其年代。

　　吐蕃统治敦煌期间，不使用年号，仅以干支纪年①，此故伯 2797v 及伯 2765 上即分别题作"己酉年历日"及"甲寅年历日"。张议潮逐蕃之后，敦煌官方除在西汉金山国时期亦仅以干支纪年外，余均使用中土年号。由于此历题为"戊寅年历日"，故我们或可推判此历是在吐蕃期或西汉金山国期所编，而其间唯一的戊寅年即公元 798 年，相当于唐德宗贞元十四年。若此一推论成立，则散 0230 或为现存敦煌具注历日中年代最早者。

（九）伯 3284v 号，唐懿宗咸通五年（864）历日

　　此历存正月一日至五月二十一日。正月大、建丙寅、戊子朔，二月小、戊午朔，三月大、丁亥朔，四月小、丁巳朔，五月的朔日为丙戌，但其月尽大小则无法辨别。由所记月建可知该年年干应为甲或己。因此历记二月节为惊蛰，故应成于开元之后，经查《简谱》公元 713—1035 年间，与残历的月朔干支及节候系日（正月壬辰日为雨水）误差在合理范围内的中原历有三：

1. 唐代宗大历十一年（776）丙辰岁，正月小、庚寅朔，二月小、己未朔，三月大、戊子朔，四月小、戊午朔，五月大、丁亥朔。

2. 唐懿宗咸通五年（864）甲申岁，正月大、戊子朔，二月小、戊午朔，三月大、丁亥朔，四月小、丁巳朔，五月大、丙戌朔。

3. 宋仁宗天圣二年（1024）甲子岁，正月小、庚寅朔，二月小、己

---

　　①　在藤枝晃《敦煌历日谱》一文所收的纪日资料中，介于此一时期者共约二十条，全均以干支纪年，如称"大蕃岁次辛巳润二月十五日……""未年润十月二十五日""维岁次己丑正月己卯朔……"等。

未朔，三月大、戊子朔，四月小、戊午朔，五月大、丁亥朔。

此历自正月辛卯日起，每隔六日上注一"蜜"字，但经推算后发现大历十一年、咸通五年及天圣二年是日却为蜜日的前一日、后一日以及前两日，故此历中所注蜜日似均错排。[①]

查是历中记二月天道西行，五月北行，此与后唐以后各历所记二月西南行或五月西北行的习惯不一，故天圣二年应可自候选名单中剔除。又，此历未注阴阳大、小会，依前例所论，知与吐蕃期敦煌本历日的特征不合，故咸通五年应最可能。

施萍亭亦曾论及此历，并同以此为咸通五年历日，但其推论则欠完备，如其以甲、己年中只有咸通五年的朔日干支与残历相合，即与实际情形有差。又，因此历现存五个月的朔日干支与咸通五年唐历完全相同。故施氏怀疑这一年敦煌使用的是中原历，此一推论亦有待商榷，因敦煌历连续五个月的朔日干支均与中原历相同的情形，亦曾出现于伯2765、散0675、伯3248v、斯681v等历，但除伯3248v外，其余三历其它月份的朔日干支并不与中原历全同。[②]

（十）伯3434v，唐僖宗中和四年（884）历日

此历未见先前学者论及，在卷子的最上端存有"一日甲子，金、开；二日乙丑，金、闭……十二日乙亥，火、收"等十二行残句，其中建除各神名未见重复，而干支、纳音五行、建除的排序或系日则均完全按照规矩，至于其它的部分，则几已全缺。原历书显然被拿来做为历生习字的用纸，如在前述的十二行残句之下，即抄有彼此间并不相干的另十一行纪日，其中的两行，下尚附铺注的内容，称"天恩、母仓，修造吉"及"天恩，嫁娶、葬、修造、治病吉"。由于这些练习的字迹及其内容均摹自原历本，故我们或可推知原本的历注亦未记阴阳大、小会。据此特

---

① 施萍亭在《敦煌历日研究》一文中称"（此历）二月以后不再注蜜日，可能与抄历者当时就发现错误有关"，此一将蜜日错注的情形，除伯3284v之外，仅尝见于伯2765号残历日。

② 见藤枝晃《敦煌历日谱》一文。

征，原历的编纂时间应最可能介于公元865—938年之间。又，此本空白处出现三次记有大顺四年（893）年号的习字，原历的年代下限因此可设定为公元893年。

虽然残历上未记月份，但由"三日丙寅，火、建"句，知建日为寅日，故此日必位于正月节之后，亦即此十二行纪日应属正月或二月。经查《简谱》公元865—893年间，与残历在合理范围之内的唐历有四：

1. 唐懿宗咸通九年（868）戊子岁，正月小、丙申朔，二月大、乙丑朔。

2. 唐懿宗咸通十四年（873）癸巳岁，正月大、丙寅朔，二月小、丙申朔。

3. 唐僖宗中和四年（884）甲辰岁，正月小、癸亥朔，二月大、壬辰朔。

4. 唐昭宗龙纪元年（889）己酉岁，正月大、癸巳朔，二月小、癸亥朔。

若此历残存的部分均属二月，则仅咸通九年及龙纪元年有可能，此两年的二月丙寅日分别对应于格历的3月3日及3月13日。若此为咸通九年历日，则二月节（格历的3月7或8日）应在丙寅日之后四、五日，但残历中并未见建除十二神名在该日附近有重复的情形。此历亦不可能为龙纪元年历日，否则丙寅日将位于二月节之后，此与二月节以后的建日应系于卯日的规矩相悖。

若此残历属正月，则可能为中和四年或咸通十四年，此二年的正月丙寅日分别对应于格历的2月8日以及2月5日。如果此历中各节候的系日均相当准确，则中和四年的可能性应较咸通十四年为高，因后者的正月节（应发生在格历的2月4或5日）将系于丙寅日或其前一日，但残历中并未见此二日有重复出现的建除神名。依此讨论，笔者姑且将此历暂定为中和四年残历日。

（十一）伯5024号，唐昭宗乾宁元年（894）历日

此历未见先前学者论及，全卷尚存残片五，其中仅c和e与历日较

相关。残片c中记连续四日干支，分别为"十四日癸酉""十五日甲戌""十六日乙亥"及"十七日丙子"四行，月份未详。残片e则存"水执大寒十"及"水破　解"两行。施萍亭误将其中的"破"字读作"收"，并称此历"没有任何意义，更无法推算"。但若熟悉历日的编纂法则，仍有可能确定此一残历的年代。

残片e为连续两日的纳音五行、建除及节候之注，因大寒为十二月中气，故"水、执，大寒十"下应缺"二月中"等字。由于此两日的纳音五行均属水，故知其可能的干支共有下列六组可能：（丙子、丁丑），（甲寅、乙卯），（壬辰、癸巳），（丙午、丁未），（甲申、乙酉），（壬戌、癸亥）。再由建除十二神与地支的对应关系，可推知其中仅（丙午、丁未）一解可能，因其它各组均无法令此月（十二月）在大寒前后的建日系于丑日（十二月建丑）。又，经参照其它敦煌本历日后，知第二句中的"解"字原应为"解镇吉""解厌吉"或"解除吉"其中之一。故此两残句可复原为"【□□日丙午】，水、执，大寒【十二月中……】"以及"【□□日丁未】，水、破，解【□吉】"。

残片e的历式与伯3274及散0673中所载同光四年（926）历日十分相似，节候均紧接在建除之下以小字表之，各日下有关行事宜忌的历注则在建除下空一字后以大字记之。由于此历的铺注中未见阴阳大、小会的叙述（否则应见于"解【□吉】"之前），故我们由先前的讨论可推判其编制年代最可能在公元865—938年之间。经查《简谱》中满足某月十四日的干支在癸酉前后两日，且十二月（或前后各一月）丙午日亦与格历的1月20或21日（大寒所在）相差不逾两日者，仅唐昭宗乾宁元年（894）甲寅岁。

（十二）散1721及伯3248v号，唐昭宗乾宁四年（897）历日

罗振玉原定其所藏散1721残历的年代为淳化元年（990），董作宾则以为应改定成宋仁宗嘉祐二年（1057）[①]，此说若成立，则敦煌所出具年

---

①　董作宾：《敦煌纪年》，《说文月刊》第3卷第10期，1943年，第83—100页。

号的写本的下限将因此后推五十余年，势将影响及对藏经室封闭年代的考定，故笔者在此试作一较详细的推证。

此本存一至四月，正月小、戊寅朔，二月小、丁未朔，三月大、丙子朔，四月小、丙午朔。因正月建壬寅，故应属丁或壬年。由于董氏疑此为西夏于公元1035年陷沙州之后所作，为求涵盖各种可能，我们姑且将此历的年限大幅放宽至公元618—1200年之间，经查《简谱》中与残历的月朔干支及节候系日（正月壬寅日为二月节）误差在合理范围内的中原历有三：

1. 唐德宗建中四年（783）癸亥岁，正月大、戊寅朔，二月大、戊申朔，三月小、戊寅朔，四月大、丁未朔。

2. 唐昭宗乾宁四年（897）丁巳岁，正月小、丁丑朔，二月大、丙午朔，三月大、丙子朔，四月小、丙午朔。

3. 北宋仁宗嘉祐二年（1057）丁酉岁，正月小、戊寅朔，二月大、丁未朔，三月大、丁丑朔，四月小、丁未朔。

查此历记二月天道西行，与后唐以后各历中所记西南行的方位不一，故嘉祐二年应可自候选名单中剔除。又，此历未注阴阳大、小会的资料，故似亦非建中四年历日。

综前所论，散1721应最可能为乾宁四年历日，此与伯3248v恰属同一年。① 伯3248v为双栏书写，存六个月的部分，其中七、八月仅存约前十日，五、六月全，但最前面的两月则缺前五日。此两本重复共四十九日，经比较后发现各日的支干、建除等均相同，但铺注的内容则有差，如两者所注之魁、罡几乎完全相反。

在敦煌各历日中，除少数抄写讹误外②，先前所述在平日或收日铺注魁、罡的规则多获尊循，但散1721残历中却将三月各魁、罡均注错，

---

① 见藤枝晃《敦煌历日谱》及施萍亭《敦煌历日研究》二文。

② 如伯4983中十二月二十八日戊戌、伯4996中七月二十七日甲午及九月十七日癸未、伯2973中四月二十六日癸未等日下之魁、罡均注错，但其它各历中为数众多的魁日及罡日多与传统的规则相合。

而伯 3248v 残历亦错注四月所有的魁、罡。又，四月二十七日及二十八日均为平日，但散 1721 历中，却将五月节错置于二十七日下（应系于二十八日）。这些事例均显见当时敦煌地方的历日似无一标准，且两本的作者对中国传统铺注的规则，均非十分熟稔。

（十三）木刻 009 号前页纸背残历日

此历未见先前学者论及，乃抄写于木刻 009 号纸背，残缺相当严重，其中以下方一长条上的文字较易辨别，前有"大，七月小"及"十二月大"两行残句，记该年各月的大小，在空数行后，则分别书有"二十六夏至""天道西北，日""月煞戌，月""天道东""月厌辰""月空丙""合德乙，月""月空甲，日"等残句，经查《钦定协纪辨方书》中有关天道、月煞、月厌、月空、合德（即月德合）的系月规则后，发现前述各神杀的方位恰分别对应于五、六、七、八连续四月。此历中未见各日下之铺注，其内容及格式安排均明显与已知的其它各敦煌本历日不同。

由于此历中有"天道西北"句，因知其编写年代或不早于公元 926年，且由"二十六夏至"句，可知该年夏至为五月二十六日，但因公元926—1035 年之间，满足夏至在五月二十六日前后两日之内者甚多，故我们仍无法借此推定出其年代。

（十四）斯 5919 号残历日

此历未见先前学者论及，《敦煌宝藏》中题此为"占卜气运书"，但实应为一残历日，今仅存下段的一部分，其中各日以人神所在的叙述最为完整，共十六行，分别记"人神在胃腕"至"人神在膝胫"，经查人神与日序间的对应关系，知其相当于某月的十四日至二十九日，人神之下则隐约可见注有日游神的位置。至于用事宜忌的内容，则仅二十六日"人神在胸"条上所记的"……入学、出行吉"一句尚可辨识，而根据选择铺注的习惯，符合入学与出行皆吉者仅建除十二神中的开日。[1] 由于我们只知此一残历某月的二十六日为开日，故仍无法从而确定其年代。

---

① 《御定星历考原》卷 6，第 17—20 页。

（十五）伯 3054v 号残历日

此历未见先前学者论及，《敦煌宝藏》中题此为"残星占日历"，共两部分，但由其笔迹判断，似分属两不同的历日。残片一存历首序文的后半部，然因正月朔日的干支及月建等内容均已残缺，仅可由其年神方位图（起八白土），推知该年年支应为寅、申、巳或亥。观此序文的内容及格式，似应属宋初之历。

残片二仅存数日的历注，经勉强辨读如下：

【二十三日丁未、水、执】，岁位，□□

【二十四日戊申、土、破】，岁位，解除

二十五日己酉、【土】、危，岁位，解除、裁衣【吉】

二十六日庚戌、【金】、成，□，岁位、天恩、拜官、市易【吉】

二十七日辛亥、【金】、收，鱼上冰，岁位、天恩，治病【吉】

二十八日壬子、【木】、开，大岁前、天恩、母仓，□□□

虽然残片二上未记月份，但因二十七日下所注"鱼上冰"为正月节立春的末候名，故知正月中雨水应系于下一月，亦即其上各日均可确定属十二月，而立春日可回推得十二月十七日辛丑，朔日为乙酉，至于立春之后的第一个建日亦可推知为十八日壬寅，此与建除十二神系日的规矩完全符合。经查《简谱》公元 618—1035 年间，与残历的月朔干支及节候系日（十二月辛亥日为鱼上冰）误差在合理范围内的中原历有六：

1. 唐代宗大历十一年（776）丙辰岁，十二月甲申朔。

2. 唐穆宗长庆二年（822）壬寅岁，十二月丁亥朔。

3. 唐文宗太和七年（833）癸丑岁，十二月癸未朔。

4. 唐僖宗乾符六年（879）已亥岁，十二月丙戌朔。

5. 后晋高祖天福元年（936）丙申岁，十二月乙酉朔。

6. 北宋太宗淳化四年（933）癸巳岁，十二月甲申朔。

此残片各日下均记阴阳大、小会，但在此例中对筛选却无帮助。由于伯 2765 乃公元 834 年历日，而其中记正月为壬子朔，但此一残片则以十二月二十八日为壬子，故太和七年显然不合。又，此历在二十六日所记建除之下有一字甚不易辨识，似为"蜜"字，若确然如此，则上述各年中仅大历十一年及长庆二年符合，笔者在法国巴黎国家图书馆曾调得伯3054号原卷，但其中并未见此二残片。

（十六）其他敦煌本具注历日

除了前述所论及的或整理出的大约四十件敦煌本历日外，文献中尚可见孟01542、孟01543、孟01544、散0229以及斯坦因所收《上都东市大刁家大印历》等残历之目①，这些历日先前学者均不曾详细论及，笔者亦未得见，相信其中或有相当部分能依前述方法推定出年代。

五、 结语

敦煌石室所出各具注历日写本均为当地历家自行编制的，时间的分布是从八世纪末至第十世纪末，前后延亘约两百年之久。由于关山阻隔，这些历日中所记的朔闰或节候多与中土之历稍差。且因当地之人未悉中原朝代的更替，往往使用已废行的年号，然而其铺注的规则大体上却一直遵循中朝的传统。

陷蕃以迄唐亡的各敦煌本历日，应多为民间所自行编制的，此故在历首尚存的各历（如伯2765、斯1439、伯3248、散1721及伯2506）中，均未见编纂者之名，且出现同一年两历本铺注互见差讹的情形（如散1721及伯3248v例）。五代以后各历，则开始具备官方色彩，因历前所题的各编纂者（如翟奉达、翟文进、安彦存等）多为当地官员，且多详细写明其职衔，如斯2404及斯95等历历首更分别题为翟奉达"撰上"或"纂上"的，显然为制历者向归义军衙门上呈的官本。但现存各写本中，亦有的明显为私人所用，如斯6886上即在六月二十六日下注明"马平水身亡"，以后每七日分注"头七""二七""三七"……以迄"七七"，十月七日下则注"百日"，此为敦煌民间佛教化的丧俗，即在人死后每七日

---

① 见严敦杰《跋敦煌唐乾符四年历书》一文。

祭奠一次，共七次，满百日时亦需设奠①，此卷抄用之人或将其亲友马平水做"七七百日"的各日在历上记注，希以备忘。

笔者在此文中先尝试解读具注历日的内容，次将敦煌历与中原历的异同做一详细的析究。如月建、蜜日、年神方位图以及月九宫图等的排序，均依固定的规则轮次，故两历应全同。至于月尽大小、朔日干支、置闰月份等，则因制历者所定冬至时刻以及回归年与朔望月的长度不同而出现小异，惟两历所定各朔日的干支，相差均不逾两日，至于置闰的月份，在吐蕃期偶可见差至三个月者，但在逐蕃之后，则均不出一个月之内。两层中各节候所系的日期，则同是依平气法推算的。

在回推残历年代的过程中，笔者先比较历中的用语以及历代的讳法，尝试以一较宽松的标准界定该历可能的年限，次由月建干支、年神方位图、月九宫图、朔日干支、置闰月份、节候系日等资料，自中原历谱中拣选出与敦煌残历的误差在合理范围内的年份，再透过对历中所记蜜日的回推进行筛选。对于部分仍无法依此确定年代的历日，本文更首度利用不同时代所编历式的特征（如是否记载月建、魁罡或阴阳穴、小会）或所用铺注规则的差异（如所定天道运行方位的不同）来帮助断定残历的年代。

由于先前学者在考定年代时，多未能提供一逻辑上完备的推论过程，故笔者在此文中即以散0674及伯3900v为主要案例，详细阐述各种辨定年代的方法（其中多可推而用之于其他非敦煌本的残历），试图建立起一推理较为严密的流程（见图四）。文中并以类似论据考析十多种先前定年有问题或未曾被论及的残历，发现绝大多数的敦煌本具注历日的年代均能因此获得确定。这些历日或可做为将来还原敦煌当地历谱的础石②，

---

① 高国藩：《论敦煌民间七七斋丧俗》，《东方文化》第25卷第1期，1987年，第106—117页。

② 严敦杰在《跋敦煌唐乾符四年历书》一文中，即曾以《宣明历》中之数据，漂亮地还原出乾符四年历日中之气朔及闰月。回推敦煌历谱的工作，或即应依循类似的模式，并以现存各具注历日中的纪日资料做为验证的基础。

类此历谱对敦煌学的研究应能产生极大助益。

从本文有关断年的讨论中，我们可间接体现阴阳选择之术如何透过具注历日而直接影响及古人的日常行事，我们更可发现，部分历注的内容与规则亦因适应社会的需求而渐趋复杂化与系统化。[1] 术数与社会间的这些互动关系乃社会天文学史（History of Socioastronomy）此一新学门中亟待深究的课题[2]，而敦煌石室所出的众多具注历日应可在将来为此类研究提供一极具价值的素材。

［笔者在本文撰写期间承蒙香港中文大学劳思光教授、台北故宫博物院苏莹辉教授、"中央研究院"邢义田教授、北京中国科学院席泽宗教授与刘钝先生、上海天文台江晓原博士、日本东京大学池田知久教授、神户长谷川一郎博士、法国国家科学研究院（C. N. R. S）梅弘理（M. Magnim）与马若夫（Jean. Claude Martzloff）博士，分别提供宝贵意见或协助文献搜集，谨此志谢。本研究受"清华学术研究专案"以及"蒋经国国际交流基金会"支助。］

---

① 详细的讨论，笔者将另文再论。

② 先前笔者所著涉及中国古代天文与社会或政治间互动关系的论文，如见《清前期对觜、参两宿先后次序的争执——社会天文学史之一个案研究》，收入杨翠华、黄一农主编《近代中国科技史研讨会论文集》，台北"中央研究院"近代史研究所及新竹清华大学历史研究所，1991年，第71—94页；伊东贵之译《择日の争いと"康熙曆獄"》，《中国——社会と文化》第6号，1991年，第174—203页；张嘉凤、黄一农《天文对中国古代政治的影响——以汉相翟方进自杀为例》，《清华学报》（新竹）新20卷第2期，1990年，第361—378页；《耶稣会士对中国传统星占术数的态度》，《九州学刊》第4卷第3期，1991年，第5—23页。

选择术中的嫁娶宜忌

一、 前言

选择术或为中国古代社会所流传各类术数当中内容最庞杂者，此术在王朝的主导之下，透过官方天文机构每年所刊行的数百万册民历（又称历日、具注历、皇历、黄历，今名农民历），曾影响历代亿万中国人的日常生活①，甚至还流传至邻近的朝鲜和日本等国。即使对当代以科技为主流价值观的台湾社会而言，它依然经由每年逾千万册的农民历以及数万名执业的选择家，在通俗文化（popular culture）中取得一席之地。②至于大陆方面，虽曾将术数归为亟待革除的旧社会传统之一，但近年来，以吉凶铺注为主要内容的通书，仍在民间有所流传。③

拜中国社会笃信选择术之赐，目前还有相当比例的相关原典存世，许多更被视同秘籍而藏诸民间术家之手。有趣的是，各大图书馆先前或因鄙夷其中的迷信内容，收藏并不多，反而欧美的汉学机构藏有较多早

① 有关古代历日的一般性介绍，可参见黄一农《从汤若望所编民历试析清初中欧文化的冲突与妥协》，《清华学报》（新竹）1996 年第 26 卷第 2 期，第 189—220 页。

② 吕理政、庄英章：《台湾现行农民历使用之检讨》，收入李亦园、庄英章主编《"民间宗教仪式之检讨"研讨会论文集》，台北："中国民族学会"，1985 年，第 103—129 页。

③ 如《李丰成大通书》（2000 年），李氏声称其术乃洪潮和来孙洪英林所授，其书每本索价人民币一百元，远远超出大陆书籍之一般行情。

期的出版物。近年来因术数之风日盛，受利之所趋，台湾许多书局开始大量重印这些原典，唯购买者多出自对趋吉避凶的现实兴趣，少有学者利用这些丰富材料来进行较深入的学术研究。

目前学术界有关选择术的研究专书，多出自国外学者，如法国的Carole Morgan、英国的Martin Palmer、美国的Richard J. Smith以及日本的佐藤政次等[①]。然而这些著作多偏重于对通书或民历内容的概略介绍，对选择术规则的演变及其与社会间的互动关系，均少有着墨。

笔者过去数年来透过各种公私途径，致力购求或复印1949年以前成书的中、日、韩三国的选择术文献，已得数百种，并陆续考释各书的作者和版本。此文即利用这些文献，以"亥不嫁娶"的俗忌为例，尝试去理解选择术流传的模式。

二、 "亥不嫁娶" 禁忌的形成

目前台湾择日界每年约有十余堂发行通书，共销售十万册左右，是民间专业人士诹取吉凶最主要的依据。这些年度通书或源自清初，尤其风行于大陆南部沿海地区，当中又以福建泉州洪氏和广东兴宁罗氏的影响最大，其内容均远较官方刊行的时宪书丰富，相当于一本当年的选择术日用万宝全书。[②]

经查台湾所出版的各堂通书，我们可以发现大多数编者都严格遵守"亥不嫁娶"的公规，此乃所谓的"彭祖百忌"之一，内容简述十干和十

---

① 参见佐藤政次《历学史大全》，东京：骏河台出版社，1977 年；Carole Morgan：*Le Tableau du Boeuf du Printemps*：*Etude d'une Page de l'Almanach Chinois*，Paris：College de France，1980；Martin Palmer，ed. and trans. *T'ung Shu*：*The Ancient Chinese Almanac*，London：Century Hutchinson Ltd. 1986；Richard J. Smith，*Chinese Almanacs*，Hong Kong：Oxford University Press，1992。

② 见本书《通书——中国传统天文与社会的交融》。笔者现藏有近百种福建泉州洪氏和广东兴宁罗氏通书的影本及刻本，时代跨越近两百年。

二支（有时亦包含十二建除）①应注意的避忌。然而，百余年来几乎不见有人能对此一禁忌的缘起和"道理"提出合理解释，大多人云亦云，摘抄铺注了事。事实上，笔者在过眼的众多早期古代历日中，即屡见亥日铺注"嫁娶吉"的实例②，如在唐末五代（敦煌出土）以及日本现存的早期具注历当中③，就可发现几十个案例（表一）。

表一　中日两国古历中亥日铺注"嫁娶吉"的实例
（有★符号者，乃与"阴阳不将"不合）

	具注历之年份	月日干支	该日所属节气	出处
1	日本圣武天皇天平二十一年（749）	三月廿三日丁亥	三月节	
2	日本圣武天皇天平二十一年（749）	四月初六日己亥	三月节	
3	唐穆宗长庆元年（821）	三月初三日己亥	三月节	P2583
4	唐文宗太和八年（834）	三月廿四日乙亥	四月节	P2765
5	唐宣宗大中九年（855）	四月廿八日乙亥	四月节	P3900v
6	唐宣宗大中九年（855）	闰四月十一日丁亥	四月节	P3900v
7	唐宣宗大中十二年（858）	五月初二日癸亥	五月节	S1439v
8	唐宣宗大中十二年（858）	五月十四日乙亥	五月节	S1439v
9	唐懿宗咸通五年（864）	正月十二日己亥	正月节	P3284v
10	唐懿宗咸通五年（864）	三月初一日丁亥	二月节	P3284v

---

① 十二建除乃指建、除、满、平、定、执、破、危、成、收、开、闭等神煞，参见本书《敦煌本具注历新探》。

② 古历中亥日铺注"结婚姻吉"者相当多，在择日的术语中，嫁娶指的是行婚礼之日，结婚则为议婚过程的一种仪式，在由男方取得女方的年庚后，供于神桌上，三天后如无事发生，双方才讨论订婚等后续宜事。

③ 有关敦煌具注历，请参见黄永武《敦煌宝藏》，台北：新文丰出版公司，1981年；邓文宽《敦煌天文历法文献辑校》，南京：江苏古籍出版社，1996年；黄一农《敦煌本具注历新探》。有关日本的具注历，参见《续群书类从》，东京：平凡社，1978年；佐藤政次《历学史大全》。

续表

	具注历之年份	月日干支	该日所属节气	出处
11	唐懿宗咸通五年（864）	三月十三日己亥	三月节	P3284v
12	唐懿宗咸通五年（864）	四月十九日乙亥	四月节	P3284v
13	唐昭宗景福二年（893）	五月廿五日癸亥	五月节	P4996
14	唐昭宗景福二年（893）	六月初七日乙亥	五月节	P4996
15	唐昭宗景福二年（893）	八月十四日辛亥★	八月节（天恩）	P4996
16	唐昭宗乾宁二年（895）	三月十七日乙亥	三月节	P5548
17	唐昭宗乾宁二年（895）	三月廿九日丁亥	三月节	P5548
18	唐昭宗乾宁二年（895）	五月初六日癸亥	五月节	P5548
19	唐昭宗乾宁二年（895）	五月十八日乙亥	五月节	P5548
20	唐昭宗乾宁二年（895）	八月廿五日辛亥★	八月节（天恩）	P5548
21	唐昭宗乾宁四年（897）	三月十二日丁亥	三月节	P3248v
22	唐昭宗乾宁四年（897）	三月廿四日己亥	三月节	P3248v
23	唐昭宗乾宁四年（897）	五月初一日乙亥	五月节	P3248v
24	唐昭宗乾宁四年（897）	五月十三日丁亥★	五月节	P3248v
25	唐昭宗乾宁四年（897）	八月初八日辛亥★	八月节（天恩）	P3248v
26	唐哀宗天祐二年（905）	正月廿六日丁亥	二月节	P2506v
27	唐哀宗天祐二年（905）	二月初九日己亥	二月节	P2506v
28	后梁末帝贞明八年（922）	三月初七日丁亥	二月节	P3555
29	后梁末帝贞明八年（922）	三月十九日己亥	二月节	P3555
30	后唐庄宗同光四年（926）	二月初一日丁亥	二月节	P3247v
31	后唐庄宗同光四年（926）	二月十三日己亥	二月节	P3247v
32	后唐庄宗同光四年（926）	五月二十日乙亥	五月节	P3247v
33	后唐明宗长兴四年（933）	三月廿三日乙亥	三月节	S276
34	后晋高祖天福四年（939）	二月十五日丁亥	二月节	散0674

续表

	具注历之年份	月日干支	该日所属节气	出处
35	后周世宗显德三年（956）	二月初一日癸亥★	二月节	S95v
36	后周世宗显德三年（956）	三月初七日己亥	三月节	S95v
37	宋太宗太平兴国七年（982）	三月初八日己亥	三月节	S1473
38	宋太宗雍熙三年（986）	四月廿五日癸亥	五月节	P3403
39	宋太宗雍熙三年（986）	五月初八日乙亥	五月节	P3403
40	日本鸟羽天皇永久三年（1115）	三月十七日丁亥	三月节	
41	日本顺德天皇进历四年（1214）	正月廿一日丁亥	二月节	
42	日本顺德天皇进历四年（1214）	四月十二日丁亥	四月节	

由于日本早期的历法和选择术多传自中国①，故从表一中所整理出的这四十二个亥日铺注"嫁娶吉"的实例，我们可以得知至少在 8 世纪至 10 世纪中国的选择术，应无"亥不嫁娶"的死板避忌。此故，敦煌出土的后唐庄宗同光二年（924，编号 S204）和宋太宗太平兴国七年（982，编号 S1473）具注历，在历首记地支的避忌中均记："亥日，不育猪及伐〔罚〕罪人"，并未铺注"不宜嫁娶"！

事实上，后世所流传的"彭祖百忌日"，其部分内容已与五代、宋初时略见出入。如 S2404 和 S1473 中称：

子日不卜问，丑日不买牛，寅日不祭祀，卯日不穿井，辰日不哭泣，巳日不迎女（妇），午日不盖屋，未日不服药，申日不裁衣，酉日不会

---

① 黄一农：《中国史历表朔闰订正举隅——以唐〈麟德历〉行用时期为例》，《汉学研究》1992 年第 10 卷第 2 期，第 305—331 页；黄一农：《从尹湾汉基简牍看中国社会的择日传统》。

客，戌日不养犬，亥日不育猪及不伐（罚）罪人。

而在年代不详的敦煌卷子 D195v 中（其时代下限或可仿大部分敦煌卷子同被定为宋初），则记曰：

子不卜问……丑……不利兄弟……寅不布籍鬼神……卯不凿井，百泉不通；辰不哭泣，必有重丧，又不屠煞〔杀〕、嫁娶；巳……不迎女，不宜姑嫜；午不□庐……又不贸马，必绝绊缰；未不服药，毒伤肺肠；申不安床，鬼居其旁，又不裁衣，远行不祥；酉不买□……戌不买狗，狗必上床……亥不嫁娶，必死姑嫜，又不迎妇。①

至于明朝胡泰的《新刻趋避检》中，则称：

子不问卜，自惹灾殃；丑不冠带，主不还乡；寅不祭祀，神鬼不尝：卯不穿井，水泉不香；辰不哭泣，必主重丧；巳不远行，财物伏藏；午不蓍盖，屋主更张；未不服药，毒气入肠；申不安床，鬼祟入房；酉不会客，醉坐颠狂，不宜出鸡，令其耗亡；戌不乞犬，作怪上床；亥不嫁娶，不利新郎，不宜出猪，再养难偿。②

我们可以发现其中的内容略见出入，而原本不宜嫁娶的巳日或辰日，历经岁月的沉淀，或已于后世渐被亥日所凌驾。

再者，10 世纪敦煌具注历中所谓的“巳日不迎女（妇）”之说，当时亦不被严格遵行，因在同地出土的历日当中，至少有十五例乃于巳日

① 参见《北京大学图书馆藏敦煌文献（二）》，上海：上海古籍出版社，1995 年。

② 〔明〕胡泰：《新刻趋避检》卷上，台北“国家图书馆”藏明刊本，第 59—60 页。由于此书在“起造正屋之法”条下，记：“洪武十七年甲子起中元，正统九年甲子起下元，未来甲子起上元，六十年一转”（卷中，第 70 页），知其成书时间或在从正统九年（1444）起算的一甲子（六十年）间。

之下铺注"嫁娶吉":唐僖宗文德元年（888，编号 P3492）十一月二十三日丁巳;唐昭宗景福二年（893，编号 P4996）八月八日乙巳、九月十五日辛巳、十月二十一日丁巳、十一月四日己巳;唐昭宗乾宁二年（895，编号 P5548）十月初八日癸巳;后唐庄宗同光元年（923，编号 P3555－B14）十一月十六日丁巳;后唐庄宗同光四年（926，编号 P3247v）八月十日癸巳、十一月十七日己巳:后周世宗显德三年（956，编号 S95v）九月四日癸巳;宋太宗雍熙三年（986，编号 P3403）七月二十七日癸巳、九月十六日辛巳、十一月五日己巳、十一月十七日辛巳;宋太宗端拱二年（989，编号 S3985 和 P2705）十一月三日辛巳。知"彭祖百忌日"至少在唐末至宋初时期，并非必须优先遵守的禁忌。

亥日究竟是自何时起被铺注成不宜嫁娶的，或许已很难获得确切的答案，但至少在睡虎地秦简日书中已见"戌与亥是谓分离日，不可取（娶）妻"、"毋以戌亥家（嫁）子、取（娶）妇"之类的文字①;此外，武威出土的汉简中亦有"亥毋内妇，不宜姑公"句②。但此一俗忌似乎并未普遍被后世遵行，否则敦煌具注历中就不会出现几十个在亥日之下铺注宜嫁娶的案例（表一）。

至于"亥不行嫁"之俗忌在唐宋时期的演进历程，我们或许可从唐末韩鄂所出版的《四时纂要》一书中找到部分线索。该书原多以为已佚，直到昭和三十六年（1961），日人守屋美都雄将友人收藏的万历十八年（1590）朝鲜重刻本影印出版，始又重现世间③。该书记正月选择曰:"丑为归忌，不可嫁娶"、"亥为河魁，不可为百事，嫁娶、埋葬尤忌"、"天雄在寅，地雌在午，不可嫁娶"、"天地相去日，戊午、己未、庚辰、五亥，不可嫁娶，主生离"、"春甲子、乙亥，害九夫"，亦即六十干支当中所有的丑、亥、寅、午日以及己未、庚辰、甲子等日均为嫁娶所忌。

---

① 刘乐贤:《睡虎地秦简日书研究》，台北:文津出版社，1994 年，第 204—209 页。
② ［日］赤井清美编:《汉简》卷 9，东京:东京堂，1976 年，第 75 页。
③ 〔唐〕韩鄂:《四时纂要》，东京:山本书店，1961 年，景印万历十八年朝鲜重刻本。

至于嫁娶吉日则为阴阳不将日、成日、天道（正月为乙、辛）以及人道（正月为丁、癸）。我们可以发觉绝大多数的月份，亥日均因逢天地相去日或河魁、往亡、天雄、天刚等凶煞，而被认为不宜行嫁。

表二　《四时纂要》各月中与亥日不宜嫁娶相关的叙述

正月	"亥为河魁""天地相去日，戊午、己未、庚辰、五亥，不可嫁娶""乙亥，害九夫"
二月	"天地相去日，已具正月中""天雄在亥"
三月	"天地相去日，已具正月门中""乙亥，损九夫"
四月	"亥为往亡""天地相去日，戊午、己未、庚辰日""丁亥，害九夫"
五月	"丁亥，害九夫""天地相去日，已具四月中""丁亥，不可嫁娶"
六月	"天雄在亥""天地相去日，戊午、己未""丁亥，害九夫"
七月	"天刚在亥""天地相去日，戊午、己未、庚辰、五亥，并不可嫁娶"
八月	"天地相去日，戊午、己未、庚辰、五亥日，不可嫁娶"
九月	"天地相去日，戊午、己未、庚辰、五亥，不可嫁娶""辛亥，害九夫"
十月	"天雄在亥""天地相去日，戊午、己未、庚辰、五亥，不可嫁娶"
十一月	"天地相去日，戊午、己未、庚辰、五亥日，不可嫁娶"
十二月	"天地相去日，戊午、己未、庚辰、五亥，不可嫁娶"

我们在敦煌文献（时限主要介于唐末至宋初）中，虽已见到"亥日，不嫁娶，必死姑嫜，又不迎妇"的记述，但从表一中的实例，可知亥日如恰逢阴阳不将日，仍被认为是大吉大利。此故，S2729v 号卷子有云："凡欲嫁娶者，管用阴阳日时，大吉利"。

或许因为亥日较常遭遇不利嫁娶的凶煞，因此入宋以来，选择家很可能为避免麻烦，愈来愈多的人开始主张"亥不嫁娶"，但一时还未形成严格的公规。如在南宋间人所撰的《三历撮要》中，虽称："凡嫁娶日，须得不将方利，否则虽遇天德、月德亦不可用"，但如阴阳不将之日恰逢受死、归忌、大杀、河魁、无翘等凶煞，虽然多不被视为"正婚嫁日"，却又有一部分日子属"缓急亦可用"，规则相当不明确。此外，亥日行嫁亦不被严禁，如同书中尚可见到"五月内虽有不将，多不系正婚嫁日，其戊戌、乙亥出《集圣历》，今并录之，以备急用”的文句①。然而，宋代现存唯一较完整的宝祐四年（1256）具注历中②，已不见亥日铺注嫁娶之例，亦即，"亥不嫁娶"的避忌在南宋末年似已逐渐形成公规，并开始凌驾在阴阳不将之上。③

三、 “阴阳不将” 与嫁娶宜忌

有关阴阳不将遁法的具体叙述，最早或见于元代司天算历科管勾曹震圭所撰的《历事明原》④，曹氏引《天宝历》曰：

> 阴阳不将者，以月建为阳，谓之阳建，正月起寅，顺行十二辰。月厌为阴，谓之阴建，正月起戌，逆行十二辰。分于卯酉，命为子午。厌前枝干自相配者为阴将，厌后枝干自相配者为阳将，厌后干配厌前枝为阴阳俱将，厌前干配厌后枝者为阴阳不将也。故云："阳将，杀夫；阴将，杀妇；阴阳俱将，夫妇俱丧；阴阳不将，夫妇吉昌。"戊、己之干，位在中央，戊为阳将，寄理于艮也，己为阴将，寄于坤，所以《经》云：

---

① 参见不著撰人《三历撮要》，台北：艺文印书馆，《百部丛书集成》景印清光绪十四年据宋版重刊之本。由于《三历撮要》引用北宋沈括（1031—1095）的《梦溪笔谈》，知其成书必在之后。此外，在《涓吉成书》（台北"国家图书馆"藏元朝至元十八年刊本）中，亦记部分不将中的亥日"急切乃可用"（页码不详）。由于《涓吉成书》卷首残缺，故台北图书馆藏书目称此书不著撰人，然据明姚广孝、解缙等编纂的《永乐大典》（台北：世界书局，1962 年景印本，原成书于永乐六年），我们可核实其作者为魏天祐（卷 20122，第 8 页）。

② 〔宋〕荆执礼等：《宝祐四年丙辰岁会天万年具注历》，台北：艺文印书馆，《百部丛书集成》景印《续聚珍版丛书》钞本。

③ 如以清初风行一时的《陈子性藏书》为例，书中虽屡次强调部分凶煞若合不将，亦可权用，但在铺"逐月合不将嫁娶大利日"时，则以"亥日不行嫁"为由，删去了所有的亥日。参见陈应选《陈子性藏书》卷 9，台南：庄严文化事业有限公司，《四库全书存目丛书》景印乾隆四十七年刊本，初刊于康熙二十三年，第 17—22 页。

④ 曹氏生平见本书《从尹湾汉墓简牍看中国社会的择日传统》。

"春、冬，己不将；秋、夏，戊不将。"①

《天宝历》一书顾名思义应成于唐玄宗天宝年间（742—756）。或因前引文中"分于卯酉，命为子午"一句颇难完全理解②，以致原本最宜嫁娶的阴阳不将日，少有人能掌握其义理，而后世各书中所记载的逐月阴阳不将日，亦往往互见出入，各行其是（见表三）。至于部分选择书在将各月冲犯的其他神煞排除之后，所列出的阴阳不将嫁娶吉日，更是差异颇大，甚至屡见与规则不合的讹误情形。③

表三　古书中所列的"阴阳不将日"

（1）（唐）韩鄂：《四时纂要》。

（2）（元）曹震圭：《历事明原》卷二（首尔大学奎章阁图书馆藏钞本），第24—25页。

（3）〔清〕刘杰：《刘氏家藏阐微通书》卷五（台北：武陵出版社，景印康熙二十三年重刊本），第39—40页。唯该出版社擅将此书分成《吉凶神煞全书》《阴阳宅秘旨》和《修造吉凶秘传》三册刊行。

（4）〔明〕胡泰：《新刻趋避检》卷上（台北"国家图书馆"藏明刊本），第24—25页；〔清〕允禄等，《钦定协纪辨方书》卷四（台北：台湾商务印书

---

① 〔元〕曹震圭：《历事明原》卷2，韩国首尔大学奎章阁图书馆藏钞本，第24—25页。

② 曹震圭在《历事明原》中注曰："子午者，阴阳交争而分也；卯酉者，是阴阳正体自分也"（卷2，第25页），按古人以为阳起于子，阴起于午，故称子午乃"阴阳交争"的分际点；又，卯酉是阴阳二气各半之时，故称卯酉乃"阴阳正体自分"之时。但或因其对引文中"命为子午"的"命"字并无合理解释，此故仍难解人迷津。

③ 如日本贺茂在盛的《吉日考秘传》（东京：平凡社，《续群书类从》标点本，成书于长禄二年），书中称三、五、六、八、九月均无不将吉日（卷910，第56—57页），但在元朝宋鲁珍和明朝何士泰、熊宗立的《类编历法通书大全》（《四库全书存目丛书》景印北京图书馆藏明刻本）中，则此五个月各有六至十二个不将吉日（卷7，第2—3页）。又，屡被刊传的许真君《诸神圣诞日玉匣记》（德国华裔学志图书馆藏光绪十七年重印光绪八年刊本），亦误正月戊子、二月乙酉和戊子、五月己未、六月己未、七月己巳和己未……为不将日（第32页）。

馆，景印文渊阁《钦定四库全书》本，成书于乾隆六年十二月），第53页。

正月	（1）丙子、丙寅、丁丑、丁卯、丁亥、己丑、巳卯、己亥、庚子、庚寅、辛丑、辛卯、辛亥 （2）丙子、丙寅、丁丑、丁卯、丁亥、己丑、己卯、己亥、庚子、庚寅、辛丑、辛卯、辛亥 （3）丙子、丙寅、丁丑、丁卯、己丑、己卯、庚子、庚寅、辛丑、辛卯、辛亥 （4）丙子、丙寅、丁丑、丁卯、丁亥、己丑、己卯、己亥、庚子、庚寅、辛丑、辛卯、辛亥
二月	（1）乙丑、乙亥、丙子、丙寅、丙戌、丁丑、丁卯、丁亥，己丑、巳卯、己亥、庚子、庚寅、庚戌 （2）乙丑、乙亥、丙子、丙寅、丙戌、丁丑、丁亥、己丑、巳亥、庚子、庚寅、庚戌 （3）乙丑、丙子、内寅、丙戌、丁丑、己丑、庚子、庚寅、庚戌 （4）乙丑、乙亥、丙子、丙寅、丙戌、丁丑、丁亥、己丑、巳亥、庚子、庚寅、庚戌
三月	（1）甲戌、乙丑、乙酉、乙亥、丙子、丙戌、丁丑、丁酉、丁亥、己丑、己酉、己亥 （2）甲子、甲戌、乙丑、乙酉、乙亥、丙子、丙戌、丁丑、丁酉、丁亥、己丑、己酉、己亥 （3）甲子、甲戌、乙丑、乙酉、乙亥、丙子、丙戌、丁丑、丁酉、丁亥、己丑、己酉、己亥 （4）甲子、甲戌、乙丑、乙酉、乙亥、丙子、丙戌、丁丑、丁酉、丁亥、己丑、己酉、己亥
四月	（1）甲子、甲申、甲戌、乙酉、乙亥、丙子、丙戌、丁酉、丁亥、戊子、戊申、戊戌 （2）甲子、甲申、甲戌、乙酉、乙亥、丙子、丙申、丙戌、丁酉、丁亥、戊子、戊申、戊戌 （3）甲子、甲申、甲戌、乙酉、乙亥、丙子、丙申、丙戌、丁酉、丁亥、戊子、戊申、戊戌 （4）甲子、甲申、甲戌、乙酉、乙亥、丙子、丙申、丙戌、丁酉、丁亥、戊子、戊申、戊戌
五月	（1）甲申、甲戌、乙未、乙酉、乙亥、丙申、丙戌、戊申、戊戌、癸未、癸酉、癸亥 （2）甲申、甲戌、癸〔乙〕未、乙酉、乙亥、丙申、丙戌、戊申、戊戌、癸未、癸酉、癸亥

续表

五月	（3）甲申、甲戌、乙未、乙酉、乙亥、丙申、丙戌、戊申、戊戌、癸未、癸酉、癸亥 （4）甲申、甲戌、乙未、乙酉、己亥、丙申、丙戌、戊申、戊戌、癸未、癸酉、癸亥
六月	（1）甲午、甲申、甲戌、乙未、乙酉、戊午、戊申、戊戌、壬午、壬申、壬戌、癸未、癸酉 （2）甲午、甲申、甲戌、乙未、乙酉、戊午、戊戌、壬午、壬申、壬戌、癸未、癸酉 （3）甲午、甲申、甲戌、乙未、乙酉、戊午、戊戌、壬午、壬申、壬戌、癸未、癸酉 （4）甲午、甲申、甲戌、乙未、乙酉、戊午、戊申、戊戌、壬午、壬申、壬戌、癸未、癸酉
七月	（1）甲午、甲申、乙巳、乙未、乙酉、戊午、戊申、壬午、壬申、癸巳、癸未、癸酉 （2）甲午、甲申、乙巳、乙未、乙酉、戊午、戊申、壬午、壬申、癸巳、癸未、癸酉 （3）甲午、甲申、乙巳、乙未、乙酉、戊午、戊申、壬午、壬申、癸巳、癸未、癸酉 （4）甲午、甲申、乙巳、乙未、乙酉、戊午、戊申、壬午、壬申、癸巳、癸未、癸酉
八月	（1）甲辰、甲午、甲申、戊辰、戊午、戊申、辛巳、辛未、壬辰、壬午、壬申、癸巳、癸未 （2）甲辰、甲午、甲申、戊辰、戊午、戊申、辛巳、辛亥、壬辰、壬午、壬申、癸巳、癸未 （3）甲辰、甲午、甲申、戊辰、戊午、戊申、辛巳、辛未、壬辰、壬午、壬申、癸巳、癸未 （4）甲辰、甲午、甲申、戊辰、戊午、戊申、辛巳、辛未、壬辰、壬午、壬申、癸巳、癸未
九月	（1）戊辰、戊午、庚辰、庚午、辛卯、辛巳、辛未、壬辰、壬午、癸卯、癸巳、癸未 （2）戊辰、戊午、庚辰、庚午、辛卯、辛巳、辛未、壬辰、壬午、癸卯、癸巳、癸未 （3）戊午、庚辰、庚午、辛卯、辛巳、辛未、壬辰、壬午、癸卯、癸巳、癸未 （4）戊辰、戊午、庚辰、庚午、辛卯、辛巳、辛未、壬辰、壬午、癸卯、癸巳、癸未

续表

十月	（1）己卯、己巳、庚寅、庚辰、庚午、辛卯、辛巳、壬寅、壬辰、壬午、癸卯、癸巳 （2）己卯、己巳、庚寅、庚辰、庚午、辛卯、辛巳、壬寅、壬辰、壬午、癸卯、癸巳 （3）己卯、己巳、庚寅、庚辰、庚午、辛卯、辛巳、壬寅、壬辰、壬午、癸卯、癸巳 （4）己卯、己巳、庚寅、庚辰、庚午、辛卯、辛巳、壬寅、壬辰、壬午、癸卯、癸巳
十一月	（1）丁卯、丁巳、己卯、己巳、庚寅、庚辰、辛丑、辛卯、辛巳、壬寅、壬辰 （2）丁丑、丁卯、丁巳、己丑、己卯、己巳、庚寅、庚辰、辛丑、辛卯、辛巳、壬寅、壬辰 （3）丁丑、丁卯、丁巳、己丑、己卯、己巳、庚寅、庚辰、辛丑、辛卯、辛巳、壬寅、壬辰 （4）丁丑、丁卯、丁巳、己丑、己卯、己巳、庚寅、庚辰、辛丑、辛卯、辛巳、壬寅、壬辰
十二月	（1）丙子、丙寅、丙辰、丁丑、丁卯、己丑、己卯、庚子、庚寅、庚辰、辛丑、辛卯 （2）丙子、丙寅、丙辰、丁丑、丁卯、己丑、己卯、庚子、庚寅、庚辰、辛丑、辛卯 （3）丙子、丙寅、丙辰、丁丑、丁卯、己丑、己卯、庚子、庚寅、庚辰、辛丑、辛卯 （4）丙子、丙寅、丙辰、丁丑、丁卯、己丑、己卯、庚子、皮寅、庚辰、辛丑、辛卯

直到清初，因不同派别的术家屡起争执，甚至引发大狱[①]，钦天监监正安泰等遂于康熙二十四年（1685）奉敕编纂完成《钦定选择历书》十卷，但因该书并不曾"考究根源"，故大学士李光地于康熙五十二年（1713）又奉旨将曹震圭的《历事明原》重加考订，撰成《御定星历考原》六卷。乾隆四年（1739），因官刻的《钦定选择历书》和编制时宪书用的《万年书》中，仍有内容不一致且"参差错误"的情形，更动员了

---

① 如康熙三年（1664）杨光先掀起的"历狱"和二十二年（1683）叶钟龙告王府动土等案。参见拙文《择日之争与康熙历狱》，《清华学报》（新竹）1991年新21卷第2期，第174—203页。

近五十名官员和钦天监官生，以两年多时间，对先前流传的各种选择神煞进行详细的整理与辨析，试图"尽破世俗术家选择附会不经拘忌鲜当之说，而正之以干支生克、衰旺之理……使览者咸得晓然于趋吉避凶之道，而不为习俗谬悠之论所惑"，终在乾隆六年（1742）十二月，完成《钦定协纪辨方书》三十六卷①。此书的颁行，为众说纷纭的选择术奠定了一由官方背书的"正统"，直至今日仍被选择家奉为圭臬，并成为中国历代由官方所编修的最重要的术数类书籍。

经查《协纪辨方书》中"阴阳不将"一条（卷四，第52—54页），仍与《历事明原》同样摘引《天宝历》中的叙述，但文字已作了些许校正，如将"命为子午"改作"会于子午"，并将"厌前枝干自相配者"改称阳将，"厌后枝干自相配者"改称阴将②，且将冲犯阳将、阴将、阴阳俱将的后果，从"杀""丧"改成程度较轻微的"伤"。唯对阴阳不将的遁法仍未能提供一明晰的解说。

倒是明末所出版的《历法大旨通书》中，在"阴阳不将日局"条下有云：

> 正月，月厌在戌，厌对在辰。自辛至巽，为前、为阳；自乾至乙，为后、为阴。阳边取干，阴边取支，干支配合，乃为不将。纯阳边取干支为阳将，纯阴边取干支为阴将。若反阴边取干、阳边取支，为阴阳俱将。《总圣》云："阴将，女死；阳将，男亡；阴阳俱将，男女俱伤；阴阳不将，乃得吉昌。"《撮要》云："若非不将日，虽得天、月德诸吉星，亦不可用。"将字平声，俗作去声，非也……。又如正月月厌在戌，厌对在辰，于厌前取丙、丁、庚、辛为日干，厌后取亥、子、丑、寅、卯为

---

① 〔清〕允禄等：《钦定协纪辨方书》，第6页。

② 明末亦有术家批评曰："不将之义不通，不以月建及月建对冲日分阴阳，而以月厌、厌对分阴阳，一不通也。不以面前为阳，而以背后〔后〕为阳，是以臀为面，面为臀，二不通也。"参见黄一凤《重订选择集要》，《四库全书存目丛书》景印辽宁省图书馆藏明钞本，原成书于天启四年，第63页。

日支，干支相合为阴阳不将，如戊、己日干亦寄在月厌之前，又于厌后取支，合成不将之日。①

明清两朝风行一时的《玉匣记》，称一般习学者多不能明白不将吉日所采取的"干支比和"之理，以致"广有错误"，而其所提供的图文说明亦与《历法大旨通书》相近。② 类似的叙述，笔者在荷兰莱顿（Leiden）大学所藏的《大清咸丰七年崇道堂罗传烈通书》以及家藏的乾隆《峻英堂罗元清万福通书》中，也均可见到。下文即据此铺陈出阴阳不将的原理与规则。

前引文中的月厌与厌对同为神煞名，所值之日均忌嫁娶，其中月厌每月逆行十二支，而厌对所在的地支，则与月厌正对。以正月为例，月厌在戌，厌对在辰，如以戌辰连线将二十四山分隔为两半③，位于月厌之前（逆时针方向）从辛至巽的部分属阳，具体指的是辛、酉、庚、申、坤、未、丁、午、丙、巳、巽；位于月厌之后（顺时针方向）从乾至乙的部分属阴，具体指的是乾、亥、壬、子、癸、丑、艮、寅、甲、卯、乙。其中天干中的戊、己，虽因位在中宫，而不入二十四山，但其情性则分别寄于艮、坤之上。

当正月的厌前干（辛、庚、己、丁、丙）自配厌前支（酉、申、未、午、巳），因纯阳无阴，是为阳将。在此，"将"字读音同"江"，为"逝去、过去"之意，故阳将伤夫。厌后干（壬、癸、戊、甲、乙）自配厌后支（亥、子、丑、寅、卯），因纯阴无阳，是为阴将，伤妇。庆后干

---

① 〔明〕张逢隆：《新编历法大旨阴阳理气大成通书》卷7，笔者自藏万历二十九年刊本之影本，第14页。

② 〔明〕许真君：《增补选择通书玉匣记》卷下，笔者自藏道光十四年聚三堂重刻康熙二十三年序刊本，第6—7页。

③ 古代术家将地平经度分成二十四个方位，各为15°，以四维（艮、巽、坤、乾）、八干（除戊、己之外的天干）、十二支名之，称之为二十四山，从子位顺时针方向依序为癸、丑、艮、寅、甲、卯、乙、辰、巽、巳、丙、午、丁、未、坤、申、庚、酉、辛、戌、乾、亥、壬。

（壬、癸、戊、甲、乙）配厌前支（酉、申、未、午、巳），因阳非其阳、阴非其阴，是为阴阳俱将，男女俱伤。厌前干（辛、庚、己、丁、丙）配厌后支（亥、子、丑、寅、卯），由于干为阳，当居于前，支为阴，当从其后，是夫唱妇随之理，是为阴阳不将，夫妇荣昌。此故，正月的阴阳不将日为辛亥、辛丑、辛卯、庚子、庚寅、己亥、己丑、己卯、丁亥、丁丑、丁卯、丙子、丙寅等十三日（余月见表三，其中正月至五月均各有二至三个亥日）。此一阴阳不将的遁法，在有些书中乃以口诀简单表示，如称："月厌前干配后支，阴阳不将无差误，二十四山无戊己，春冬在己夏秋戊。"①

《协纪辨方书》卷三十五中有云："凡嫁娶吉日，宜不将、天德、月德、天德合、月德合、母仓、黄道，上吉。次吉：月恩、益后、续世、戊寅、己卯、人民合日。又，日辰合吉，虽无不将，亦可用，不必拘也。"从此段文字可知阴阳不将仍被视为最利嫁娶之日，但如逢其他吉神，虽非不将日，亦可行嫁，不必太拘忌。同书卷四中还特别注明："阴阳不将者，乃堪舆家之吉日，凡事可用，非仅施之嫁娶也。惟六月戊午为逐阵，不可用。……此法最古，其于阴阳之义，亦最微妙、缜密，良不可忽也。"其中逐阵为神煞之名，同卷引《堪舆经》曰：

六月，阳建于未而左行，阴建于巳而右行，阴阳相背，分别于午，故以戊午、丙午为六月逐阵。十二月，阳建于丑而左行，阴建于亥而右行，阴阳相背，分别于子，故以壬子、戊子为十二月逐阵。

由于逐阵乃阴阳相背之日，对象征阴阳的夫妇而言，其意义颇不合宜，故《协纪辨方书》指出在嫁娶择吉时应予排除，而阴阳不将日当中仅六月戊午属逐阵之日。

有关将日传承的历史，择日界人士多不甚了了，如清代的青江子

---

① 林澄清：《大正七年择吉全书》，台北：敬授堂，1917年，第32页。

（问万珍之别号？）在其《选时造命》一书中即称："阳将、阴将、俱将等日，官书多载宜嫁娶，可知其将日非古法，乃明季新增者。"① 其实，宋朝陆泳的《吴下田家志》早就有"嫁娶忌阴将、阳将"之说②，至于乾隆以后的官历之所以在铺嫁娶吉日时不忌阳将、阴将和俱将，乃因当时并不以其为极凶恶的神煞，此故，一般术家多认为只要逢大吉之神即可取用，如称逐月嫁娶吉日"合季分，虽将不忌"③。

虽然《协纪辨方书》把阴阳不将视为嫁娶的大吉之日，并提供一"理性解释"，但或因天文官生及民间选择家直接参考该书卷二十至卷三十一的月表（逐月列出各干支日的吉神、凶煞和宜忌），而这些表中却未完全遵依前面篇章中所论述的义理，如正月的辛亥、己亥、丁亥三日，虽逢不将，却因犯河魁、劫煞、重日、勾陈等凶神，而被注成"忌嫁娶"。此一情形或因婚姻乃人生难得的大喜之日，故虽阴阳不将属大吉，但如该日亦恰逢亥日等凶神，一般人或宁可多花点功夫诹吉，也不愿自触霉头。

倒是一千多年前的选择家确把阴阳不将视为大吉大利的嫁娶日子。经查表一所列敦煌具注历中的四十二个铺注嫁娶吉的亥日，我们可以清楚发现，除了五例（有★符号者）之外④，余均恰属该月（以节气的起始为准）⑤ 的阴阳不将日。至于前文所举敦煌具注历中的十五个巳日铺注嫁娶吉的案例，除唐昭宗景福二年（893）八月八日乙巳外，亦均属阴阳不将日。

---

① 〔清〕青江子：《选时造命》卷 4，笔者自藏乾隆七年明新堂序刊本，第 65 页。

② 转引自明陶宗仪等《说郛三种》卷 87，上海：上海古籍出版社，第 12 页。

③ 见秦玉田《选择醒迷全书》卷 6 上，笔者自藏咸丰十一年红药山房初刊本之影本，第 132 页。

④ 在这些例外当中，有三例适逢天恩，天恩虽属大吉，但后世的选择书多只记其宜"施恩赏、布政事、恤孤茕、兴宴乐"，并未称其宜行嫁。如见曹震圭《历事明原》卷 2，第 4—5 页。

⑤ 以选择术推算每月神煞所在时，各月起始点的定义，并非指的是历法中的朔日，而是指各月对应的节气，此一传统或可远溯自现存的各汉简残历。参见本书《从尹湾汉墓简牍看中国社会的择日传统》。

四、 近人对 "亥不行嫁" 避忌的态度

即使有《协纪辨方书》所提供之理论基础作为后盾，近代所出版的绝大多数的皇历和通书，在"宁信其有"的心态下，终不敢放弃"亥不行嫁"等长期流传的避忌。如在李奉来撰于乾隆三十六年（1771）的《新订崇正辟谬通书》中，即谓："官历逐月所载嫁娶日，未合不将者甚多。①而官方所编时宪书与民间所编通书中的嫁娶吉日，更屡见出入。雍正四年（1726），就曾发生过一个相当特殊的案例，当时有古北口游击刘继鼎在参考通书后择于十月十三日婚娶，经提督郭成功参奏，得旨："朕观历本所载，此日无嫁娶之期，刘继鼎乃敢肆意妄行，将伊革职，交部从重治罪"，刘氏竟因嫁娶诹吉不合官历而遭到革职的重惩。②

同样，选择家亦有所谓的嫁娶大利月之说，认为依女方出生的年支，每年仅有两个月为吉期。③虽然《协纪辨方书》力辟并删除嫁娶大利月，称："阴阳家言多病迂泥，术士捏造，益属荒唐，而惑世诬民，则未有如合婚大利月之尤甚者。"且沈重华等术家亦称此乃"术家妄捏，不必从"④，

① 〔清〕李奉来：《崇正辟谬永吉通书》卷9，笔者自藏乾隆三十六年英德堂序刊本，第5页。坊间有竹林书局的石印本误作者为李泰来。

② 〔清〕青江子：《选时造命》卷四，第63页。

③ 明万历五年（1577）七月，皇太后命钦天监为皇帝大婚择吉期，由于即将册立的皇后王氏乃嘉靖四十三年（1564）甲子岁生，依嫁娶大利月之术，大利月应为六月和十二月，钦天监于是建议在十二月行礼，但宰辅张居正奏曰："祖宗列圣婚期，多在十六岁出幼之年……今皇上圣龄方在十五，中宫亦止十四岁，若待来年十二月，则过选婚之期一年有余，于事体未便，若即用今年十二月，则又太早矣！该监又称一年之间止剩十二月，余月皆有碍。臣等窃惟帝王之礼与士庶人不同，凡时日禁忌，皆民间俗尚，然亦有不尽验者……况皇上为天地百神之主，一举一动，白神皆将奉职而受事焉，又岂阴阳小术可得而拘禁耶！"皇太后因此裁定在翌年三月以前择吉成礼，结果钦天监选于六年二月庚子举行大婚之礼。参见《明神宗实录》卷72，京都：中文出版社，1984年，黄彰健校勘本，第7页；《万历起居注》，北京：北京大学出版社，1988年，景印明末清初钞本，第453—457页。

④ 〔清〕沈重华：《选择通德类情》卷12，新竹：竹林书局，景印清末民初石印本，原撰于乾隆三十六年，第4—5页。

但民间并不敢摒弃其说，以致秦玉田在其《选择醒迷全书》中有云：

> 其来已久，举世用之，不敢有犯。今欲从而辟之，则牢不可破，反生人之毁谤愤怒而不遵从。不如将《协纪》、重华辨讹之论，详录于内，使人观其辞而思其理。以俟其自悟之为有益也。倘识见浅陋，终不了悟，心中疑惧，不敢偶犯，从而遵信之，亦听人之自便可也。①

声称如大家无法了悟，听人自便亦可。

台湾近代择日界主要是承接泉州洪潮和继成堂趋避通书的传统②，在深受洪氏三房《剋择讲义》一书的影响之下，情形尤其如此，该书在解《玉历碎金赋》中"亥不嫁娶"一句时，除称"亥乃彭祖忌之日，不能嫁娶"外，更强调"吉亦不能抵制"③。然而，前文早已指出术家原亦有以巳日或辰日不宜嫁娶者，稍后此说始逐渐被亥日的禁忌所凌驾。至于彭祖百忌中的亥日，原先亦无"不行嫁"之说，且该说在唐末至宋初时期亦非是一可以凌越阴阳不将等大吉之神的"排他条款"！

前引《玉历碎金赋》共六十八句④，其文曰："嫁娶之法说与知，先将女命定利期，次用男命配选日，女命为主要吉利……"，乃综合叙述嫁娶趋避之原则。此赋或自乾嘉以后始流行，因康熙二十三年（1684）初刊、乾隆四十七年（1782）重刊的《陈子性藏书》中，并未见此，而在曾呈祥所编《康熙二十九年庚午日用集福通书》以及余兼略所编《康熙三十年岁次辛未六螭集七政便览通书》中亦不见，但在嘉庆二十年（1815）出版的洪氏继成堂通书中则已出现。⑤透过术家的推波助澜，

---

① 〔清〕秦玉田：《选择醒迷全书》卷6上，第126页。

② 据笔者粗略估计，目前台湾所出版的通书，约有三分之二以上均直接或间接源自洪氏第三房。参见本书《通书——中国传统天文与社会的交融》。

③ 洪永言：《剋择讲义》，新竹：竹林书局，景印民国间铅印本，第2期，第14页。

④ 有的文献记此赋仅二十六句，见胡晖《选择真镜》卷5，笔者自藏同治八年刊本之复印件，第8页。

⑤ 此三本通书现均藏于伦敦的大英图书馆中。

《玉历碎金赋》对近两百年来中国社会嫁娶诹吉之事的影响颇大。

据笔者所知，近世只有极少数的选择家敢于挑战"亥不嫁娶"的俗忌，如在民国18年和19年的广东《崇道堂罗传烈通书》以及光绪三十二年（1906）年的湖南《大经元通书》中，均曾在嫁娶课中明列亥日为吉日。此外，民国62年的台湾《五福堂铁笔子通书便览》中①，亦曾指出嫁娶吉日乃以不将为重，并指出同光四年（926）具注历在二月丁亥、己亥以及五月辛亥（应为乙亥之误）条下，均注"嫁娶吉"，但或因其举证与论理均不够充分，且因此一俗忌早已深入人心，以致该说并未受到足够重视。

夫妇作为人伦之大，大家当然都希望对关系终身幸福的婚姻能郑重其事，却又往往迷惘不安，对许多相信选择术效用的当事人和其亲友而言，透过此术可以主动营造出一个令相关人士宽心的氛围，这应是嫁娶诹吉在现代社会中最正面的价值，亦即，它的意义主要是在心理的层面上。

然而，如果我们要选择一个全无凶煞的嫁娶大吉之日，实际上或许是缘木求鱼。因为以明胡献忠所撰的《大统皇历经世》一书为例，其中列举了凶煞共二百二十五位，而明白指称忌嫁娶的就有五十六位，此外，还有四十八位是属于"百事不宜"②！洪潮和次男彬成亦尝曰："嫁娶杂煞共二百八十六条，虽神乎技者，选择不能无犯，总要制化得法，□□□凶为吉。故凶煞虽多，不外乎《碎金赋》为准……"③

类似情形也发生在出行的择日，因为真要对所有相关凶煞均确实加以避忌的话，很容易造成"无吉辰可用"，故有术家建议："或不能尽去其凶，得吉多凶少，亦皆可用……是日子不可太求全也。"此外，如事急

---

① 本文中所引各通书，如未特别注明，均为笔者自藏的原刻本或复印件。

② 〔明〕胡献忠：《大统皇历经世》卷上，《四库全书存目丛书》景印北京故宫博物院藏明刊本，第36—40页。

③ 〔清〕洪彬成：《大清嘉庆十二年继成堂趋避通书》，荷兰莱顿大学汉学院图书馆藏，页码不详。

不暇择日，亦有人认为即使恰值凶日也可从权，只要选择在黄道吉时由吉门出行即可。^① 这也就是部分术家所谓"年之善，不如月之善；月之善，不如日之善；日之善，不如时之善"的主张^②，他们尝试透过吉时或吉方的诹取，为选择术打开一个新的自由度。然而，此理念似乎仍仅停留在理论的层次，尚未获得多数择日界人士的具体认同。

现今台湾民众在安排婚嫁的日子时，为配合亲友的作息，大多优先考虑周末，并往往会参考民历、通书，或是直接咨询择日馆^③，以致各餐厅一年中的喜宴常集中在少数所谓的嫁娶吉日（各家通书并不全同），而前文所提及的亥日（每年约三十天），则几乎无人敢犯大不韪。事实上，如遵照近世流传的择日公规，每年宜嫁娶且又逢周末的大吉之日，可说极其有限。如以嘉庆二十年洪氏二房继成堂通书、民国 18 年洪氏三房继成堂通书和 1994 年正福堂蔡炳圳七政经纬通书为例，在当年逐日的铺注当中，分别仅有二十九天、二十一天和二十五天符合此一条件。若再考虑男女两造不同年庚所逢的冲杀，堪用的吉日可说屈指可数。

五、 小结

虽然台湾各家通书中对嫁娶吉日的选择颇多拘忌，但透过本文的讨论，我们可以发现各神煞的铺注规则，原本有其理论基础与内在逻辑，只是一般术家多仅流于套用传抄，无能究根溯源，再加上对未知世界的莫名恐惧，相关的凶煞遂因此不断增添积累，终至自缚手脚。

选择术或为中国社会所流传各类术数当中内容最庞杂者，此术透过

① 参见本书《从尹湾汉墓简牍看中国社会的择日传统》。
② 见林澄清《大正七年择吉全书》，页 61。
③ 嘉庆间至民国初年出版的洪氏继成堂通书中，每年均会针对十四至二十四岁的女子，胪列其大吉的嫁娶之日，但随着社会形态的变迁，在新近出版的通书中，有改列十八至三十五岁女子的嫁娶吉课者，更有特别列举"周休假日嫁娶吉课"者，如见《2000 年朱胜麒革正通胜》，新竹：竹林书局，1999 年。

时空的制约，持续影响历代亿万中国人的日常生活。然而日益膨胀的神煞族群，大幅压缩了选择术的呼吸空间。或许只有在"避凶不如择吉，择日不如选时"的大方向之下，笼罩中国社会两千多年的选择术才有机会走出死胡同，以适应现代社会的脉动与需求。

至于术数史的研究，虽然先前较少获得学术界足够的关注，但它其实很有机会成为一把开启了解古代通俗文化和生活礼俗之门的锁钥。再者，即使我们在短期之内无从改变社会大众对术数的依赖，在适当的方式之下，学界人士亦应考虑如何透过相关的研究成果，去影响并教育一般民众，以达到移风化俗的积极目的。

[原刊于黄一农《嫁娶宜忌：选择术中的"亥不行嫁"与"阴阳不将"考辨》，收入刘增贵编《法制与礼俗》，台北："中央研究院"历史语言研究所，2002年，第285—308页。]

清前期对"四余"定义及其存废的争执

所谓"四余"乃指罗睺、计都、月孛及紫气四颗虚构的星体，本文尝试就其自印度传入中国的过程、各星定义的演变及其在术数上的应用作一广泛的探讨，并对入清以来新、旧法天文家间长达近百年的四余删改之争进行深入分析，希望能借此个案具体突显出中国古代天文与社会间的密切互动关系。

一、前言

顺治元年（1644），耶稣会士汤若望（Adam Schall Von Bell，1592—1666）率天主教天文家争得清钦天监的领导权后[①]，原监中信奉不同宗教的天文家即遭多方排挤。顺治十四年，因事被革职的回族秋官正吴明炫上疏摘斥新法所推交食及水星伏见有误，并抨击新法中有遗漏紫气、颠倒觜参、颠倒罗计三款错误。[②] 此处所称的罗计乃分指罗睺（或书作罗睺[③]）与计都两曜，星家将其与紫气（或书作紫炁）、月孛合

① 参见拙文《汤若望与清初西历之正统化》，收入吴嘉丽、叶鸿洒主编《新编中国科技史》下册，台北：银禾文化事业公司，1990年，第465—490页。

② 汤若望：《奏疏》卷3，台北故宫博物院藏《西洋新法算书》清刻本，第29—32页。

③ 本文中除非直引原典，否则均一律将此曜之名书作罗睺。

称为四余，同属会移动而无光象的"隐曜"，亦即为星占学上虚构出的星体。吴明炫在此一讼争中惨遭失败，并拟处绞刑，但幸遇顺治宠妃董鄂氏生子恩赦，而于十四年十一月免罪释放。①

顺治十六年五月，布衣杨光先（1597—1669）作《摘谬论》攻讦西法，其中四余又再度成为论争的焦点之一。顺治十七年五月，杨光先将《摘谬论》并同其他抨击西人西教的疏论赍投，但因汤若望当时在政坛上的影响力相当大，使得通政使司竟然违背常例拒绝受理此事。②

康熙三年（1664）七月，杨光先再度展开反教的行动，向礼部密告监官李祖白造传《天学传概》惑众③，并告天主教会有图谋不轨等事。由于当时的政治局势已与顺治末期大不相同，在吴明烜（此为吴明炫因避帝讳所新改之名④）及前礼部尚书恩格德以及辅政大臣等的支持下，杨光先成功地掀起"历狱"，并将天主教势力一举排出钦天监之外⑤，杨氏在出任监正后，即依其先前的主张改依古法定义四余。

康熙七年十二月，南怀仁（Ferdinand Verbiest，1623—1688）等奏劾钦天监监副吴明烜所修的历书多误。康熙八年二月，杨光先以"职司监正，历日差错不能修理，左袒吴明烜，妄以九十六刻推算乃西洋之法，

---

① 参见拙文《清初天主教与回教天文家间的争斗》，《九州学刊》1993 年第 5 卷第 3 期，第 47—69 页。

② 〔清〕杨光先：《距西集》，台北"国家图书馆"藏善本，第 6277 号，顺治十七年五月二十二日所上之奏疏。参见拙文《杨光先著述论略》，《书目季刊》1990 年第 23 卷第 4 期，第 3—21 页。

③ 此书乃据天主教的人类起源说，主张中国人为如德亚人（即今所称之犹太人）的苗裔，且附会称中国先秦文献中的"天""上帝"等名词，即天主教所尊奉的神，并由此论证天主教在上古时即已昌明于中夏。参见拙文《康熙朝涉及"历狱"的天主教中文著述考》，《书目季刊》1991 年第 25 卷第 1 期，第 12—27 页。

④ 拙文《吴明炫与吴明烜——清初与西法相抗争的一对回族天文家兄弟?》，《大陆杂志》1992 年第 84 卷第 4 期，第 1—5 页。

⑤ 见拙文《择日之争与康熙历狱》，《清华学报》（新竹）1991 年新 21 卷第 2 期，第 247—280 页。

必不可用",遭革职。① 此后,南怀仁即奉旨治理历法,并在历日中再度以汤若望先前之法处理四余,但此一异于传统的方式,一直无法获得社会的全面认同。直至乾隆初,保守人士终于迫使以西法制历的钦天监在四余一事上妥协,亦即在历中重新增列紫气,并将罗、计的定义改复古法(详见后文)。

由于先前学界很少论及中、西法对四余的争执,甚至对传统四余的介绍亦不多见,故笔者在此文中将先以相当篇幅就四余的源流、形性及其在术数中的应用,试作说明。次论及耶稣会天文家对四余的态度。末则详细析论删改四余一事在新、旧法抗争中所引发的争辩。文中除细述清代前期近百年间争论四余定义及存废一事的本质与过程之外,亦将尝试探究不同的文化背景如何影响中、西天文家对四余的态度,并借此一个案突显中国古代天文如何透过术数的应用,而与社会产生密切的互动关系。

二、 中国传统对四余的定义

中国古代天文、术数中的四余,多与日、月在天球上的视运动相关,但在自印度传入之后,其定义渐生变化。四余中的罗睺(Rahu)及计都(Ketu)均为梵语的音译,传说罗睺本为统领众魔的龙,曾与天神们联合对抗恶魔 Ananta,但在高奏凯歌之际,他却趁大家不备,偷喝了圣液,不料其罪行被太阳和月亮看见,就向众神告发,于是天神 Vishnu 赶去奋力将罗睺的头切下,然而此时圣液已在罗睺的体内发生作用,令其得以如同星体般永恒不灭,自此,罗睺的头以及他的身体——计都,即成为日、月两曜永不妥协的敌人,只要环境许可,他们即试图吞噬太阳和月亮,造成日、月食的现象,而计都的尾巴有时亦会以彗星的形貌出现在

---

① 《圣祖仁皇帝实录》,北京:中华书局,1985年,卷27,第25页;卷28,第6—9页。

世人之前。[1]

在中国，罗睺之名（当时有译为罗睺者）通常均以为最早见于唐开元六年（718）瞿昙悉达奉诏所译的《九执历》。[2] 所谓九执即九曜，指七政（日、月、五星）及罗睺、计都两隐曜。[3] 开元八年，南宫说奏称在己所编修的《九曜占书》中，必须量校星象，故请造浑天图，玄宗许之。[4] 南宫说为当世著名的天文家，稍后曾治《乙巳元历》[5]，并担任过太史丞。由《九曜占书》的书名，可知罗、计的躔度及其星占意义，应已渐为当时的中土天文家重视。另一位著名的天文家僧一行（683—727），相传更曾大量引进佛经中以罗、计占算吉凶的术法，如在《续藏经》所收题为一行撰著的《梵天火罗九曜》《北斗七星获摩法》及《炽盛光要法》中，即细述如何在隐秘处画形供养此两曜以禳灾。[6]

由西天竺国婆罗门僧金俱吒所撰集的《七曜攘灾决》，是在9世纪被译介入中国的，此书中对罗、计两曜曾提出相当具体的定义，曰：

> 罗睺，遏罗师者，一名黄幡，一名蚀神头，一名複，一名太阳首。常隐行不见，逢日月则蚀，朔望逢之必蚀，与日月相对亦蚀……对人本宫，则有灾祸，或隐覆不通，为厄最重。常逆行于天，行无徐疾，十九日行一

---

① W. Hartner：The Pseudoplanetary Nodes of the Moon's Orbit in Hindu and Islamic Iconographies, *Oriens-Occidens* Ⅰ（1968）pp. 349—404。

② 笔者怀疑至迟在6世纪末，此一名词即已传入，因隋代有一周姓大将军即以罗睺为名，而此字词在中文中相当罕见。《隋书》卷65，北京：中华书局（以下所引各正史版本均同此），第1523—1525页。

③〔唐〕瞿昙悉达：《唐开元占经》卷104，景印《钦定文渊阁四库全书》本，第10页；Yabuuti Kiyosi：Researches on the Chiu-chih li-Indian Astronomy under the T'ang Dynasty, *Acta Asiatica*, No. 36（1979），pp. 7—48。

④〔宋〕王溥：《唐会要》卷42，京都：中文出版社，1978年，第752—753页。

⑤ 参见拙文《中国史历表朔闰订正举隅——以唐〈麟德历〉行用时期为例》，《汉学研究》1992年第10卷第2期，第305—332页。

⑥ 此三书均收入《续藏经》第104册，台北：新文丰出版社，第370—377页及第389—392页。有学者怀疑这些书多为托名一行的伪作，但此说尚待进一步的考证；吕建福：《一行著述叙略》，《文献》1991年第2期，第96—108页。

度,一月行一度十分度之六,一年行十九度三分度之一,一年半行一次,十八年一周天退十一度三分度之二,凡九十三年一大终而复始。①

由其中"逢日月则蚀"的叙述,我们可推断此书中应是以罗睺为黄道与白道相交的两点之一。

由于地球的赤道部分较为鼓起,故会对月亮的运行轨道产生摄动(perturbation),而导致黄、白交点的连线发生转动,其方向则与月绕地的公转方向相反,此即现代天文学中所称的交点退行(regression of the nodes),而其周期即所谓的章动周期(nutation period),今测约为18.61年。此一黄白交点向西退行的现象,早在东汉末年就已由刘洪所发现。刘洪以为此点乃依每27683/1488(=18.60417)日退行一度的均匀速率运动,亦即一周天约需18.60年。② 而《七曜攘灾决》中所称的"一年行十九度三分度之一",相当于一周天18.62年,此与章动周期相当接近,更证实罗睺确为黄白交点之一。又据该书中所记元和元年(806)之后共93年的罗睺躔度推断,当时乃定义罗睺所在为黄、白道两交点中的升交点。③

在《九执历》中,罗睺又被称为"阿修",此历以显庆二年(657)

---

① 此书定义一周天为360度,此与中国传统所习用的365.25度有异,书中所定罗睺的行率,大约是每年均匀逆行19.355度,故称"一年行十九度三分度之一",又称"十八年一周天退十一度三分度之二(19.355×18=348.89=360−11.61),"且以罗睺在九十三年之后(19.355×93≈1800.00,即360×5,恰运行五周天),可在一年内的同一时日回到天球上的同一位置。参见金俱吒《七曜攘灾决》卷中,第703页,收入《续藏经》第104册;此书书名亦有作《七曜禳灾决》或《七曜攘灾诀》者。

② 陈美东:《刘洪的生平、天文学成就和思想》,《自然科学史研究》1986年第5卷第2期,第129—142页。

③ 参见金俱吒《七曜攘灾决》卷中,第703—708页;Michio Yano: The Ch'i-yao jang-tsai-chüeh and Its Ephemerides, Centaurus, vol. 29 (1986), pp. 28—35。又,在《七曜攘灾决》所记的五星及罗计行度表中,每年都记十二个入宿度值,Michio Yano认为此即记的是各月中气时的位置,但笔者以为表中所记应是各曜在各月节的位置,此因书中尝曰:"每年十二月皆以月节为正,其伏见入月日数,各从节数之,假令三月十日者,当数清明(按:此为三月节)后十日是也。"(卷中,第712页)

二月初一日为历首，其中记阿修的运行周期为 6794 日（约合 18.60 年），并称阿修在历首时乃位于"五相二十四度四十分"，由于一相即 30°，故约合黄经 174°.7，经以现代天文知识回推白道升交点的位置后，发现其在历首的平行黄经（mean longitude）应为 175°.9，显然此历亦是以罗睺为白道的升交点。[1] 又，我国古代云南傣族所使用的印度系统历法，同样是将罗睺定义成白道的升交点。[2]

至于计都的形性与行度，《七曜攘灾决》中称：

> 计都，遏逻师，一名豹尾，一名蚀神尾，一名月勃力，一名太阴首。常隐行不见，到人本宫，则有灾祸，或隐覆不通，为厄最重。常顺行于天，行无徐疾，九日行一度，一月行三度十分度之四，九月行一次，一年行四十度十分度之七，凡九年一周天差六度十分度之三，凡六十二年七周天差三度十分度之四。[3]

由其中"常顺行于天"一语，知当时所定义的计都应与黄白交点无关。而计都每约九年顺行一周天的运动，与月球近地点或远地点的拱线运动（apsidal motion）十分相近[4]，经比对《七曜攘灾决》一书中所记

① 〔唐〕瞿昙悉达：《唐开元占经》卷 104，第 10—11 页；Yabuuti kiyosi, "Researches on the Chiu-chih li"。

② 张公瑾、陈久金：《傣历研究》，收入《中国天文学史文集》第二集，北京：科学出版社，1981 年，第 231—237 页。

③ 金俱吒：《七曜攘灾决》卷中，第 709—712 页。此文中所谓"九年一周天差六度十分度之三"，乃指九年总共行一周天又 6.3 度（因一年行 40°.7，故 40°.7×9＝366°.3＝360°+6°.3）

④ 月球近地点与远地点的连线（名曰拱线：Apsidal Line）在太阳重力的影响下，会以每 8.85 年一周天的速率顺行。此一拱线运动在中国早于汉代时即已由贾达发现，他并提出月行最疾点每九年运行一周天的约略值。参见陈美东《论我国古代年、月长度的测定（上）》，收入《科技史文集》第 10 辑，上海：上海科学技术出版社，1983 年，第 9—26 页；郭盛炽《我国隋代以前月行迟疾资料精度分析》，《中国科学院上海天文台年刊》1989 年第 10 期，第 210—217 页。

元和元年之后共 62 年的计都躔度后，发现计都应指的是远地点。①

此一以罗睺为白道升交点、计都为月亮远地点的说法，亦曾随留学僧传入日本，现今日本尚存有两幅早期以九曜位置占算星命的天宫图，年代分别系于公元 1113 年及公元 1268 年，其中罗、计的躔度即依类似《七曜攘灾决》的方式推步。②

公元 8 世纪末，相传尝造《符天历》行于民间的术者曹士蒍著有《罗计二隐曜立成历》一书③，《宋史·艺文志》中亦出现《符天九星算法》及《符天九曜通元立成法》等相关书名④。后周世宗（954—959）时，王朴更尝在进《钦天历》的奏表中称，九曜长久以来已变为"注历之恒式"⑤。由这些证据，可知罗、计两曜在唐末、五代时，应已相当受官方及民间历家的重视。

至于四余中的月孛及紫气两曜，传入中土的时间则稍晚。据明代邢云路所称，四余均出自《都赖聿斯经》。贞元（785—804）初，此书中推十一星（指四余及七政，又称为十一曜）躔度的天竺历术，始由婆罗门俊士李弥乾完整译出，但其中的推月孛之法，则早在一百多年前即已由李淳风（602—670）引入⑥。此处所称的《都赖聿斯经》，或已佚，应即《都利聿斯经》的异名同书，因据《新唐书·艺文志》中的记载，后者凡两卷，为都赖（指西域康居城的都赖水）术士李弥乾于贞元中传自西天

---

① Michio Yano：The ch'i-yao jang-tsai-chüeh and Its Ephemerides.

② Shigeru Nakayama：*A History of Japanese Astronomy*，Cambridge：Hervard University Press，1969，pp. 60—61；Michio Yano：The Ch'-i yao jang-tsai-chüeh and Its Ephemerides.

③ 〔宋〕陈振孙：《直斋书录解题》卷 12，收入《钦定文渊阁四库全书》第 674 册，第 30 页。

④ 《宋史》卷 206 及卷 207，北京：中华书局，第 5233、5274 页。

⑤ 《旧五代史》卷 140，北京：中华书局，第 1866 页。

⑥ 〔明〕邢云路：《古今律历考》卷 64，收入《钦定文渊阁四库全书》第 787 册，第 7—8 页。

竺，并由一名为璩公者译成汉文①，而此李弥乾应与邢云路所称的李弼乾同为一人。

邢云路对月孛传入中土的说法，不知有无确切的证据。经查，题为李淳风所注的《乙巳占》《乾坤变异录》及《玉历通政经》等书②，或李淳风所编制的《麟德历》中，均不曾见有只言涉及四余。且在其他6、7世纪的历算或术数文献中，亦均不曾见有涉及月孛及紫气的内容，故保守一点的说法，四余中的月孛与紫气两曜，或许同是在李弥乾之时始传入中土的。③

四余之说，最初或仅在民间流传，以为占算凶吉之用，此故在《宋史·艺文志》中可见到《五星六曜面部诀》类的书名。④ 在官方所使用的历法中，一直到明代的《大统历》，始正式出现推步四余的术法。⑤ 相传在金赵知微所重修的《大明历》中，亦有推四余法，唯在元初造历时失传，但明末耶稣会士罗雅谷（Jacques Rho，1590—1638）尝驳斥此说，称：

> 夫金、元相去未远，元初本承用金历，何遽失传？则是赵知微之猥滥如此，术及《转神历》皆俚鄙不经，殆耶律楚材、王恂、郭守敬诸人所讳也，何足述哉！⑥

---

① 《新唐书》卷59，北京：中华书局，1975年，第1548页；饶宗颐：《论七曜与十一曜》，收入饶氏著《选堂集林》中册，台北：明文书局，1982年，第771—793页。

② 〔唐〕李淳风：《乙巳占》，收入《丛书集选》第169册，台北：新文丰出版公司，1987年；〔唐〕李淳风：《乾坤变异录》，收入《中国哲学思想要籍续编》，台北：广文书局，1987年；〔唐〕李淳风：《玉历通政经》，台北"国家图书馆"藏明蓝格钞本。

③ 虽然紫气之名早已出现，但其意多指的是云气，而与星曜无关，如《史记索隐》引刘向《列仙传》曰："老子西游，关令尹喜望见有紫气伏关，而老子果乘青牛而过也。"参见《史记》卷63，第2141页。

④ 六曜乃指日、月及四余；《宋史》卷206，北京：中华书局，第5258页。

⑤ 《明史》卷36，北京：中华书局，第733—743页。

⑥ 罗雅谷的《月离历指》一书，乃收入《新法历书》中，引自《钦定古今图书集成》卷58，台北：鼎文书局，第3518—3519页。

自印度传入的四余，至迟在 11 世纪时，其定义开始发生改变。如北宋沈括（1031—1095）的《梦溪笔谈》一书，在讨论日、月食成因时，尝叙及罗、计曰：

> 黄道与月道，如两环相叠而小差。凡日月同在一度相遇，则日为之蚀；正一度相对，则月为之亏。虽同一度，而月道与黄道不相近，自不相侵；同度而又近黄道、月道之交，日月相值，乃相陵掩。正当其交处，则蚀而既；不全当交道，则随其相犯浅深而蚀……交道每月退一度余，凡二百四十九交而一幕。故西天法罗睺、计都皆逆步之，乃今之交道也，交初谓之"罗睺"，交中谓之"计都"。①

在此，沈括直指罗、计两曜为黄、白两道的两个交点。至于前引文中的"二百四十九"之数，李约瑟（Joseph Needham）博士以为应是"三百四十九"之误。他将"凡三百四十九交而一幕"释作乃指交点年的长度为 349 日②，但此说似嫌牵强，因原文中所称的"凡二百四十九交而一幕"，乃指的是"交道"（黄白交点）以每月一度余的退行速率，在经过 249 个交点月后，又回到原位置的现象，而与交点年根本是风马牛不相及的。③

元代民间学者赵友钦所撰的《革象新书》一书，更尝明确地定义四余，如以罗睺为降交点（由黄道面之北向南通过黄道之点，古名初交、

---

① 〔宋〕沈括著，胡道静校证：《梦溪笔谈校证》卷 7，上海：上海古籍出版社，1987 年，第 312 页。

② 参见 Joseph Needham and Wang Ling：*Science and Civilisation in China*，Vol. 3，Cambridge：Cambridge University Press，1959，p. 416。所谓的交点年（Nodical Year），乃指太阳在天球上连续两次经过月球轨道升交点所需的时间间隔，今测值约为 346.62003 日。

③ 所谓的交点月（Draconic Month），乃指月亮连续两次通过升交点所需的时间，今值约为 27.2122 日，东汉时，刘洪所推的交点月周期，即已与今值相当接近。参见陈美东《刘洪的生平、天文学成就和思想》。而 249 个交点月约相当于 18.6 年，此即黄白交点退行的周期。

正交、天首或阳历口），计都为升交点（由黄道面之南向北通过黄道之点，古名中交、天尾或阴历口），其文曰：

> 月行不由黄道，亦不由赤道，乃出入黄道之内外也。北有紫微垣，帝座居之，故北曰内，南曰外……月道与黄道相交处在二交之始，强名曰罗睺；交之中，强名曰计都。自交初至于交中，月在黄道外，名曰阳历，乃背罗向计之处也；自交中至于交初，月在黄道内，名曰阴历，乃背计向罗之处也。①

同书中亦详载月孛及紫气的行躔，称：

> 夫月孛者，是从月之盈缩而求，盈缩一转该二十七日五十五分四十六秒，月行三百六十八度三十七分四秒半，孛行三度一十一分四十秒半，以黄道周天之度并孛行数，即月行处也，大约六十二年而七周天，太阴最迟之处与其同躔。夫紫炁者，起于闰法，约二十八年而周天也，《授时历》以一十日八十七分五十三秒八十四毫为岁之闰，紫气则一岁行一十三度五分四秒六十毫八十芒，两数比之，乃加二之算，二十八年十闰，紫气周行十二宫，亦加二之算也。②

若以现代的天文术语表示，此书中即定义月孛为月球绕地椭圆轨道的远地点（月行最迟之处），显然此时中国四余中的月孛已将原先印度传来的计都取而代之了。

至于紫气一曜，历家多以为与闰余相关，因约二十八年有十闰，故定义紫气每二十八日行一度，亦即每二十八年行一周天。由于紫气为四

---

① 〔元〕赵友钦：《革象新书》卷 2，收入《钦定文渊阁四库全书》第 786 册，第 9—10 页。

② 〔元〕赵友钦：《革象新书》卷 3，第 17 页。

余中唯一无天文学上具体相应意义者，故后世亦有学者提出其他附会的解释，如清初的天算家游艺，虽其本身精于西法，但仍无法跳脱传统，完全屏弃紫气，尝称："紫气者，元算生于闰余，或为土、木二星相会之所，或古人以此纪直年耳，故二十八年月之闰余而生气一周，皆是交食之积算也。"① 清初另一位会通中西的天算家王锡阐（1628—1682），则试图赋予紫气较具天文意义的内涵，称：

> 四余皆缘日月躔离而生，实无星象可指，或言气为月华、孛为彗孛者，妄也！近世有论天无紫气者，支分缕析，反覆十有余条，辨则辨矣，然气失手闰，本非无因，但年远数盈，苟不探本穷源，未易修改，况合气与朔而成闰，是以有气不可无朔，术家弃朔而存气，端绪已失，故纠纷而不可理。余向推阳朔一行，为修改紫气之根，而草野无制作之权，未敢轻以问世。②

王锡阐在其《历法表》一书中，亦列有《四余立成》、《四余交宫》及《四余捷法立成》等内容，并以传统的均匀运动推其行度③。虽然中国传统均视四余为常隐不见的星体，但却以为在特殊的情形下，亦可如七政一般可以测得。如称罗、计因遮掩日、月光线以成蚀象，故在交食时即为可测。而紫气在"王者德至于天"时，亦可能视见，此即所谓的景星或称德星，其状如半月，通常生于晦朔，以"助月为明"。又，当有妖孽出时，古人认为月孛亦可能视见，其星为彗星之属，但却光芒四出，与一般光芒偏扫的彗星不同，见则必凶，如《春秋》中"孛见大辰"，或

---

① 〔清〕游艺：《天经或问》卷2，收入《钦定文渊阁四库全书》第793册，第32页。

② 〔清〕王锡阐：《大统历法启蒙·凡例》，收入氏著《晓庵遗书》，北京中国科学院自然科学史研究所藏康熙二年序刊本。

③ 〔清〕王锡阐：《历法表》下册，第14—26页。

"孛入北斗"之类的记载即属此。①

邢云路在其《古今律历考》一书中，即曾具体地讨论如何从两次紫气（或月孛）出现的位置及时间，验证其周天之数是否正确，其文曰：

炁生于十闰，月生于月迟，古有此说，然二皆隐曜。孛星间见于史乘，则宜取古一孛，见宿度日时刻，距今一孛，见宿度日时刻，用距积年月日时刻，以月孛周天之数而一，或可得也。至于紫炁，则古来所见者少，亦须候其前后两见，依求月孛术步之亦得，然所见既少，俟见而测知何时，姑立法可也。②

但由于邢云路以紫气与月勃两曜极为罕见，故其说仍只停留在理论的层次，而未曾付诸实证。

三、 四余在术数中的应用

古代官方天文家每年所推四余的躔度，均是附载于《七政历》之末，此一传统应是滥觞于五代或之前，因王朴尝以"先代图籍、今古历书，皆无蚀神首尾之文，盖天竺胡僧之袄说也"，而在其所撰的《显德三年七政细行历》中，力删一向附载于历尾的罗、计躔度。③ 由于王朴当时并不曾抨击四余中的其他两曜，其中紫气在历法上的意义尤其模糊，因知在五代时的官本《七政历》中，或仅记四余中的罗睺与计都两曜，此一编排或深受民间小历（如《符天历》）内容的影响。至于王朴在历日中删

---

① 〔明〕邢云路：《古今律历考》卷64，第8页。在题为一行所撰的《北斗七星护摩法》中有云："计都者，翻为旗也，旗者，彗星也。罗睺者，交会蚀神也。"显然中国四余中的月孛将原先印度以计都为彗星之属的意义亦取代了；〔唐〕一行：《北斗七星护摩法》，第390页，收入《续藏经》第104册。

② 〔明〕邢云路：《古今律历考》卷72，第6页。

③ 《旧五代史》卷140，第1866页。

削罗、计之举，并未曾在后世形成定制，因在台北"国家图书馆"尚存的明清两代官本《七政历》中，仍一直可见记有四余行度。①

南宋宁宗嘉泰（1201—1204）年间，臣僚曾上言曰：

> 颁正朔，所以前民用也。比历书一日之间，吉凶并出，异端并用，如土鬼、暗金凡之类，则添注于凶神之上犹可也，而其首则揭九良之名，其末则出九曜吉凶之法、勘昏行嫁之法，至于周公出行、一百二十岁宫宿图，凡闾阎鄙俚之说，无所不有。是岂正风俗、示四夷之道哉！愿削不经之论。②

由此疏的叙述，可知在宋代的民历中多记有九曜吉凶之法，但自嘉泰之后，此一内容连同其他的"不经之论"，均奉旨从民历中删除。

经查敦煌石室所出的《太平兴国三年应天具注历日》残卷（斯612号），确实见有"九曜歌咏法"。此一大本历日虽为当时历家王文坦所自行编制的，但王氏当时曾据北宋司天台的官本勘定，故其内容或与中朝之历相当接近。③而在南宋现仅存的宝祐四年（1256）及嘉定十一年（1218）两民历残本中，则均未见有关九曜吉凶的内容。至于其他宋代以后的官颁民历中，亦一直不曾再出现九曜吉凶之法。

《七政历》在清初一直仅颁于直隶八府而不曾广颁各省④，而民间射

---

① 该馆目录上称明正德十四年（第6293号）、嘉靖八年（第6295号）、嘉靖十四年（第6297号）、嘉靖二十四年（第6303号）以及嘉靖二十八年（第6306号）等历日均为不著撰人的明刊本"历书"，但由各本的内容及书首所钤用的大型正方印信判断，这几本历日应均为钦天监印行的官本《七政历》。

② 《宋史》卷82，第1947页。

③ 参见拙文《敦煌本具注历日新探》，《新史学》1992年第3卷第4期，第1—56页。

④ 如王锡阐为辨别南怀仁与汤若望所推七政躔度的方法是否相同，即尝托其友潘耒在京代买康熙十年的《七政历》一本。〔清〕王锡阐：《答潘次耕书》，收入王氏著《晓庵先生文集》卷2（北京中国科学院自然科学史研究所藏），第28页。

利之徒为因应社会的需求，乃印售所谓的《便览通书》，以供术家使用。① 由于当时民间所印的《通书》中，许多内容仍依据传统旧历的规则②，使用新法的钦天监为杜绝此一现象，曾于康熙十九年正月奏请全面颁行《七政历》，上因问大学士李霨的意见，李氏对曰："颁行亦无益，星家所用皆与此不同"，康熙帝最后谕旨仍照现行例施行，称："《七政历》分析节气极为精细，但民间所用皆是《便览通书》依旧历所分节气，虽颁发《七政历》，未必能用。"③ 由此显见民间对七政四余躔度的需求，一直是着眼在术数的应用上。

虽然四余的推步多与交食及月离的计算攸关④，然而此一意义需要具备相当的天文专业素养始能领会。在广大的中国社会中，四余则渐被神格化，如道教中即出现"交初建星罗睺隐曜星君""交终神尾坠星计都星君""天一紫炁道曜星君""太一月孛彗星星君"等神名⑤。又京戏中的《双观星》一剧，在记史建唐与高行周私出军营，至观星台上察看敌

---

① 南怀仁等：《熙朝定案》（法国巴黎国家图书馆藏本，编号 BNP 2908Ⅱ），第 164 页。此为康熙十八年十二月钦天监监正安泰等所上之题本，但巴黎国家图书馆藏本缺此疏的第二页，在汤若望撰著、南怀仁校订的《民历铺注解惑》（BNP 4982）书末，则恰收有该页；拙文《汤若望〈新历晓或〉与〈民历铺注解惑〉二书略记》，《"国立中央图书馆"馆刊》1992 年新 25 卷第 1 期，第 151—157 页。又在清初小说《云仙笑》中，曾述及一名乐公济者，专从事合婚选日的生意，此君案头即置有一本占算时参考用的《七政通书》。天花主人原著，朱眉叔校点：《云仙笑》，沈阳：春风文艺出版社，1983 年，《张昌伯厚德免奇冤》，第 5 册，第 78—79 页。

② 笔者尝见到一顺治九年历日（BNP4974），此历乃由民间私印，其中二十八宿的值宿次序以及建除十二神名的系日规则，均是依旧历订定。参见拙文《从汤若望所编民历试析清初中欧文化的冲突与妥协》，《清华学报》（新竹）1996 年新 26 卷第 2 期，第 189—220 页。

③ 中国第一历史档案馆整理，《康熙起居注》第 1 册，康熙十九年正月十二日壬寅条，北京：中华书局，1984 年，第 482 页。

④ 如在不著撰人的《历法问答·交食》（梵蒂冈教廷图书馆藏，编号 Borg. Cin. 319；约康熙五十四年成书）一书书末，附有《推日食法》一文，其中即以康熙二十九年为例，说明如何从罗睺的行度等资料，推算当年八月朔日食的蚀象。

⑤ 如见《上清十一大曜灯仪》，收入《正统道藏》第 5 册，台北：新文丰出版社，第 468—469 页。

将王彦章为何星下凡时,亦曾提及罗睺(误作罗侯)与计都两星君名。同样,《闹天宫》一剧中亦叙及托塔天王率罗睺(误作罗猴)、计都及月孛(误作月白)等星官,赴花果山围捉孙大圣的情节。①

道教中甚至对罗、计的服饰均有详细的描述,如罗睺真君乃"戴星冠,蹑朱履,衣纯玄之衣,手执玉简,悬七星金剑,垂白玉环佩",而计都真君则是"戴星冠,蹑朱履,衣降纱之衣,手执青玉简,佩七星宝剑,垂金珰珠佩"②。敦煌莫高窟第61号洞中,有一西夏时所绘的炽盛光佛乘舆图,四周即画有九曜星神的图貌。③福建莆田天后宫所藏的明代星图上,亦绘有九曜星官的形象。④

在释、道两教的经典中,更屡见有将四余七政系以吉凶休咎之说者,如《正统道藏》中收有《元始天尊说十一曜大消灾神咒经》。此经传说是元始天尊传法与青罗真人的,告其如遇"五星不顺凌犯宫宿,照临帝土及诸分野,灾难竞起,疫毒流行,兆民死伤"时,可速"塑绘十一曜形仪于清净处,建立道场,严备香花灯烛,请命道士或自持念《十一曜大消灾神咒经》一七日、二七日或三七日,修斋行道,礼念忏悔",并称如能虔心讽诵此咒,即可令"星辰顺度、疾病消除、社稷安宁、人民道泰"⑤。《碛砂大藏经》中亦收有唐僧不空奉诏所译的《佛说最胜无比大威德金轮佛顶炽盛火消灾吉祥陀罗尼经》等经,称"若有国王、大臣所居之处及诸国界,或被五星陵逼,罗睺、计都、彗孛、妖星照临……但于清静处置立道场,念此真言一百八遍或一千八十遍,若一日、二日、

---

① 王大错述考:《戏考》,上海:大东书局,民国20年本,第12册,第1—3页;第38册,第1—11页。
② 如见《太上洞真五星秘授经》,收入《正统道藏》第2册,第496页。
③ 参见敦煌文物研究所《中国石窟——敦煌莫高窟》,东京:平凡社,1982年,第5卷,图159及第235—236页;夏鼐《从宣化辽墓的星图论二十八宿和黄道十二宫》,《考古学报》1976年第1期,第47—62页。又夏鼐称宣化辽墓的星图上,亦绘有九曜的位置。
④ 潘鼐:《中国恒星观测史》,上海:学林出版社,1989年,第359—361页。
⑤ 收入《正统道藏》第2册,第492—494页。

三日乃至七日，依法严饰坛场，志心受持读诵，一切灾难，皆悉消灭，不能为害。"①

术家更有以四余七政在天上的位置推人的禄命者②，如罗睺被视为火之余气，并以此星"性急，宿怨交仇，不能兴义，能作妖孽，主血光，招寒热、瘅气，不逢忌曜，贵而有余"；计都被视为土之余气，"含蓄，恶毒，主风劳、血气、灭咎"；紫气被视为木之余气，"性清高，慈善，吉祥之曜，主道艺之流。若人生临照，主富贵长寿，遇凶而不成灾"；月孛被视为水之余气，"多暗昧不明，兴危亡之灾，主头风之疾，遇凶则助凶，遇吉则吉"③。民间更有与推命相关的歌诀流传，如称"生时计孛若同宫，迍邅还是死前发""日月金木并紫炁，当生限内成贵荣""罗睺亦是贵权星，限若逢之无不利""当生孛至为灾异，家它不宁祸有余"④。

以七政四余实际占命的原始文献，现亦屡可见⑤，甚至通俗小说中，亦常出现相关的叙述，如明末清初所作的《玉娇梨》中，即记一相士为御史杨廷诏之子批命时称："计、罗截出恩星，少年登科自不必说……"⑥又如《金瓶梅》中，记西门庆曾找一算命的黄先生为李瓶儿推命，黄称是年为计都星照命，"夫计都者，乃阴晦之星也，其像犹如乱丝

---

① 收入延圣院大藏经局编《宋版碛砂大藏经》第36册，台北：新文丰出版公司，第337页。

② 如参阅相传为唐代隐士张果所撰的《张果星宗》，该书收入《钦定古今图书集成·艺术典》，卷567至585，第5939—6113页。有关张果的生平事迹，可见《新唐书》卷204，北京：中华书局，第5810—5811页及《旧唐书》卷191，北京：中华书局，第5106—5107页。

③ 见《星海词林》首卷，台北：武陵出版社，第37—39页。此书题为汉代赵爽撰著。

④ 〔明〕万民英：《星学大成》卷6，第17—33页；卷7，第8—21页，该书收入《钦定文渊阁四库全书》第809册。

⑤ 如见敦煌石窟中所出开宝七年（974）的康遵批命课（伯4071）以及 Derek Walters：*Chinese Astrology*，Northamptonshire：Aquarian Press，1987，pp. 308—310。

⑥ 〔清〕荑秋散人编次，韩锡铎校点：《玉娇梨》第2回，沈阳：春风文艺出版社，1981年，第16页。

而无头，变异无常。人运逢之，多主暗昧之事，引惹疾病，主正，二、三、七、九月病灾有损、暗伤财物、小口凶殃，小人所算，口舌是非，主失财物，若是阳人，大为不利。"①

综合前论，我们可发现四余在天算与术数密切结合的中国社会中，其名渐被假借为吉凶趋避之用，至于其原始的天文意义则被日益淡化。

四、 耶稣会天文家对 "四余" 的态度及其所引发的争辩

明末入华的耶稣会士利玛窦（Matteo Ricci，1552—1610），体认到中国政府对天算的重视，乃极力在教会中鼓吹"知识传教"的策略，致使天算之学因缘际会地成为中西两大文化交会的主要接触点之一。② 天主教天文家为突显西法的优越，连带使中国人对西士所传的宗教亦能另眼相看③，乃多方抨击中法的疏陋，尤其竭力指斥其中被天主教义视为迷信的部分。与术数关系密切的四余，即因此成为当时天主教天文家抨击的焦点之一。

明末参与修纂《崇祯历书》的耶稣会士罗雅谷，在其《月离历指》一书中，即尝力辩"天行无紫炁"，称：

至于紫炁一曜，即又天行所无有，而作者妄增之，后来者妄信之，更千余岁未悟也。今欲测候既无象可明，欲推算复无数可定，欲论述又无理可据，所以未从断弃者，或不能考定三之实有，故不能灼见一之实无耳……旧说谓紫炁生于闰余，闰余者，朔周不及气盈之数也……若紫

---

① 《金瓶梅词话》第 61 回，台北：联经出版公司，1978 年，影印万历丁巳刻本，第 25 页。

② Nathan Sivin：Copernicus in China, *Studia Copernicana*，6（1973），pp. 63—122；张维华、孙西：《十六世纪耶稣会士在华传教政策的演变》，《文史哲》1985年第 1 期，第 23—33 页。

③ Jacques Gernet：Christian and Chinese Visions of the World in the Seventeenth Century, *Chinese Science*，4（1980），pp. 1—17。

炁以闰余为纪，竟不知何所起？何所止？据云二十八年而行天一周。谓此十闰之数何以终于十乎？十闰者不足二十七年，非二十八也。①

罗雅谷在此以一理性的务实态度抨击紫气的无稽，他认为若此曜确为闰余，则将无从定义其起终，且实际之闰余亦与紫气的周期有差。

同书中，罗雅谷更从历史的角度指斥四余乃为后人所造的诐辞，其文曰：

（四余）唐以前未闻其说，即唐以后传其说矣，而中、西两家凡为正术者，皆弃弗录也。盖其法名为西历，而实西国之旁门，如所称《西域星经》《都赖聿斯经》及婆罗门李弼乾作《十一曜星行历》，皆诐辞耳。鲍该，曹士荐（笔者按：应为曹士蔿）尝业之，然士荐［蔿］所为书，止罗、计两隐曜《立成历》，而先是李淳风亦止作月孛法，五代王朴作《钦天历》，以罗，计为蚀神首尾，行之民间小历，可见紫炁一术即用彼法者，犹弃弗录也！②

此文很可能参考了邢云路的《古今律历考》一书，因两者的用语甚至讹误之处均颇为接近。③

入清以后，中、西法的争辩更加激烈，导致钦天监中对四余的存废、定义以及推步之法，曾做了几次大尺度的修改。由于清代各年所颁的《七政经纬躔度时宪历》，现留存尚多，如笔者在台北故宫博物院即见有从康熙朝以迄光绪朝大部分的《七政历》，其中康熙元年（1662）至五年（1666）的历，乃由汤若望负责编制，后因"历狱"的发生，导致西法遭废，故自康熙六年（1667）的《七政历》起，又重新使用旧法，但从康熙九年（1670）以后，因"历狱"的平反，《七政历》中又再度使用西

---

① 罗雅谷：《月离历指》卷58，第3517—3518页。
② 罗雅谷：《月离历指》卷58，第3518—3519页。
③ 〔明〕邢云路：《古今律历考》卷64，第7—8页。

法。下文即以这些历日为基本的史料,试析四余内容的演变。

汤若望在其于顺治(1644—1661)初年所上的新法中,尝有"四余删改"一条,称"罗睺即白道之正交,计都即中交,月孛乃月行极高之点,至于紫气一余,无数可定,《明史》附会,今俱删改"①,在此,汤若望虽仍以正交(或天首,阳历口)为罗睺所在,中交(或天尾、阴历口)为计都所在,但实际上却已将传统正交及中交的定义颠倒②,同样地,天首与天尾或阳历口与阴历口的定义亦被颠倒③,亦即当时乃以白道过黄道的升交点为罗睺(此又回复先前自印度所传入的定义),以降交点为计都。

除了颠倒罗、计的定义之外,新法所推两曜的行度,亦与旧法明显有差。黄白交点的运动,自古多以为是均匀退行的,但汤若望则认为此一运动不仅速率不均匀,甚至连方向亦有顺有逆,并称其所推为"正交(中交)实行(指实际行度)",以别于旧法所推的"正交(中交)平行(指平均行度)"④。在台北故宫博物院现存康熙元年至五年的《七政历》中,我们即可清楚见到罗、计位置顺逆参差的现象(见图一)。此历乃据新法所编。其中所记的三栏坐标,从上而下分别对应于月孛、罗睺及计都三曜。

---

① 《清史稿》卷45,台北:洪氏出版社,1981年,第1664页。

② 如在《月离历指》中即有云:"两交之点,一名正交,亦曰罗睺;一名中交,亦曰计都""月在正交,向黄道内行九十度,谓之正半交,此半周谓之阴历;过半周为中交,向黄道外行九十度,谓之中半交,此半周谓之阳历"(卷55,第3478页;卷58,第3510页),亦即以正交为升交点、中交为降交点。又,戴震于乾隆年间所撰的《迎日推策记》一文中,亦曰:"月道交于黄道,自南而北,其交曰中交(原注:又名计都),于是月逾黄道之北,谓之阴历;自北而南,其交曰正交(原注:又名罗睺今欧巴谓中交为正,正交为中),于是月逾黄道之南,谓之阳历";参见戴震研究会等编《戴震全集》第1册,北京:清华大学出版社,1991年,第261页。

③ 如在清崑冈等奉敕所撰的《钦定大清会典事例》(台北:新文丰出版公司)中有云:"乾隆五年议准《七政时宪书》内改正交为罗睺,中交为计都。古法以日月交行出黄道南,谓之天首,为罗睺;入黄道北,谓之天尾,为计都。西法占候后天一日,遂以罗睺为尾、计都为首;今依古改正"(卷1104,第3—4页),知清初天主教天文家所定义的天首及天尾,亦与传统颠倒。

④ 见《清史稿》卷48,第1726—1730页。

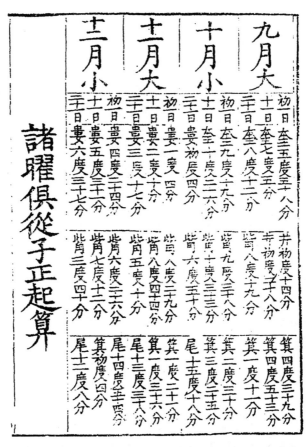

图一　康熙五年《七政经纬躔度时宪历》书影（台北故宫博物院藏）

　　由于中国传统的星占术数与天主教教义甚不相容，故汤若望以正交（中交）实行推步罗、计的目的，应是为屏弃四余的迷信色彩，而在历中引进较科学的内涵。然而依据现代天文知识，正交（中交）实行之值，并不可能出现明显顺行的情形（见图二）；事实上，汤若望当时所推的躔

度与黄白交点实际黄经间的误差，甚至要较旧法所用的单纯平均值
为大。①

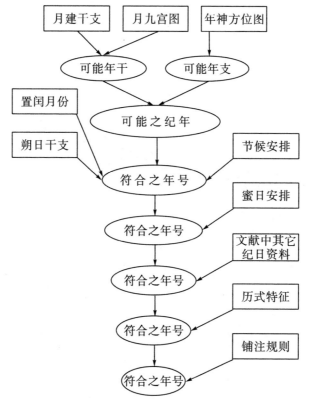

长方框内乃记各种判断残历年代的方法

图二　白道升交点黄经度的理论值变化［此图为自雍正十二年
正月初一日（最左）起，每十天计算一次的结果］

———————

① 有关黄白交点或月亮远地点黄经度的计算，相当复杂，笔者不拟在此赘言，
有兴趣的读者可参考 Michelle Chapront-Touzé 及 Jean Chapront 所著的 *Lunar Tables
and Programs from 4000 B. C. to A. D. 8000*（Richmond：Willmann-Bell，1991）
一书，本文中的相关计算均是依据此书中的理论在个人电脑上进行的。

至于月孛的行度，新、旧法同以为是均匀顺行的，但据推算，月亮远地点的实际黄经度，虽然在较长的时间区隔下，大致保持顺行，但在较短的时距（如数天一测）内，其在黄道上的运行速率不仅不均匀，甚至连方向亦有顺有逆，变化既快且幅度亦相当大（见图三）。亦即当时新法所推罗睺、计都及月孛三者的坐标，并非真如汤若望所宣称的较密合天行。

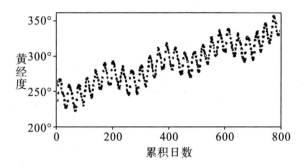

图三　月亮远地点黄经度的理论值变化 [此图为自雍正十二年正月初一日（最左）起，每两天计算一次的结果]

汤若望在钦天监中所行用的新法，在顺治十四年（1657）时，首次遭到回族天文家吴明炫的严厉抨击，吴明炫此举或为回族科当时所受一连串排挤而引发的强烈反弹。其中颠倒罗、计一事，所以变成争执的焦点之一，部分原因或与此两曜在《回回历》中的地位相关，因用《回回历》推步日、月食时，得先推求此两曜的位置，如欲求日食的食分，即需知计都的行度，又如历中判断月食可否发生的条件，即为：望日太阴经度与罗睺或计都度相离一十三度之内，太阴纬度在一度八分之下，为有食。[①]

至于删除紫气一事，吴明炫采取的是一非理性的论据，他诡称顺治帝不尚杀，并以此乃木德之验，而因紫气为木之余气，故他认为此即印

————————

① 《明史》卷37，第755—764页。

证紫气之必有，并称紫气即所谓"东方之白气"。汤若望除反驳吴明炫"强援东方之白气以为紫气"外，并称："苟如其说，则天下臣民安享恬熙，皆不必感朝廷而感紫气，而自古暴虐如桀纣，皆得卸咎于紫气之无灵。"[①]

吴明炫当时亦沿旧说强调四余皆所谓的余气，汤若望对此则提出强有力的质疑，曰：

> 夫所谓余气，必其与本星相连者也……如其果连，则今年正月朔，土在辰宫五度，炫所指土之余气乃在丑宫，是相连有三宫也；火在寅宫二十六度，炫所指火之余气乃在未宫，是相连有五宫也。一星之气而占天九十度或百五十度，有是理乎？如谓余气不与本星相连，则何所见，而以在辰之土，妄指其余气在丑，在寅之火，妄指其余气在未，又有是理乎？[②]

指称四余的位置根本不与其本星相连，故实无理由谓之余气。但在吴明炫此一抨击新法的事件中，由于四余的争论较难验证，以致全案的焦点在稍后即被转移至观测水星伏见一事，吴明炫并在众多因素的影响之下惨遭失败。[③]

康熙三年（1664），杨光先在掀起"历狱"时，又再度将删改四余一事提出，并诡称：

> 人传新法之由，是利玛窦以千金买回族科马万言之《二百年恒年表》，其紫炁未经算授，故新法只有三余而无四余，其说似乎近真。今考

---

① 汤若望：《奏疏》卷3，第30页。
② 汤若望：《奏疏》卷3，第31—32页。
③ 见拙文《清初天主教与回教天文家间的争斗》。

《见界总星图》之度数，可见其学之不自胸中流出，始信传闻之不谬也。①

杨光先并对新法提出有力的反击，称：

> 四余自隋、唐始有，而若望今亦有三余，是若望又与隋、唐同，而未尝新也！而所谓新者，仅删除紫炁而已，若真见古法之为无，则四余应该尽削，若真见唐、宋历之为有，则四余应当尽存，何故存罗、计、月孛，而独删一紫气耶？不古不今，不无不有，成何断案。如以紫气无体，则月孛又何尝有体耶？何得独存于若望耶，若望之言曰："月孛是一片白气，在月之上"，使月孛果在月上，则月孛一日当同月行十二度，一月一周天，何故九月而始历一宫耶？况月上之白气，有谁见之耶！②

文中批评汤若望既称古法并无四余。而是自隋、唐始有，欲不曾尽削四余。又，四余皆无体，但汤若望却仅以紫气无体而删之。再者，汤若望以月孛是月上的一片白气，杨光先即以汤若望原驳四余非木、水、火、土四星余气的相似论据加以反驳。

杨光先并曾在"历狱"审讯的过程中，供称万历丙辰年间（1616）东方尝出现一道白气，直冲紫微垣，经观测后，以为是紫气所变，万历皇帝因而遣官祈祷。杨光先在口供中即诬称紫气乃东方木旺之气，由于世祖在稍后不久入主中原，故"'紫气实乃我朝创业之占兆，汤若望独删四余内紫气一曜，不知意欲何为？'汤若望在庭上则辩称自己亦曾见到万

---

① 〔清〕杨光先：《不得已·孽镜》，第 1227—1228 页，该书收入《天主教东传文献续编》第 3 册，台北：学生书局，1929 年中社本。杨氏抨击《见界总星图》中之度数，乃用一周天为三百六十五度二十五分之数，此与新法所习用的三百六十度相矛盾。

② 〔清〕杨光先：《距西集·摘谬论》。

历年间之白气，但他以为此乃彗星而非紫气。"①

对于西士所强调与推算交食攸关的罗睺与计都②，杨光先则从传统的看法出发，认为"罗属火，计属土，其所躔宿度各有吉凶之应，每闻星士推算五星，俱必按罗、计之序，以定人休咎，是以不宜颠倒"③，并驳汤若望曰：

> 罗、计无体，不知其何以知隋唐之罗非罗、计非计也？岂罗、计亲对若望言："我是罗非计，我是计非罗"，不然何所据而颠倒之耶！敬授人时，以便民用，使之趋吉避凶，兹以火罗为土计，以土计为火罗，火土异用，生剋异宜，令民将何从也！④

康熙四年，杨光先成功地自天主教天文家手中取得钦天监的控制权，由于五年的《七政历》已来不及重编，故自六年的《七政历》起，始又以传统的方式推步并定义四余。

图一及图四分别是康熙五年及六年《七政历》中的部分书影，两历分用新、旧二法，在五年的历中可明显发现缺了紫气一栏，而由两者所载罗睺与计都的行度（如参与觜为二十八宿中相邻的两宿，但五年历中记十二月罗睺在觜，六年历中则以正月计都在参），即可清楚印证前述所称中、西法有颠倒罗、计一事。又，在五年历中，对二十八宿的次序乃定义为参前觜后，而在六年的历中，因重行采用古法的觜前参后，以致计都的位置即由二月十四日的参初度退行至三月四日的觜初度。此一觜

---

① 《满文密本档》卷149（北京第一历史档案馆藏），康熙四年（1665）正月十三日题本。

② 如称："日日〔月〕可以测验，但测验之准，无不灼明于交食，而罗、计为推算交食之要纲，罗、计有错，则交食、月离皆错矣。"参见南怀仁《不得已辨》，第29页，该书收入《天主教东传文献》，台北：学生书局，1965年。

③ 南怀仁：《不得已辨》，第30页。

④ 〔清〕杨光先：《距西集·摘谬论》。

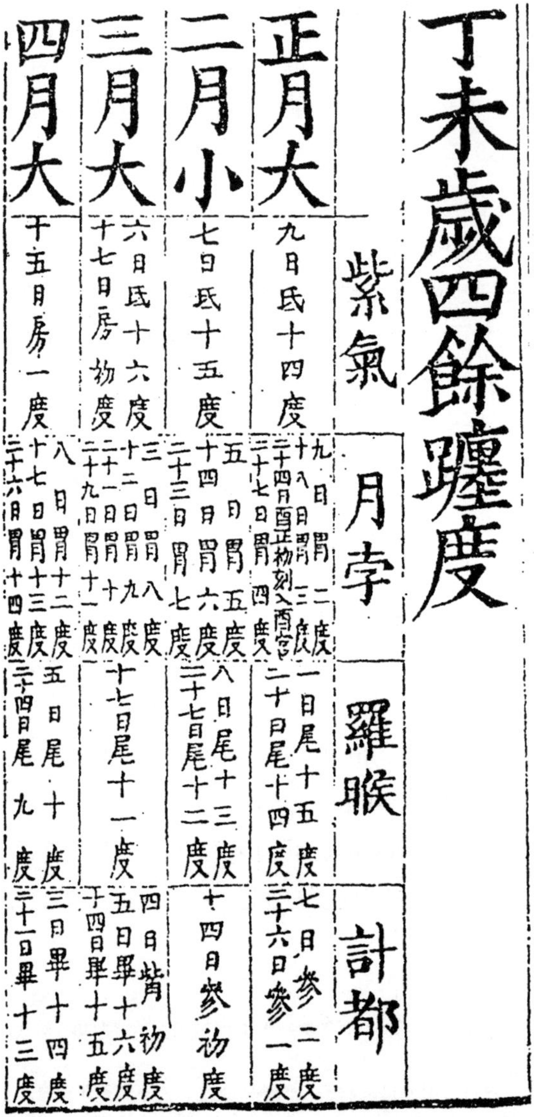

丁未歲四餘躔度

	正月大	二月小	三月大	四月大
紫氣	九日氐十四度	七日氐十五度	六日氐十六度 十七日房初度	十五日房一度
月孛	九日胃二度 十八日胃三度 二十四日酉正初刻入酉宫 二十七日胃四度	五日胃五度 十四日胃六度 二十三日胃七度	三日胃八度 十二日胃九度 二十一日胃十度 二十九日胃十一度	八日胃十二度 十七日胃十三度 二十六日胃十四度
羅睺	一日尾十五度 二十日尾十四度	八日尾十三度 二十七日尾十二度	十七日尾十一度	五日尾十度 二十四日尾九度
計都	七日參二度 二十六日參一度	十四日參初度	四日觜初度 五日畢十六度 二十四日畢十五度	三日畢十四度 二十二日畢十三度

图四　康熙六年《七政经纬躔度时宪历》书影

（此历据旧法所编，台北故宫博物院藏）

参次序的不同，亦为当时中、西法论辩的另一焦点。^① 再者，新法所使用的黄道宿度亦与旧法同名异义，新法所求是欲测点与距星间的黄经差，而旧法则指的是两者赤经差在黄道上的投影，今亦有学者称之为极黄道宿度^②，两值往往可差至十余度^③。

罗睺与计都的定义，原或仅为推步交食的方便而订，王朴即尝称此两曜的出现"盖从假用，以求径捷"^④，赵友钦亦称"月道与黄道相交处在二交之始，强名曰罗睺；交之中，强名曰计都"。汤若望颠倒罗、计之举成为旧法派人士攻击的焦点之一，实在相当不值得，因罗、计均仅为代号，孰为升交点或孰为降交点，本无绝对的必然性。

以汤若望为首的信奉天主教的高阶天文官，在"历狱"中或遭罢斥，或遭处斩，历日的编纂随即落于使用《大统历》的天文家手中。唯因《大统历》法不用已二十余年，故监官的步算颇多乖误，七年八月，因此遭监副吴明烜奏劾，并奉旨由吴明烜依《回回历》法将次年的《民历》及《七政历》推算进览。七年十一月，康熙又将吴明烜所造的八年《民历》及《七政历》发交南怀仁查对差错，南怀仁指称其中有舛误数十条，经公同测验后，发现"南怀仁所指逐款皆符，吴明烜所称逐款不合"，遂议定自康熙九年（1670）起由南怀仁以西法推历。^⑤

---

① 见本书《清前期对觜、参两宿先后次序的争执》。

② ［日］薮内清：《中国の天文暦法》，东京：平凡社，1969 年，第 295—303 页。

③ 南怀仁在《钦定新历测验纪略》（BNP 4992）一书中，即故意比较两不同定义所推七政宿度的数值，并指称吴明烜所推康熙八年（1669）的《七政历》与天行颇疏，甚至有先天达十余度者（第 20—25 页），此一抨击并不全为事实，因回回法或中法所推之宿度，乃为"极黄道宿度"，此与西法所推的"黄道宿度"并不相同。详细的讨论，参见拙文《清初天主教与回教天文家间的争斗》。

④ 《旧五代史》卷 140，第 1866 页。

⑤ 参见拙文《清初钦天监中各民族天文家的权力起伏》，《新史学》1991 年第 2卷第 2 期，第 75—108 页。

但有关四余中的紫气应否删除一事，当时却引起争议①，南怀仁称"罗睺、计都、月孛系推算历日所用，故此造上，其紫气星无象，推算历日时并无用处，故不造上"，吴明烜亦被逼表态，以"紫炁星推算历日并无用处，造上也可，删去也可，但只是算卦之人用得着"。由于两造均无人坚持必用紫气，八年正月，诸王、贝勒、大臣因此议决："自康熙九年起，将紫炁星不必造入《七政历日》内"，并奉旨依议。

但此事在稍后却又生变化，二月二十九日，礼部奉上谕称："紫气、月孛、罗睺、计都此四星向来历日既经开写，今不宜独缺其一，以后钦天监衙门官推算历日，着仍将紫气星一并推算开写。"南怀仁因此上疏力争，曰：

> 紫气一项，实无理可考，无数可推，于天象则毫无凭据，于历法则毫无干涉，若仍开写历内，是怀仁以无为有，捏假为真，反以钦定合天之法变为不合天矣！今不题明，倘有知者辨驳其非，则怀仁隐默之罪将谁诿乎？且我朝历典已被光先坏乱数载，若非皇上明断克复，则一代之良法，几为佥口所泯没矣！兹所推七政将成，理应恭照世祖章皇帝钦定旧式颁行，则钜典克继前徽，历法可永传于后世矣！

七月初四日，此事奉旨交礼部重议。礼部诿称"紫气星向来历日开载，既奉上谕开写，不便停止，今南怀仁九十六刻《七政历》内，仍照旧开写可也。"因此七月二十五日又奉旨："紫气星系何代用，何代不用，着详察具奏。"礼部在问讯监官并查考文献后，上覆曰："元、明二代皆有四余之说，至何代用紫气与不用之处，亦未开载。"八月二十三

---

① 南怀仁等：《熙朝定案》（罗马耶稣会档案馆藏，编号为 ARSI Jap. Sin, Ⅱ 67），第 10—12、28—30、35—46 页。参见 Willy Vande Walle：Problems in Dating the Writings of Ferdinand Verbiest：The Astronomica Europea and the Xi-chao ding-an，收入《南怀仁逝世三百周年国际学术讨论会论文集》，台北：辅仁大学出版社，1987 年，第 237—252 页；拙文《康熙朝涉及"历狱"的天主教中文著述考》。

日，奉旨将此事交议政王、贝勒、大臣会同确议具奏，和硕康亲王杰淑等二十六位满洲亲贵，在会议时即采纳了南怀仁"天行无紫气"之说，且称"世祖章皇帝时，《七政历》内并未造写紫气，今既将一应历日俱交与南怀仁推算，则紫气不必造写《七政历》内可也。"九月初二日，奉旨依议，此一持续近十个月的紫气存废之争始告一段落。今在故宫所藏的康熙九年《七政历》中，即可清楚发现此议在翌年的历日中即已施行。

新法虽在"历狱"平反后又获得正统地位，但学界或民间仍见有依循旧法以定义四余者，如方中履于康熙二十一年（1682）所撰的《古今释疑》一书中称："月道半出黄道外，半入黄道内……其相交处，自内出外，曰阳历口，世谓罗睺，亦名首头；自外入内，曰阴历口，世谓计都，亦名龙尾。"[1] 即依古法以罗睺为降交点，计都为升交点。又，魏明远于康熙六十年（1721）所编的《增补象吉备要通书》中，虽称"今大清历考正，罗易计位、计易罗位"，但仍保留紫气，并据旧说论述四余，如以罗睺乃"顺宫逆度，亦无退、伏、迟、留"[2]，此与当时官本《七政历》中所推，罗睺有顺、有逆的情形不同。笔者在北京中国科学院自然科学史研究所的图书馆中，亦见有由民间所编印的《大清康熙五十岁次丙申便览全备通书》及《大清雍正二年岁次甲展便览溪口通书》二书，书中均仍用传统方式推步四余。

南怀仁在康熙九年的《七政历》中，依然沿用汤若望所采行的托勒

---

① 〔清〕方中履：《古今释疑》卷11，台北：学生书局，1971年，影印"中央图书馆"藏旧钞本，第17页。此书原钞本因书贾作伪，改题为黄宗羲的《授书随笔》。详细的考辨，请参见余英时《方中履及其"古今释疑"——跋影印本所谓"黄宗羲授书随笔"》一文，该文收入台湾学生书局影印本，第3—22页。

② 〔清〕魏明远：《增补象吉备要通书》卷1，台北：武陵出版社，1987年，第15—16页及第20页。此书武陵出版社重定名为《新增象吉通书大全》，书首有康熙六十年作者所题的"凡例"，但卷六在记未来流年时，尝出现同治之年号，因知其中部分的内容乃为后人所加。

密（Claudius Ptolemeus，*c*. 85—*c*. 165）小轮体系①，以推算罗、计的行度。雍正八年（1730）六月初一日，钦天监监正明图、戴进贤（Ignace Kögler，1680—1746）率监官共同测验日食，结果发现推算值与实测值颇疏，于是上疏请详加以校定修理，十年四月，戴进贤等新修成依据刻卜勒（Johannes Kepler，1571—1630）椭圆定律推算的《日躔、月离表》②，并对汤若望推步正交实行的方法进行了修正③。由于新订之法所推黄白交点的位置与实际的行度相当吻合（见图二），此故在稍后的《七政历》中，罗、计即不再出现顺行的现象（见图五）④。

然而官方对四余的态度并未就此尘埃落定，乾隆五年（1740）六月，和硕庄亲王允禄等在奏请更改《万年时宪书》及《选择通书》的内容时，即建议将罗睺与计都援古法更正，其文曰：

> 《七政时宪历》之罗睺，计都乃月行正交、中交之度，古以正交为罗睺，《新法算书》以中交为罗睺，星命家以为罗睺属火，计都属土，遂谓颠倒罗、计，查罗睺、计都并非实有此星，亦于字义无取，于算法尤无关碍，应俱依古改正。⑤

① 江晓原：《明末来华耶稣会士所介绍之托勒密天文学》，《自然科学史研究》1989 年第 8 卷第 4 期，第 306—314 页。

② 《清史稿》卷 45，第 1669—1670 页。但其中误将雍正八年时的监正书作明安图，事实上，当时的监正为明图，明安图则另有其人，时任五官正，至乾隆二十八年（1764）始出任监正。参见薄树人《清钦天监人事年表》，收入《科学史文集》第一辑，上海：上海科学技术出版社，1978 年，第 86—101 页；李汉忠《中国蒙古族科学技术史简编》，北京：科学出版社，1990 年，第 94—100 页。

③ 其修正之术或收入乾隆七年（1742）所奏进的"雍止癸卯元法"中，参见《清史稿》卷 50，第 1789—1790 页。

④ 如见雍正十二年（1734）以后的《七政历》，由于故宫博物院的藏本中恰缺雍正十一年的历，故不知该年是否已采用修正之法？

⑤ 〔清〕允禄、梅毂成、何国宗等奉敕撰：《钦定协纪辨方书·奏议》，收入《钦定文渊阁四库全书》第 811 册，第 17 页。

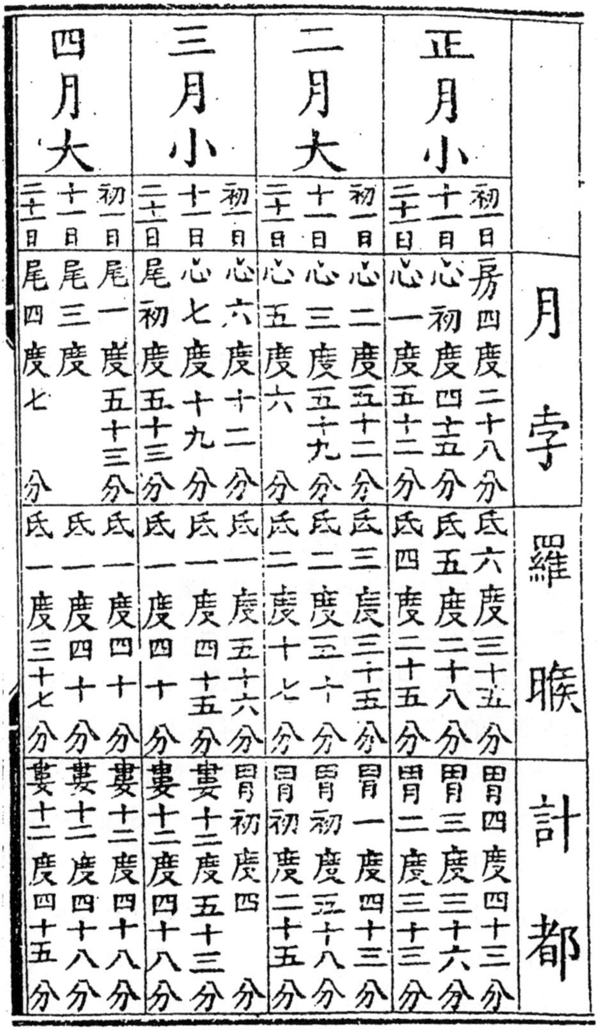

月份	日	月孛	羅睺	計都
正月小	初日	房四度二十八分	氐六度三十五分	胃四度四十三分
	十一日	心初度四十五分	氐五度二十八分	胃三度三十六分
	廿一日	心一度五十二分	氐五度二十五分	胃二度三十三分
二月大	初日	心二度五十九分	氐四度三十分	胃一度四十三分
	十一日	心三度五十七分	氐三度五十分	胃初度五十六分
	廿一日	心五度六分	氐三度十七分	胃初度四分
三月小	初日	心六度十二分	氐二度五十分	婁十二度五十三分
	十一日	心七度十九分	氐二度三十分	婁十二度四十八分
	廿一日	尾初度五十三分	氐一度五十分	婁十二度四十八分
四月大	初日	尾一度四十五分	氐一度四十分	婁十二度四十分
	十一日	尾三度五十三分	氐一度四十分	婁十二度四十分
	廿一日	尾四度七分	氐一度三十七分	婁十二度四十五分

图五　雍正十二年《七政经纬躔度时宪历》书影（此历据新法所编；台北故宫博物院藏）

事下大学士、九卿议奏。五年七月二十五日，大学士鄂尔泰等奏题曰：

> 查罗睺、计都生于日月交行，谓之天首，天尾，中法以天首属罗、天尾属计，自古而然，今以西法起算，由彼土占候，后天行一日，遂以罗为尾，计为首，查罗、计止入《七政书》内，应如所奏，依古改正。再，七政古有四余，今以紫气无凭起算，遂去其一，然古法俱在，应请添入，以备四余之用。①

七月二十七日，奉旨依议。鄂尔泰等在此奏中以西法颠倒罗计乃因"由彼土占候，后天行一日"，此一理由实属牵强附会，但因天文历算乃属极端专门的学问，故一般人亦无能辨明。

《清史稿》中以乾隆九年始"更定罗睺、计都名目，又增入紫炁为四余。"② 但此说恐误，因笔者在乾隆七年的《七政历》中，即发现当时已改依古法，亦即已定罗睺所在为降交点，计都所在为升交点，此一定义并一直沿用迄今③。唯因故宫的藏本中恰缺乾隆六年的《七政历》，故目前尚无法确定是否在奉旨依议的翌年，即已更定罗、计的名目。

另外，我们从各年《七政历》编写格式的不同，亦可间接了解中、西法天文家对四余的态度。如康熙六至八年的《七政历》乃据传统方式所编④，其所附的四余躔度表，是列出各曜行至二十八宿各宿整数度的所有各日（见图4）。至于西法天文家所编各历，则固定列出每日初一日、十一日以及二十一日三天的位置，并详细给出度、分。传统《七政历》中所列四余行度的方式，显然受到术数实际运作的影响，因在所有使用四余躔度以推命的方法中，均只要求知道各曜入宿的整数度，而使用西法的天文家，则将罗睺、计都及月孛视作推步交食与月离的重要数

---

① 《钦定协纪辨方书·奏议》，第30—31页。
② 《清史稿》卷45及卷50，第1671、1782页。
③ 今人仍屡有将此两定义颠倒者，如见 Derek Walters：*Chinese Astrology*，p. 281。
④ 如见台北"国家图书馆"善本书室现藏的各本明代官本《七政历》。

据，此故他们将各曜在每月固定三天的位置详推至分，且不特意去推求其行至各宿整度数的日期。

又，钦天监虽于乾隆五年（1740）奉旨将紫气的推步再度加入《七政历》中，但或因在西法熏陶下的监官，并不十分心悦诚服，故在表中即将紫气列于四余之末，而在旧历中，紫气一直是列于月孛、罗睺与计都各栏之上（见图4），且旧历在躔度表前均题为某某岁的"四余躔度"，但在新法所推各历中（即使在被迫加入紫气后），则仅称某某岁的"七政行最高卑并罗计躔度"，似乎刻意淡化四余的色彩。

五、 结论

中国古代天文、术数中的四余，在自印度传入后，其定义渐生改变，如佛经中原以罗睺为白道的升交点，计都为月亮的远地点；但中土历家则在稍后改成以罗睺为白道的降交点，计都为升交点，月孛为月亮的远地点。四余虽多亦具有推步天行的积极意义，但在天算与术数密切结合的中国社会中，其原始的天文意义渐被淡化，并演变成具备明显的形象与神格，以为占算吉凶趋避之用。

明清鼎革之后，汤若望利用其掌理钦天监监务的职权，在新法中不仅删去紫气，颠倒罗计，甚至将传统罗计无顺行、无迟疾的规则亦加以推翻。其目的一方面或欲剔除四余中迷信的内容，一方面很可能是为标奇立异，以突显新法之新。但由于四余之说早已透过术数或释、道等宗教在中国社会中根深蒂固，故汤若望当时尚不敢将四余尽废，只能折中保留较具天文意义的罗睺、计都与月孛三曜之名，并从一较科学的角度以新法细推各曜的行度。无怪乎王锡阐讥耶稣会天文家曰："评书之初，本言取西历之材质，归《大统》之型范，不谓尽㙍成宪而专用西法。"①

虽然汤若望试图从一科学的立场赋予四余新的定义，但因其在推步

---

① 〔清〕王锡阐：《晓庵遗书·自序》。

罗计行度时，所加入的修正项过大，以致误差反而较旧法只单纯考虑均匀行度时为大，甚至因此产生罗计明显顺行的错误结果。此一情形，直至雍正十年（1732），始由使用西法的钦天监监官修订了汤若望的计算法。

由于汤若望对四余的态度，乃为一折中的结果，故其在辩护新法颠倒罗计，删除紫气一事的逻辑上，显得并不十分周全。从清初反教首要人物杨光先对删改四余一事的抨击，我们不仅可以看出杨氏辩才的犀利，亦可间接体会汤若望处境的无奈。在借天文以扬教的策略下，汤若望得在中国传统与天主教义间取得一平衡点，但他对四余一事所选择的妥协方式，在中国社会不同的价值标准下，并无法获得全面的认同；而在另一方面，妥协的结果则削弱了其所采科学实证的基本立场，导致杨光先在论辩之时，得以其之矛攻其之盾。

从本文的讨论中，我们亦可发现天主教天文家在抨击中国传统四余时，往往采取一较理性的态度，然而在"康熙历狱"的过程中，当双方辩及天主教义时，教会人士却又屡将杨光先等人的诘难用"神迹"一笔带过。[①] 显然两造在辩争中所取的理性或非理性态度，多因事而取。亦即"历狱"的发生，并非一单纯的科学与伪科学间的冲突[②]，双方在欠缺相互的了解、沟通与体谅之下，将天算与术数用为攻击对方的主要工具之一，以致引发此一对天主教在华传教事业影响深远的悲剧。

由于中国古代对四余的重视，乃建立在术数的应用上，原非仅是对自然现象的一种客观的了解，此一心态上的差异，导致入清以来长达近百年的争执；虽然在"历狱"之后，新法一直拥有官方的正统地位，但

---

① 如利类思（Ludovicus Buglio，1606—1682）在驳杨光先对天主教的抨击时，尝曰："天主降生为人之事，原超人思议之外，岂一言而明哉。""历家测量日食必以朔日，从无望日食者。耶稣受难为建武八年三月十五日，此天变示警、纬纬失位之象，非历家所得知也。"利类思：《不得已辩》，第 8、34 页，收入《天主教东传文献》。

② 有关"康熙历狱"中其他类似冲突的讨论，请参见拙著《择日之争与康熙历狱》及《清前期对觜、参两宿先后次序的争执》二文。

在民间所自行编印的通书中，则依旧照传统方法推步四余。乾隆五年（1740），保守人士终于成功地迫使钦天监妥协，亦即在《七政历》中重依古法增列紫气，并改罗、计的名目，但罗、计行度的推步则仍据新法，并仍以新历所定义的黄道宿度表示各曜的坐标。

民国以来，术家所订四余的躔度，多不再使用入宿度以表示位置，而改以子、丑、寅……十二宫表示，而其推步四余的方法，亦与《时宪历》不同。① 此或因民国以后，官方天文台已不再负责与天文科学无关的推步②，而民间术家又不熟悉《时宪历》中那套复杂的计算方式，更无能力以现代天文学的知识推求黄白交点以及月亮远地点的位置，只得采用一不古不今的简法推步，亦即只推求正交（或中交）平行之值（此与古法相同），但黄经的定义则依西法，且因入宿度的计算较为繁琐③，故又改采十二宫以表示四余的坐标。由于各家的理解与能力各异，以致现今坊间所见记七政四余躔度的工具书，往往互有差异，此一现象与清前期的四余之争，同样深受社会环境的影响，且亦突显出中国传统天文术数与社会之间的密切互动关系。

[原刊于黄一农《清前期对"四余"定义及其存废的争执——社会天文学史个案研究》，《自然科学史研究》1993 年第 12 卷第 3 期，第 201—210 页；第 12 卷第 4 期，第 344—354 页。]

---

① 如见王丽福《七政四余星历》，台南：世一书局，1987 年。

② 如在"中央观象台"所编制的民国 6 年《观象岁书》（"中央研究院"历史语言研究所藏）中，即未记四余的躔度或推算的方法。事实上，此书的体例已仿照当时西方天文台所出版的天文年历。

③ 此因各宿的距度均不同，且并非固定的整数值所致。

清前期对觜、参两宿先后次序的争执

在中国古天文的二十八宿中，觜与参是最相近的两宿（分别以猎户座 φ_1 及 δ 星为距星），然而自 13 世纪末以后，传统觜前参后的顺序却因岁差的影响而颠倒。此一现象至明末时，始由使用西法的天文家以较精密的仪器测得。清朝入主中原后，耶稣会士除了在"康熙历狱"的小段时间外，均持续负责钦天监监务，天主教天文学家们从科学以及宣扬西法的角度出发，在制历时均采参前觜后的顺序，改用猎户座 λ 及 δ 星为觜、参距星，并以此为突显中法疏陋的重要例证。

但中国传统天文，因与星占术数紧密结合而带有浓厚的非科学色彩，故改调觜参次序一事因与术数法则发生相当大的矛盾，以致在清初社会中引起相当激烈的反弹，甚至有将其变成排外运动中攻击西人西教的着力点之一。支持术数的保守人士在屡经波折之后，终于在乾隆十七年成功地说服官方改定猎户座 λ 及 ζ 星为觜宿及参宿距星，从而恢复了觜前参后的传统。

由于天主教会受教义的拘束且抱持过强的文化优越感，不仅未能在如礼仪问题上考量中国社会的特殊性，即如在觜参顺序等枝节之处亦不愿擅作调和或稍作让步，以避开冲突，故教士们所引进的西方天文科学，虽在长达一世纪的争执后，就觜参顺序一事与中国社会盛行的术家之学达成妥协，但教士们入华目的中最根本的传教活动，此时却早已因雍、乾间的连续禁教政策而陷入了长期的低潮，此与利玛窦当初主张知识传教策略的预期结果大相径庭。

一、 前言

中国古代天文家以天极为中心，将星空分成二十八个不等分的扇形区，由西向东排列，谓之二十八宿。每宿并选定一颗距星为标的，以通过此星的赤经线为该宿扇形区的起始线，而该宿的赤道宿度（或距度）即其距星与下宿距星间的赤经差。二十八宿各宿的宿度有窄至数度（本文中的"度"均指中国古度，亦即以圆周为约 365.25 度）或更小者，亦有宽至二三十度者，至于当初选定距星时为何容许如此大的差异，则尚无定论。①

二十八宿各宿距星究竟相当于今日何星，仍未完全确定，此因历代所选用的距星，并不一定为周遭最亮的星，且古代对星体坐标的测量误差较大，又欠缺星等的观念②，以致目前天文史界对其中部分距星的推断仍有争论。③ 尤其历代对距星的选取偶有更易，更增加了认定的困难。

觜（音资；又名觜觿）与参（音申）是二十八宿中最贴近的两宿④，

---

① 钱宝琮：《论二十八宿之来历》，《思想与时代》1947 年第 43 期，第 10—20 页；竺可桢：《二十八宿起源之时代与地点》及《二十八宿的起源》，收入《竺可桢文集》，北京：科学出版社，1979 年，第 234—254 及 317—312 页；[日] 新城新藏著，沈璿译：《东洋天文学史研究》，上海：中华学艺社，1933 年，第 257—286 页。

② 参见拙文《中平客星新释》，《汉学研究》1989 年第 7 卷第 1 期，第 283—305 页。

③ 近代各天文史家所定的二十八宿距星均不全同，且往往未考虑入距星随时代改变的情形。高平子：《中西星座对照之一斑》，收入《学历散论》，台北："中央研究院"数学研究所，1969 年，第 305—332 页；《中国大百科全书·天文学》，北京：中国大百科全书出版社，1980 年，第 282 页；[日] 能田忠亮：《东洋天文学史论丛》，东京：恒星社，1943 年，第 448—478 页；Joseph Needham and Wang Ling：*Science and Civilisation in China*，Vol. 3，Cambridge：Cambridge University Press，1959，pp. 235—237。

④ 唐张守节的《史记正义》中称此两宿的发音为："参，色林反……觜，子思反"又唐陆德明为《左传》注音义时，则称参宿的参应读为"所林反"。据新竹清华大学语言所张光宇教授的意见，"色林反"及"所林反"均可读作"申"见《史记》卷 27（北京：中华书局，点校本；以下所引二十四史版本均同此，第 1306—1307 页）及左丘明传，晋杜预注，唐孔颖达疏，唐陆德明音义《春秋左传注疏》卷 41（台北：台湾商务印书馆，《钦定文渊阁四库全书》本，第 30 页）。李约瑟在其 *Science and Civilisation in China* 一书第 3 册中将"觜"的音误作"嘴"（第 236 页）。

由于岁差的影响，此两宿距星的赤经愈来愈接近，在 13 世纪末以后，传统觜前参后的次序甚至因此变成了参前觜后。本文即尝试探究觜参顺序如何成为清前期受传统术数思想熏陶的保守分子与受西方科学洗礼的天主教人士间争斗的着力点之一，希望能藉此一案例抛砖引玉，引起中国科技史学界对社会天文学史研究天文与社会间互动关系的新兴学科的重视与兴趣。

文中将先究明传统所用觜、参两宿的距星为何，次探讨奉教天文家对觜、参两宿次序的态度，最后则论及当时社会上支持术数的力量如何促使官方更改参前觜后的科学事实。

二、 传统觜、参两宿的距星

二十八宿的起源至迟应不晚于前 5 世纪中叶，因 1977 年在湖北随县的曾侯乙墓（为前 433 年或稍后的墓葬中），曾出土一只漆箱盖，盖上绘写有完整的二十八宿名，这是迄今所发现最早关于二十八宿的文字记载，而觜、参两宿（顺序为觜前参后）的名称亦出现在此漆箱盖上。[①]

觜、参在古代十二次的分划中属实沈，传说上古高辛氏有二子不睦，因迁两地，分主祀参、商（即大火，位置在今天蝎座），而主祀参宿的季子即名实沈。[②] 觜、参两宿亦均属四象中位于西方的白虎，《史记·天官书》中即称"参为白虎……曰觜觿，为虎首"[③]。有关此两宿的星占意义，在《晋书·天文志》中有相当丰富的叙述：

> 觜觿三星，为三军之候，行军之藏府，主葆旅，收敛万物。明则军储盈，将得势。参十星……主斩刈。又为天狱，主杀伐。又主权衡，所

---

① 王健民、梁柱、王胜利：《曾侯乙墓出土的二十八宿青龙白虎图象》，《文物》1979 年第 7 期，第 40—45 页。
② 《春秋左传注疏》卷 41，第 29—30 页。
③ 《史记》卷 27，第 1306 页。

以平理也。又主边城，为九译，故不欲其动也。参，白兽之体。其中三星横列，三将也。东北日左肩，主左将；西北日右肩，主右将；东南日左足，主后将军；西南日右足，主偏将军……中央三小星日伐，天之都尉也……①

图一中即绘出觜、参各星（均位于今猎户座）的相对位置并给出其中国古名以及对应的现代星名。

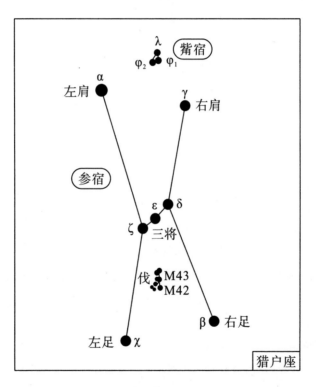

图一　觜、参两宿恒星图

① 《晋书》卷11，第302页。

唐瞿昙悉达所著的《开元占经》中，曾记载一组"古历"的二十八宿宿度值[1]，其数据与汉以后各历相差颇多（见表一），因知当时所选用的距星应与后世有显著的不同，此历据研究，至少在战国时即已出现。[2]由于资料的不足，我们现在已很难精确地推断出"古历"中各宿的距星。唐僧一行在《历议》一文中尝称"古历以参右肩（按：即今猎户座 γ 星）为距"[3]，但若此说成立，则参宿将位于觜宿之前[4]，此与传统的次序大不合，《钦定仪象考成》中即曾批评此说"失之太远"[5]。

有关觜、参两宿距星位置的具体记载，首见《文献通考》中所引的宋《两朝天文志》："觜三星，距西南星，去极八十二度半……参十星，距中星西第一星，去极九十二度半"[6]，又《宋史·天文志》中亦同样指称觜宿的距星为西南[7]，故宋代所选用的觜宿及参宿距星应可确定为猎户座 φ_1 星（觜西南星）及 δ 星（参三将西第一星）[8]。因《两朝天文志》乃记仁宗、英宗两朝事[9]，经笔者回推此两距星当时的坐标，发觉其去极度分别为 82.9 度及 92.8 度（以 1050 年为例），此与观测值相当符合。

---

① 〔唐〕瞿昙悉达：《唐开元占经》卷 62 至卷 63，台北：台湾商务印书馆，景印《钦定文渊阁四库全书》本。

② 中国天文学史整理研究小组编：《中国天文学史》，北京：科学出版社，1981年，第 47、51 页。

③ 见《新唐书》卷 27 上，第 603 页。王健民以猎户座 α 星（参左肩）为古历的参宿距星；《中国大百科全书·天文学》，第 282 页。

④ 经计算发觉，至少在过去 6000 年间，猎户座 γ 星的赤经均不可能位于觜宿三星之后。本文中所有的计算均已考虑入岁差及恒星自行。

⑤ 《钦定仪象考成·恒星总论》，《钦定文渊阁四库全书》本，第 3 页。

⑥ 《文献通考》卷 279，台北：台湾商务印书馆，1936 年，第 2219 页。

⑦ 《宋史》卷 51，第 1047—1049 页。

⑧ 宋苏颂《新仪象法要》的《浑象西南中外官星图》中，绘有各宿的界线，其中觜宿及参宿的部分明显通过猎户座 λ 星及 δ 星，但在同书的《浑象南极星图》中觜宿及参宿的起始线则似乎通过猎户座 φ_1 星及 δ 星。〔宋〕苏颂撰，钱熙祚校：《新仪象法要》卷中，台北：台湾商务印书馆，《万有文库荟要》本，第 60—67 页。

⑨ 《两朝天文志》应即王珪所撰《两朝国史》中的《天文志》。参见《文献通考》卷 192，第 1628—1629 页。

表一　东汉之前文献中所载觜、参及邻近各宿的赤道宿度

	昴	毕	觜	参	井	鬼
古历	15	15	6	10	29	5
西汉汝阴侯墓①	15	14	6	9	26	5
战国石申②	11	17	1	10	33	4
《淮南子》③	11	16	2	9	33	4
《太初历》④	11	16	2	9	33	4
《四分历》⑤	11	16	2	9	33	4

　　表二列出从汉迄元各历中所记觜、参两宿的赤道宿度值，由其中可见觜宿的宿度一直减少，而参宿则不断增加。古人因欠缺对岁差现象的了解，故往往将宿度的改变归因于历代选用不同的距星所致，如《宋史·律历志》中有云：

　　盖古今之人，以八尺圆器，欲以尽天体，决知其难矣。又况图本所指距星，传习有差，故今赤道宿度与古不同。⑥

―――――――――

　　① 1977 年在阜阳双古堆出土的西汉汝阴侯墓中，发掘出一面二十八宿圆盘，上刻各宿的宿度，其值与《唐开元占经》中的"古历"值相当接近，故两者应源出同一系统，因知此盘的制作或其宿度值的测定时代应较西汉早得多。《阜阳双古堆西汉汝阴侯墓发掘简报》，《文物》1978 年第 8 期，第 12—31 页。

　　② 此据《唐开元占经》中所引石申（约前 4 世纪时战国魏人）的数据（卷 62 至卷 63），但此组二十八宿宿度值与汉以后各历较接近，故有可能是出自后人的伪托。参阅钱宝琮《甘石星经源流考》，收入《钱宝琮科学史论文选集》，北京：科学出版社，1983 年，第 271—286 页，原载《浙江大学季刊》1937 年第 1 期。

　　③ 〔汉〕刘安撰，高诱注：《淮南子》卷 3，台北：中华书局，1974 年，武进庄氏本校刊，第 15 页。

　　④ 《汉书》卷 21 下，第 1007 页。

　　⑤ 〔清〕李锐：《汉四分术》卷下，台北"中央研究院"近代史研究所藏，收入《李氏遗书》，光绪十五年刊本，第 20 页。

　　⑥ 《宋史》卷 74，第 1691 页。

表二虽胪列了十七组觜、参宿度值，但其中仅有少数为实测的结果。汉武帝在造《太初历》时，曾为测量赤道宿度而"定东西，立晷仪，下漏刻，以追二十八宿相距于四方"，当时所测得的数据一直沿用约八百多年。①

表二　汉至元各历中所记觜、参两宿的赤道宿度值

观测年代	赤道宿度		数据来源
	觜宿	参宿	
104BC	二度	九度	《太初历》
85AD	二度	九度	《四分历》
237AD	二度	九度	《景初历》②
520AD	二度	九度	《正光历》③
539AD	二度	九度	《甲子元历》④
604AD	二度	九度	《仁寿甲子历》⑤
608AD	二度	九度	《大业戊辰历》⑥
704AD	半度	十度	《大衍历》⑦
956AD	一度	十度	《钦天历》⑧
963AD	一度	十度	《应天历》⑨
1023AD	一度	十度	《崇天历》⑩
1066AD	一度	十度	《明天历》⑪

① 见《汉书》卷 21 上，第 975 页；《宋史》卷 74，第 1690—1691 页。
② 《晋书》卷 18，第 549 页。
③ 《魏书》卷 107 上，第 2676 页。
④ 《魏书》卷 107 下，第 2713 页。
⑤ 《魏书》卷 18，第 476—477 页。
⑥ 《魏书》卷 17，第 443 页。
⑦ 《新唐书》卷 28 上，第 646—647 页。
⑧ 《新五代史》卷 58，第 675 页。
⑨ 《宋史》卷 68，第 1513—1514 页。
⑩ 《宋史》卷 72，第 1631—1633 页。
⑪ 《宋史》卷 74，第 1703—1705 页。

续表

观测年代	赤道宿度		数据来源
	觜宿	参宿	
1092AD	一度	十度	《观天历》①
1106AD	半度	十度半	《纪元历》②
1171AD	半度	十度半	《大明历》③
1220AD	半度	十度半	《庚午元历》④
1280AD	五分	十一度十分	《授时历》⑤

　　到唐开元间，僧一行受诏作新历，并以梁令瓒新制成的黄道游仪重测二十八宿距星的位置，始发觉已有部分宿度与旧不同，如当时实测得的毕宿赤道宿度为十七度半，而觜宿为半度，但或为方便起见，在《新唐书·历志》中则将这些测量值化约成最接近的整数，以毕的宿度为十七度，觜宿为一度。⑥ 若唐、宋所用的觜、参距星均相同，则回推一行造《大衍历》时的觜、参宿度值，发现应为 0.46 度及 9.82 度（见图二）⑦，此与

---

① 《宋史》卷 77，第 1802—1804 页。
② 《宋史》卷 77，第 1857—1858 页。
③ 《金史》卷 21，第 455—456 页。
④ 《元史》卷 56，第 1278—1280 页。
⑤ 《元史》卷 54，第 1199、1210 页。
⑥ 《新唐书》卷 28 上，第 646 页。
⑦ 笔者计算 1000 BC 至 1500 AD 间每隔 250 年猎户座 δ 星与 φ₁ 星以及双子座 μ 星（井宿距星）与猎户座 δ 星的赤经差，发现觜、参宿度随时间的变化大致可以用下列公式表示：

　　觜宿距度＝（1.0727－0.00084t）度
　　参宿距度＝（8.1211＋0.0023484t）度

其中 t 值即西历之年（前以负值表示），唯觜宿距度的公式仅适用于公元 1277 年之前，因从这年起，参宿实际上将位于觜宿之前。关于井宿距星的认定一般均无异议，笔者尝查考文献中月亮及五星掩犯井宿距星的记录，结果在《宋史·天文志》及《元史·天文志》中共找到近十多则，经以电脑回推各天象后，证明井宿的距星确为双子座 μ 星。

当时所测的半度及十度相当符合。

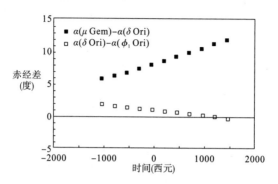

图二　觜、参两宿宿度的理论变化图

说明：此处分别以双子座 μ 星（μ Gem）、猎户座 δ 星（δ Ori）、及猎户座 φ₁（φ₁ Ori）星为井、参、觜三宿的距星，故实心方点即代表参宿宿度，空心方点代表觜宿宿度。

除了宿度之外，一行亦曾测得觜、参两宿距星的去极度，分别为 82度及 93 度。[1] 经计算猎户座 φ₁ 星及 δ 星当时的坐标后，发现其去极度应分别为 83.6 度及 93.5 度，此与观测值有 1.6 度或 0.5 度的误差，这可能是因当时所用测天浑仪的极轴未能与天极精确地校准所致。[2] 至于各宿的宿度值，则因相当于相邻两宿距星的赤经差，故其测量的准确度较不容易受极轴校正的影响。

《大衍历》所用的二十八宿宿度值继《太初历》之后成为官方天文学的新标准，屡经后历因相沿袭。至宋仁宗皇祐初（1049），舒易简、于渊、周琮等以新造黄道游仪重测后，始又发现有十四宿与一行先前所测

---

① 《新唐书》卷 31，第 809—810 页。

② 此一测去极度时所出现的较大误差，并不只限于觜、参距星，因经计算如角宿距星（室女座 α 星）及鬼宿距星（巨蟹座 θ 星）的理论道后，发觉当时一行所测得的去极度亦出现 2.1 及 1.5 度的偏差。参见拙文《极星与古度考》，《清华学报》（新竹）1992 年新 22 卷第 2 期，第 93—117 页。

不同，其中觜、参的赤道宿度仍维持为一度及十度①，但据笔者回推当时的宿度值，发现应分别为 0.2 度及 10.6 度（见图二），误差在半度左右。

我国古代各历所用的赤道宿度，均取为整数，从北宋崇宁《纪元历》起，天文家始将各宿度的余数以"太（四分之三）、半（二分之一）、少（四分之一）"表示出②，当时所测得的觜宿赤道宿度为半度，参宿为十度半，此与回推所得的理论值 0.14 度及 10.72 度，约有 0.3 度的误差。

至元郭守敬时，二十八宿宿度值的测量精度达到中国传统天文学的巅峰，因郭氏在其创制的简仪上，对测天的窥衡做出革命性的改良，他在窥衡两端的圆孔中增置瞄准线，并将简仪环上每度细刻成十等分，因而所测的坐标得以轻易读到二十分之一度的精度。③

郭守敬因己所测得的二十八宿宿度值与前人颇多不同，故怀疑先前的测量很可能不够准确。④ 郭氏所测得的觜宿宿度为五分（0.05 度），其误差虽仅为 0.07 度，但很不幸地，此一误差恰使得原应为参前觜后的天象被测成了觜前参后。因若当时仍采用宋时的距星，则在《授时历》颁行时，觜宿距星的赤经已在参宿距星之后两分。郭守敬的测量偏差，很可能是因其所用简仪中四游环的轴未能与候极仪的轴校准所致。⑤

明代所用的距星应仍是因袭前代，如王英明于万历四十年（1612）所编的《历体略》中，即根据传统以觜宿西南星及参宿中西第一星为距星，两宿的宿度值甚至仍引用三百多年前郭守敬的测量结果。⑥

---

① 《宋史》卷 74，第 1746 页。

② 《宋史》卷 79 中有云："诸历赤道宿次，就立全度，颇失真数。今依宋朝浑仪校测距度，分定太、半、少，用为常数，校之天道，最为密近。"（第 1857 页）。

③ 参见拙文《中国古代窥管考》，《科学史通讯》1989 年第 8 期，第 28—37 页。

④ 郭氏言："然列舍相距度数，历代所测不同，非微有动移，则前人所测或有未密。"《元史》卷 52，第 1142 页。

⑤ 参阅拙文《极星与古度考》以及陈鹰《〈天文汇抄〉星表与郭守敬的恒星观测工作》，《自然科学史研究》1986 年第 5 卷第 4 期，第 331—340 页。

⑥ 〔明〕王英明：《历体略》卷中，《钦定文渊阁四库全书》本，第 23—24 页。

三、 天主教天文家对觜、 参两宿次序的态度

中国古代从汉迄元，平均每隔三十年即改历，明初以来行用《大统历》，唯以官方天文家能力未逮等因素，此一内容因袭元《授时历》的历法在两百七十余年间均未尝改宪，且成化（1465—1488）以来，预推交食往往不验。① 万历年间，耶稣会士利玛窦（Matteo Ricci，1552—1610）赴南京北极阁上的观象台参观时，发现钦天监当时所用测天仪器的极轴竟然偏离天极三度多，而官方的天文家们却曚瞆莫知②，由此一事实可窥知当时的天文水准已相当低落。且在明末之时，任职钦天监的官生更往往是滥竽充数，许多人不仅不知天文历算，甚至连星占术数亦莫知所以。③

明末耶稣会士初入华宣教的效果并不显著，后利玛窦体认出天算在中国政治与社会中的特殊地位，故建议教会派遣精习天文历算的教士为中国政府推验天象，欲藉西方天算之长，间接替教会宣传。此一策略颇获教会认同，先后选派了熊三拔（Sebastiano de Ursis，1575—1620）、阳玛诺（Manuel Diaz，1574—1659）、邓玉函（Johann Schreck，1576—1630）、汤若望（Adam Schall von Bell，1591—1666）、南怀仁（Ferdinand Verbiest，1623—1688）等精于天算的会士来华。④

崇祯二年起，徐光启更受命成立历局，率同邓玉函、罗雅谷（Giacomo Rho，? —1638）、汤若望等耶稣会士以及李之藻（1565—1630）、李

---

① 《明史》卷 31，第 515—516 页。

② Henri Bernard：*Matteo Ricci's Scientific Contribution to China*，Westport：Hyperion Press，1973 reprint，pp. 11—14，translation of *L'apport Scientifique du Père Matthieu Ricci à la Chine*（published in 1935 by Henri Vetch，Peiping，China）and translated by Edward Chalmers Werner.

③ 汤若望等：《奏疏》卷 1，台北故宫博物院藏本，第 36—41 页。

④ 参见拙文《汤若望与清初西历之正统化》，收入吴嘉丽、叶鸿洒编《新编中国科技史》下册，台北：银禾文化事业公司，1990 年，第 465—490 页。

天经（1579—1659）等奉教汉臣推究西法。① 这些天主教天文家冀望将钦天监变成中国官僚体系内的第一个奉教据点，以利在中土宣教，故极力鼓吹西法的优越，而觜、参两宿因岁差所导致次序互调一事，因易给人深刻印象且易于以实测验证，即成为奉教天文家用以突显中法疏陋的一个重要案例。

在由徐光启等依西法编译并于崇祯四至七年间进呈的《崇祯历书》（此即《新法算书》的前身）② 中，首度采用数字序数来命名恒星，并以各宿的第一星为距星，其中所列觜宿一及参宿一的坐标及星等明显对应于猎户座 λ 及 δ 星，且觜宿一的亦经亦在参宿一之后 24′。③ 徐光启等虽将觜宿距星从传统的猎户座 φ₁ 星改为较亮的 λ 星④，但因两者的黄、赤经度均仅相差约 0.1°，故当时不论是取用何者作距，参宿均位于觜宿之前。由于耶稣会士所引进或新造的天文仪器远较钦天监中所用者精密，

---

① 《新法算书》卷 1 至卷 8，《钦定文渊阁四库全书》本。

② 参见陈久金《徐光启和〈崇祯历书〉》，收入席泽宗、吴德铎主编《徐光启研究论文集》，上海：学林出版社，1986 年，第 83—91 页。

③ 《新法算书》卷 59 中所列觜、参两宿距星的数据，与猎户座 λ 星及 δ 星在公元 1628 年春分点的回推值比较的结果如下：

星名	黄经	黄纬	赤经	赤纬	星等
觜宿一	78°35′	−13°26′	78°43′	9°38′	四
猎户座 λ 星	78°31′	−13°25′	78°40′	9°37′	3.4
参宿一	77°14′	−23°38′	78°19′	−0°41′	二
猎户座 δ 星	77°10′	−23°36′	78°15′	−0°38′	2.2

另参见潘鼐、王庆余《〈崇祯历书〉中的恒星图表》，收入《徐光启研究论文集》，第 92—99 页。

④ 《新法算书》卷 29 中有云："今恒星历各注黄、赤经纬度分，星名、位次皆按中历更定，免致凌杂，而间考西古太阴历，则亦有二十舍，译谓月所宿留之处，即又与宿次同义，且二十八距星亦皆吻合，其不合者，独觜宿距星，不用觜则天关耳，竟不知其何繇而同？"（第 20 页），此段文句似乎为其改动传统觜宿距星提供一个牵强的理由，因其中所称西方古代太阴历距星除觜宿外均与中历相同一事，并无任何根据。

且在测天时亦较重视实验误差①，故终于在郭守敬重测宿度三百五十年之后，成功地发现觜、参次序已对调的现象。②

崇祯八年，督修历法李天经曾会同钦天监等官员实测觜、参二宿距星的赤经，公开在使用中法的天义家面前证实参宿当时果已居觜宿之前，李氏曰：

> 觜、参二距星从古至今，度分渐减，旧法谓觜在参前，新法谓觜在参后，及三月初六日，臣等公同该监诸臣测之，果参居前，觜居后，有器可考，有目共见……觜宿距星古测距参二度，或一度、半度又或五分，今测之，不啻无分，且侵入参宿二十四分。③

虽然在《明史·天文志》所列崇祯元年徐光启等所测的二十八宿黄、赤经度中，已将觜、参的次序对调，以参宿的赤道宿度为0.4°，而觜宿的赤道宿度为114°④，但因终崇祯朝西历均未能颁行，故此一新订的二十八宿次序及宿度值在明代可能并未为官方所正式采用⑤。

明清鼎革之际，汤若望在历局成立十六年之后，终于成功地率奉教中国天文家获得清朝钦天监的领导权，并自顺治元年开始正式以西法为清政府制历⑥，当时即定猎户座λ及δ星为觜、参两宿的距星，并改"觜前参后"的传统为"参前觜后"，此一主张在清前期除了"康熙历狱"的

---

① 如《新法算书》卷98中有云："西测星非详得其分秒置不用，非三四器、三四人同地并得在一分以内者置不用，此新法所以独密也。"（第22页）

② 但当时耶稣会士天文家误以恒星均循黄道右旋而不知岁差的正确道理。见拙文《极星与古度考》。

③ 《新法算书》卷4，第13—17页。

④ 《明史》卷25，第353—355页。

⑤ 如崇祯十二年，李天经具题十一月十六日月偏食的推算数据，其中有云："食甚月离黄道实沈宫一十八度一十八分，为参宿初度九十分"，经推算月亮的坐标后，发现当时所用的参宿距星确为猎户座δ星，且月亮入参宿的"初度九十分"一值，亦明显超过徐光启等新订的参宿宿度二十四分。《新法算书》卷7，第15页。

⑥ 参见拙文《汤若望与清初西历之正统化》。

小段时间外一直沿用约百年左右①。

四、 保守人士对官定参觜顺序的反弹

我国自古将周天二十八宿分属四方，其中东方称为苍龙七宿——角、亢、氐、房、心、尾、箕，北方为玄武七宿——斗、牛、女、虚、危、室、壁，西方为白虎七宿——奎、娄、胃、昴、毕、觜、参，南方为朱鸟七宿——井、鬼、柳、星、张、翼、轸。每一方位所辖的七宿从右到左依序分别对应于木、金、土、日、月、火、水等七政，又二十八宿亦各与一灵禽相配，如称觜火猴或参水猿，即指觜宿所对应的七政为火，灵禽为猴，参宿所对应的七政为水，灵禽为猿。

术家并将全天均分成十二宫，以十二支命名，其中子、午、卯、酉称为四正宫，寅、申、巳、亥为四孟宫，辰、戌、丑、未为四季宫。每宫各取一宿为主宿，因"仲者，中也，正也；孟居左；季居右"，故四正宫主宿即取七政属日（各位于四方之中）的星宿，四孟宫主宿即取七政中属火（各位于四方之左）的星宿，四季宫主宿即取七政中属金（各位于四方之右）的星宿。如此所求得的十二宫主宿为虚、牛、尾、房、亢、翼、星、鬼、觜、昴、娄、室，而其所对应的灵禽，则被称为十二生肖。②

---

① 《钦定仪象考成·奏议》中有云："查《时宪书》内铺注二十八宿值日，古法觜宿在前，参宿在后，自用西法以来，改为参宿在前，觜宿在后。"（第12页）。在现存顺治十五年《时宪历》（台北"国家图书馆"藏）及康熙四年、五年的《七政历》（台北故宫博物院藏）中，均明显可见参前觜后的痕迹。

② 见清杨光先《不得已·孽镜》，台北：学生书局，1966年，重印民国18年中社本，收入吴相湘主编《天主教东传文献续编》第3册，第1217—1221页。东汉王充（27—？）尝提及"十二辰禽"（子鼠、丑牛、寅虎、卯兔、辰龙、巳蛇、午马、未羊、申猴、酉鸡、戌狗、亥豕），此或为最早将地支与灵禽相配的文献。参见田昌五《论衡导读》，成都：巴蜀书社，1989年，第108页。本文所提及杨光先各著述的讨论，请参阅拙文《杨光先著述论略》，《书目季刊》1990年第23卷第4期，第3—21页。

在中国古代官方颁行的历书中，除记载各年出生之人的生肖外，更在铺注每日行事宜忌的部分，将各日分别依序配以二十八宿名（称为星宿值日或值宿）。此因当时社会上普遍相信每日值宿可以用来断定是日的行事吉凶，且认为人一生的命运亦可以从其出生日的值宿推判，如称：

> 觜，大恶日、万事凶，此日出生之人一生不得福禄，愿望难成，事事若谨慎、正直而行善者，反为得福。参，婚礼、旅行、求财、养子、立门吉，裁衣、葬仪凶，此日出生之人一生能保福禄、长寿，万事称心如意，若骄必破败。①

而流行于术家间的许多命相法，更是藉"禽官性情、喜好、吞啖、进退、取化之理"以推验行事吉凶。②

由于二十八宿在术数学中的应用颇广，且觜、参的吉凶意义常有极大出入，故更调觜、参两宿次序一事，在当时遂引起相当大的反弹。顺治十四年十一月，回族天文家吴明炫疏言新法有误，其中即提及颠倒觜参一事。③又为南怀仁讥为"算命看风水之徒"的杨光先④，在顺治十六年五月所著的《摘谬论》中，亦强烈批评新法误将"参水猿"置于"觜火猴"之前，他以为如此不仅将导致"水火颠倒"，且十二生肖中的"猴"亦将因此变成"猿"，杨氏曰：

---

① 引自《中国禽星占命秘传》卷首，台北：武陵出版社，1982年。秦简日书中亦有"觜，百事凶，可以邀人攻雠，生子为正""参，百事吉，取妻吉，唯生子不吉"之语。参见饶宗颐、曾宪通《云梦秦简日书研究》，香港：中文大学出版社，1982年，图版八。

② 如见不著撰人《演禽通纂》及明池本理《禽星易见》《钦定文渊阁四库全书》本，或见元不著撰人《奇门秘窍》，台北：中国子学名著集成编印基金会，1980年。

③ 《清朝文献通考》卷256，台北：台湾商务印书馆，1936年，第7158页。

④ 南怀仁的批评见其所著《妄推吉凶辩》（比利时鲁汶大学藏），第1页；又杨氏曾撰有《易见通书》《阳宅辟谬》等术数书。

使参果当在先，则《时宪历》凡遇申年当言属猿，今历书丙申年仍云属猴（按：指顺治十三年），何其自说而不自相照应也！[1]

经查台北"国家图书馆"藏《顺治十五年时宪历》中所记，当时由天主教天文家所编制的历书中确仍依往例定丙申年的生肖属猴。

杨光先在攻击新法将觜、参次序对调时，尝论及历代所定此二宿距星，称：

新法见参宿之北西右肩星在前，觜三星在参右肩之后，遂更调之……汉历以觜之下西星为距星，参中三星之中星为距星，故觜在前，占一度。唐、宋历以觜之上星为距星，参中三星之中星为距星，故觜在前，占半度。明因元郭守敬之《授时历》以觜之上星为距星，参中三星之西星为距星，故觜宿亦在前，仅占五分。今新法仅以参之北西右肩星为距星，故以参宿在前，觜宿在后。[2]

由此一叙述可推知杨光先根本不了解岁差乃是历代宿度改变的主因，他径自认定数组不同的距星，以试图曲解文献中不同的观测值，并诬指新法是因以参右肩作距而主张参前觜后的。[3]

吴明炫身为顺治初钦天监中回族科的负责人，他当时对汤若望的攻击均集中在天文历法方面，其行为或主要是为回族天文家屡遭若望等排挤，并终致回族科遭裁撤的一个单纯反击。[4] 至于杨光先则是利用觜、参顺序一事抨击西法，以作为其一连串排斥西人、西教举动的诉求重点

---

① 〔清〕杨光先：《距西集·摘谬论》（台北"国家图书馆"善本书第 6277 号）。

② 《距西集·摘谬论》。

③ 参见南怀仁《不得已辨》，台北：学生书局，1965 年，第 22—27 页，收入吴相湘主编《天主教东传文献》。

④ 如见汤若望《奏疏》中的资料，参见拙文《清初天主教与回教天文家间的争斗》，《九州学刊》1993 年第 5 卷第 3 期，第 47—69 页。

之一。他们均不思可否将传统"觜火猴"及"参水猿"的说法稍加更动（如改成"参火猴"及"觜水猿"），以符合实际的天象，仅一味利用此事作为打击对方的工具。

而徐光启等天主教天文家当时亦很可以与支持术数的保守人士妥协，重新选取参宿距星以保持觜前参后的传统，但或为宣传上能较为突显，且教会亦将中土流行的术数视作异端，故终于选择将此事作为验证中、西法优劣的重要样板之一，希望以其先进的天文知识做后盾，藉着双方的激辩为亟待开展的传教活动开创一新的转机。

天主教天文家虽左右了顺治朝的钦天监，但康熙初却终因为荣亲王择葬期等事，受到以杨光先为首的保守分子的痛击，奉教人士因此一"历狱"广受牵连。[①] 而杨氏在康熙三年七月上《请诛邪教状》控诉汤若望等时，即将"私将觜参二宿改调前后"作为抨击的内容之一。[②]

康熙四年九月，杨光先奉旨掌理钦天监监务[③]，因当时已完成康熙五年历书的制定，故杨氏从康熙六年的历书起，开始复行传统觜前参后的次序。康熙七年八月，因钦天监所用的《大统历》与天行不合，故奉旨将康熙八年的历日交吴明烜（吴明炫因避讳而改名）以《回回历》推算。[④] 十一月，圣祖遣四学士到寓传旨，问南怀仁对此历的意见，南怀仁因而胪列历中与天不合之处，其中觜、参两宿的顺序又再度被提及：

> 本月因参、觜二宿颠倒，则木、火、金、水等星，因先入觜，后入参，为之错乱。参、觜颠倒，有顺治十四年原辩已明存证。[⑤]

---

① 参见拙文《择日之争与"康熙历狱"》。

② 《圣祖仁皇帝实录》卷 14，台北：台湾华文书局，1968 年，第 27 页。

③ 《不得已》，第 1300 页。

④ 《圣祖仁皇帝实录》卷 26，第 25—26 页。并参见拙文《吴明炫与吴明烜——清初与西法相抗争的一对回族天文学兄弟?》，《大陆杂志》1992 年第 84 卷第 4 期，第 1—5 页。

⑤ 南怀仁：《钦定新历测验纪略》（比利时鲁汶大学藏），第 1—2、23 页。至于汤若望及南怀仁对此事所作的详细辩说，可参见南怀仁《不得已辨》，第 22—27 页。

康熙八年，南怀仁替"历狱"翻案后，西法复行，故官历自康熙十年起，又将参宿的次序订在觜宿之前。①

新法"参前觜后"的主张在"历狱"之后的康熙朝一直未受到挑战，此或因康熙本人相当欣赏并熟习西方的天算②，且对阴阳选择术又十分反感的缘故。③康熙二十八年，帝幸观星台时，更尝问大学士李光地为何"古历觜参，今为参觜"，光地以未知其理回奏，圣祖告曰："以观星台仪器测之，参宿至天中，确在觜宿之先，观此足信今历之不误矣。"④因知参前觜后一事在康熙心目中显然相当重要，被视成西法正确的一大证据。

一直到了乾隆朝，主张"觜前参后"的人士，始又重整旗鼓，尝试翻案。乾隆四年，钦天监监正进爱因"阴阳选择书籍繁多，彼此参差"，故上奏请旨重修《选择通书》及《万年书》，奉旨由当时负责"增修时宪算书馆"的庄亲王允禄担任此事的总裁，并由梅瑴成、何国宗以及各相关的监员协助考订，乾隆五年八月修成《钦定协纪辨方书》一书。允禄等在编修的过程中曾开列二十八条建议应删应改之处，其一即主张将参、觜的顺序依古法还原，其理由为：

二十八宿次宿，《星经》《天官书》原系觜宿在前，参宿在后，选择家以酉日值觜宿，为伏断日，星命家二十八宿分配七政，以日、月、火、水、木、金、土为序，觜宿属火，参属水，皆依古宿次舍而定者也。《新法算书》以参宿前一星为距星，参在前，觜在后，则觜宿与酉日不得相值，星命家以为水火颠倒，查宿之距星惟人所指，与算法疏密全无关碍。

① 康熙各年所用的参、觜顺序可参阅台北故宫博物院所藏历年的《七政历》。
② 参见孟昭信《康熙大帝全传》，长春：吉林文史出版社，1987年，第509—520页。
③ 有关康熙及耶稣会士对术数的态度一事，参见拙文《耶稣会士对中国传统星占术数的态度》，《九州学刊》1991年第4卷第3期，页5—23。
④ 章梫等：《康熙政要》卷18，台北：大中国图书公司，1969年，《中华文史丛书》景印光绪刊本，第19页。

但乾隆五年七月，大学士鄂尔泰等奉旨定议，认为既然"距星惟人所指，与算法疏密全无关碍"，故今亦不必更改。① 此一决定为殷切期盼改回觜前参后的术家及其支持者浇了一盆冷水。

乾隆九年十一月，钦天监监正戴进贤（lgnatius Kögler，1680—1746）等因先前所测的恒星坐标与新测值尚多不合，且星的次第亦多不顺序，故奏请增修南怀仁《灵台仪象志》中的《恒星经纬度表》，允禄、鄂尔泰、张照、何国宗、刘松龄、鲍友管等大臣奉旨率监员详加测算。藉着这次重新调整恒星次第的机会，允禄等即再度建议将参、觜顺序回归古法。他们并专为此事上奏，其所标举的理由仍不出杨光先《摘谬论》或允禄等《钦定协纪辨方书·奏议》中的内容。

允禄等或不明岁差的道理，遂强将"参前觜后"视成奉教天文家蓄意造成的错误，如在《钦定协纪辨方书·奏议》中即诡称传统是以参中星（应即猎户座 ε 星）为参宿距星，故自然为"觜前参后"，并称康熙年间所用的《新法算书》中因改以"参西第一星"作距，始造成"参前觜后"。事实上，《新法算书》中所用的参宿距星才真正是遵依古法，允禄等与杨光先均是为达到一己的目的而歪曲历代所取用的距星。② 稍后在《钦定仪象考成·奏议》中，允禄等更修改先前的说法，捏称古法是以"参宿中三星之东一星"为距星③，为稍后提议选用猎户座 ζ 星为参宿距星一事铺路。

西洋教士戴进贤在乾隆时虽为钦天监监正，但他并未拥有如汤若望或南怀仁等传教先辈在官僚体系或知识分子间的深厚影响力，尤其"康熙历狱"之后，耶稣会士虽重获钦天监的领导权，但其宣教活动却开始

---

① 见《钦定协纪辨方书·奏议》，第1—33页。

② 允禄等尝称："自古皆觜宿在前，参宿在后，其以何星作距星，史无明文"，显见他们对古代觜、参两宿距星的叙述，多出于臆测。见《钦定仪象考成·奏议》，第9页。

③ 《钦定仪象考成绩编·星图步天歌》卷3（台北故宫博物院藏，道光二十五年武英殿刊本）中称："（觜）距是北星三紧簇""（参）距在中东自古标"（第28—29页），将乾隆时新定的参宿距星依允禄等的说法说成自古以来即以此星为距。

受到刻意的压制，此后入华的会士们仅能凭藉其科技、医药或绘画等方面的能力，个别在内廷为清政府服务。① 况且当初天主教天文家强调"参前觜后"的时代意义多已消失，故在修定《钦定仪象考成》时，反对改调参觜次序一事的声音或力量可能并不太大。②

乾隆十七年十二月十四日，经大学士傅恒会同九卿议奏后称：

> 《时宪书》之值宿虽与《七政书》算法全无关碍，而《七政书》乃《时宪书》之所从出，其铺注列宿次第，未便与推算之星度互异，应如所奏请，以乾隆十九年为始，《时宪书》之值宿依古改正，仍以觜前参后铺注，觜参之前后，既经顺序改正，与《恒星经纬度表》相合，则二十八宿分列四方，星家以七宿分配七政，皆木、金、土、日、月、火、水为序者，西方七宿亦火前水后，与三方之序吻合矣。③

十六日，终奉谕旨在新修的《钦定仪象考成》中改用"参中三星之东一星（即猎户座ζ星）"为参宿距星，但仍维持西法以觜宿中上星作距的用法④，并决定自乾隆十九年的《七政书》及《时宪书》起，依此一规定

---

① 参见陈东林《雍正驱逐传教士与清前期中西交往的中落》，《北京师范大学学报（社科版）》1985年第5期，第7—15页。

② 支持觜前参后的允禄与支持参前觜后的鄂尔泰同为高宗即位时的顾命大臣，二人在当时政坛不知有否嫌隙，因乾隆七年鄂尔泰长子鄂容安私询密奏留中事，允禄等即尝请夺鄂尔泰官逮问，后获高宗宽罪。鄂尔泰在乾隆朝初期位极人臣，影响力甚大，但在《钦定仪象考成》修成之时，鄂尔泰已先于乾隆十年去世，或因此大大减少了反对的力量。参见《清史稿》卷10，第373—382页；卷219，第9049—9050页；卷288，第10229—10236页，台北：洪氏出版社，1981年。《高宗纯皇帝实录》卷180，第15页；卷181，第1页及第4—5页；卷182，第2—3页，台北：华文书局，1968年。

③ 《钦定仪象考成·奏议》，第19页。

④ 由于距星选用的不同，故代表参宿距星的"参宿一"，在乾隆十八年以后指的是猎户座ζ星，之前则指δ星；《钦定仪象考成·恒星总论》，第3页。

推算或铺注①。觜前参后的传统在几经波折之下，终于为满足术家的热切要求而又告恢复。表三中列出明末以来文献中所记觜、参两宿的宿度值以及两宿的先后顺序，可清楚地看出其随时代的变化。

表三　明末以后文献中所记觜、参两宿的宿度值

观测年代	宿度值		宿度种类	觜参次序	数据来源
	觜宿	参宿			
1628AD	0.12°	12.03°	黄道宿度	觜先参后	《晓庵新法》②
1628AD	11.40°	0.40°	赤道宿度	参先觜后	《新法算书》③
1674AD	11.37°	0.50°	赤道宿度	参先觜后	《灵台仪象志》④
1684AD	11.48°	0.48°	赤道宿度	参先觜后	《御制历象考成表》⑤
1688AD	11.37°	0.50°	赤道宿度	参先觜后	《历算全书》⑥
1744AD	1.72°	9.89°	赤道宿度	觜先参后	《钦定仪象考成》⑦
1845AD	1.60°	10.15°	赤道宿度	觜先参后	《钦定仪象考成续编》⑧
1887AD	1.52°	10.29°	赤道宿度	觜先参后	《钦定大清会典图》⑨

* 赤道宿度在黄道上投影所截取的黄经差，称之为黄道宿度。

---

① 朝鲜英祖二十年（乾隆九年）曾实测得恒星黄赤经纬度，其中觜宿一及参宿一的坐标明显对应于猎户座 λ 星及 ζ 星，但朝鲜直到英祖四十四年（乾隆三十三年）始在观象监中行用此一新的定义，此或因当时朝鲜仍奉中国正朔，在《时宪历》未更动之前，尚不敢妄作主张。洪凤汉、李万运、朴容大编著：《增补文献备考·象纬考》，汉城：明文堂，1959 年，第 1—7 页。

② 〔清〕王锡阐：《晓庵新法》卷 2，《钦定文渊阁四库全书》本，第 8 页。

③ 《灵台仪象志》卷 12，第 21 页。

④ 〔清〕梅文鼎：《历算全书》卷 19，《钦定文渊阁四库全书》本，第 34—35 页。

⑤ 《御制历象考成表》卷 14，第 12—13 页。

⑥ 《历算全书》卷 19，第 34—35 页。

⑦ 《钦定仪象考成》卷 7，第 19—20 页及卷 8，第 3 页。

⑧ 《钦定仪象考成续编》卷 9 至卷 10。

⑨ 《钦定大清会典图》卷 114，台北：新文丰出版公司，光绪二十五年刻本，1976 年。

五、 结语

本文的研究结果显示，从汉迄明，中国官方一直是以猎户座 φ_1 及 δ 星为觜宿及参宿距星，虽因岁差的影响，自 13 世纪末以后，传统的觜前参后的赤经顺序已变成参前觜后，但直到明末天主教天文家以较精密的仪器测量之前，国人一直未发现此一现象。

清入主中原后，除了"康熙历狱"的小段时间外，耶稣会士所引进的西法一直是官方天文学的主流，故在将近百年的期间内均定猎户座 λ 及 δ 星为觜、参的距星，并强调参宿确位于觜宿之前。由于觜、参两宿次序的更调与术数法则发生严重矛盾，因此清初社会对奉教天文家的主张，反弹相当激烈，甚至有将其变成排外运动中攻击西人西教的着力点之一。支持术数的保守人士虽不断抨击此事，但直至乾隆十七年始成功地说服官方改定猎户座 λ 及 ζ 星为觜宿及参宿距星，从而恢复了觜前参后的传统。

若从科学的角度来看，觜、参两宿距星发生顺序互调一事，仅为因岁差所导致的一个单纯天文现象，对世界上大多数其他的文明而言，其对社会的影响层面可能并不大。但在中国古代社会中，天文因与星占术数紧密结合而带有特别浓厚的非科学色彩以及人文精神。[1] 乾隆时觜、参距星的重新选定，并不因其受到新的实验结果或不同的岁差理论的挑战，乃是官方为配合社会上将天文知识应用至术数学的特殊需求，而在不违反实际天象的原则下，对"非科学"所做的一次重大妥协。

入华耶稣会士或因深受教义的影响与拘限，或因对其他文化的宽容度不够，故极力排斥中国传统的术数思想，且严重低估其在中国社会深入的程度。为了宣传的目的，他们不断地设法突显西方强势的科技文化，欲令其凌驾于中国的传统之上。因而不仅未能在如礼仪问题上考量入中

---

[1]　参见本书《中国星占学上最吉的天象——"五星会聚"》。

国社会的特殊性①，即如在觜参顺序等枝节之处亦不愿善作调和或稍作让步，以避开冲突。

天主教士所引进的西方天文科学，虽在长达一世纪的争执后，就觜参顺序一事与中国社会上盛行的术家之学达成妥协，但教士们入华目的中最根本的传教活动，此时却早已因雍正、乾隆时的连续禁教政策，而陷入了长期的低潮②，此与利玛窦当初主张知识传教策略的预期结果大相径庭。

［原收入杨翠华、黄一农主编《近代中国科技史论集》，台北："中央研究院"近代史研究所，新竹：清华大学历史研究所，1991 年，第 71—94 页。］

<hr />

① 参见矢泽利彦《中国とキリスト教》，东京：近藤出版社，1972 年。
② 参见张力、刘鉴唐《中国教案史》，成都：四川省社会科学院出版社，1987 年，第 147—185 页。

天理教起义与闰八月不祥之说析探[*]

闰八月不祥之说，始于清嘉庆间的天理教起义。嘉庆十六年，天理教徒众因本教宝卷"八月中秋，中秋八月"等谶言，据《万年书》选定嘉庆十八年闰八月起事。但正式颁行的十八年《时宪书》中竟无闰八月，这对起事产生莫大困扰。为坚定信心，起事者又用十六年秋彗星见于紫微垣的天象宣传鼓舞教众。于是出现误将彗星见于紫微垣对清廷不利的星占学解释，混淆为对清廷八月改闰之举的解读。实则嘉庆十八年不闰八月，因八月置闰将不但导致该年冬至落在十月三十日，使清廷例行的郊祀大典无法按惯例在十一月举行，且出现各月中气与历法月序不合情形。晚清时局动荡，尤其在庚子之变的背景下，八月不祥之说又被进一步渲染、放大，成为近世流传最广的谶谣。

一、引　言

由于天人感应思想的笼罩，中国古代的天文历算等自然知识，一直被许多人视为拥有预卜吉凶的神秘能力，从而在一些特殊的历史事件中产生深刻影响。^② 有些民变或起义，便凭藉带有天文历法色彩的谶谣来

＊　作者：张瑞龙，中国人民大学历史系；黄一农，台湾新竹清华大学历史研究所。

②　参见黄一农《社会天文学史十讲》，上海：复旦大学出版社，2004年，第74—92页。

号召民众，以强调其"受命于天"的合法性和神秘性。

近世流传极广的"闰八月不祥"之说便是一例。经查明代以前的典籍中，并无"闰八月不祥"的说法。相反，且多以闰八月为幸事，如唐人黄滔《闰八月》诗："无人不爱今年闰，月看中秋两度圆。"宋赵大成《闰中秋》："桂影中秋特地圆，况当余闰魄澄鲜。因怀胜赏初经月，免使诗人叹隔年。"明王鏊："一年最好中秋月，岂谓今年两见之。"① 不祥之说，似始于清嘉庆朝的天理教起义。嘉庆十六年（1811），天理教首领林清因其宗奉的宝卷中有"八月中秋，中秋八月，黄花满地开放"及"白洋劫"等谶言，便据历法推定"白洋劫"的时间及方位。于是据嘉庆即位时编印的《御定万年书》，选定于十八年的闰八月十五日起事以应此劫数。然而，清廷正式颁行的十八年《时宪书》中竟没有闰八月！于是，只得改成九月十五日。

然而，就是这 72 名天理教徒的起事应劫之举，竟成功地打进紫禁城！这促使其时尚处在盛世余辉中的清朝统治者，被迫意识到衰世征兆已出现的严酷现实。嘉庆帝为此特颁《遇变罪己诏》，称其为"汉、唐、宋、明未有之事"，痛言"我大清以前何等强盛，今乃致有此事！"② 且由此力图开创"中兴之治"之宏业，展开长达两年之久的吏治整顿，并进行文化统治、社会控制等全方位的政策调整。如提升汉人在省级地方行政的权力，缓解政治高压，放松对士林舆论的钳制，严格保甲制度，加强对基层民众的思想控制和宣传教育，制定和重申严惩传习邪教律例

---

① 分别见《御定全唐诗》卷 706，《景印文渊阁四库全书》，台北：台湾商务印书馆，1986 年，第 1430 册，第 148 页下；〔宋〕谢维新编：《古今合璧事类备要》前集卷 17，《景印文渊阁四库全书》，第 939 册，第 152 页上；〔明〕王鏊：《震泽集》卷 7，《景印文渊阁四库全书》，第 1256 册，第 222 页下。又，此承匿名审稿人提示，特此致谢！

② 〔清〕姚祖同等纂：《钦定平定教匪纪略》卷 2，嘉庆二十一年武英殿刊本，第 27—292 页；《清仁宗实录》卷 274，"嘉庆十八年九月庚辰"，北京：中华书局，1986 年影印本，第 4 册，第 722—723 页；〔清〕昭梿：《啸亭杂录》卷 6，"癸酉之变"，北京：中华书局，1980 年，第 169 页。

等，其幅度和范围堪称乾隆末至鸦片战争前最大的一次变革。① 后世研究者亦视此事件为前承川、楚白莲教起义，后接太平天国运动的秘密教门起义，甚至有称其为"有清一代兴亡关键"。② 天理教起义很快就被扑灭，但由于起义者极为看重其据宗教宝卷谶语择定的起事时间，而这一时间又因清廷的改闰而被迫调整，于是天理教起义后，闰八月对清朝不利的谣言便开始流传，并演变为"闰八月不祥"的谶谣。

但对此"闰八月不祥"之说及其与天理教起义间的关联，除庄吉发先生对正德十五年（1520）至光绪二十六年（1900）380 年间的十次闰八月加以统计并罗列该年史事，称并非闰八月之年即有不祥之事发生外③，此后陈学霖先生考溯 20 世纪流传极广的元明鼎革之际"八月十五杀鞑子"的著名传说时，曾指出其与天理教起义后"闰八月不祥"的谣言有关，惟其讨论多引据庄先生的研究，未有新的拓展。④ 其他研究天理教起义的论著对此多是简单涉及，未作深入探讨，甚至存在人云亦云的讹误。⑤ 至于

---

① 参见费正清、刘广京编《剑桥中国晚清史（1800—1911）》上卷，北京：中国社会科学出版社，1996 年，第 125 页；张瑞龙《天理教事件与嘉道之际学术转向》，博士学位论文，清华大学历史系，2008 年，第 41—112 页。

② 孟森：《清史讲义》，北京：中华书局，2006 年，第 361 页；铢庵（瞿兑之）：《枻庐所闻录·林清之变》，《申报月刊》第 4 卷第 12 期，1935 年 12 月 15 日，第 106 页。

③ 庄吉发：《闰八月——民间秘密宗教的末劫预言》，《历史月刊》（台北）第 92 期，1995 年，第 61—65 页；《三教应劫：清代弥勒信仰与劫变思想的盛行》，《清史论集》（14），台北：文史哲出版社，2004 年，第 161—164 页。

④ 陈学霖：《刘伯温与"八月十五杀鞑子"故事考溯》，《"中央研究院"近代史研究所集刊》（台北）第 46 期，2004 年，第 1—52 页，后收入氏著《明初的人物、史事与传说》，北京：北京大学出版社，2010 年，第 144—182 页。

⑤ 如关于清廷改闰嘉庆十八年八月于次年二月，便多沿用天理教徒众的说法，称因十六年彗星出现的缘故（实则并非如此，详见后文）。参见韩书瑞《千年末世之乱：1813 年八卦教起义》，陈仲丹译，南京：江苏人民出版社，2012 年，第 120 页；李祖德《林清与京畿天理教暴动，中国农民战争史研究会编《中国农民战争史研究集刊》第 3 辑，上海：上海人民出版社，1983 年，第 148—168 页；喻松青《明清白莲教研究》，成都：四川人民出版社，1987 年，第 99—100 页；马西沙《清代八卦教》，北京：中国人民大学出版社，1989 年；李尚英《紫禁城之变》，北京：紫禁城出版社，1990 年，第 29 页；李尚英《清代政治与民间宗教》，北京：中国工人出版社，2002 年，第 109 页。

天理教徒据以推定嘉庆十八年闰八月起事的《（嘉庆）御定万年书》以及后来对起事时间产生重要影响的《嘉庆十八年岁次癸酉时宪书》等文献，更未见有人使用。

有鉴于此，本文将对"闰八月不祥"俗忌的起源以及历代对闰八月的看法，试作考证。首先考察闰八月与天理教起义间的关联；其次，从历法角度讨论清代的置闰之法与嘉庆十八年不闰八月的真相，并利用新发现的嘉庆《御定万年书》的不同版本，探讨该书后来被改刻等情况；最后，讨论天理教事件后闰八月不祥之说的流传及影响。希望为社会天文学史领域提供一极有意义的个案研究，并引发学界对民间秘密宗教、结社中有关天文、历法等知识参与状况的探讨。

二、 闰八月与嘉庆十八年天理教起义

天理教又称荣华会、白阳教，是清初创立的八卦教支派之一。嘉庆十三年，林清出任掌教后，将其改称天理教。[①] 尽管林清早就对其信徒宣传每日朝拜太阳、念诵"真空家乡，无生父母"八字经语，可免"刀兵水火之厄"，且有"如遇荒乱，并可图谋大事"的打算，但他真正决定造反，则在嘉庆十六年夏[②]，起因是受到此时其从于克敬处所获天理教宝卷《三佛应劫书》（全称《三佛应劫统观通书》）的启发。[③] 起义决定

---

① 喻松青：《天理教探析》，《明清白莲教研究》，第 163—198 页；李尚英：《清代政治与民间宗教》，第 9—14、28—32 页。

② 〔清〕姚祖同等纂：《钦定平定教匪纪略》卷首，第 2 页；中国第一历史档案馆编：《嘉庆道光两朝上谕档》，"嘉庆十八年十月二十八日上谕"，桂林：广西师范大学出版社，2000 年，第 18 册，第 359—360 页；《清仁宗实录》卷 277，"嘉庆十八年十月辛酉"，第 4 册，第 786—787 页。

③ 牛亮臣供词，《军机处录副奏折·农民运动类·秘密结社项》（以下简称"录副档"），档案号 3—8806—52，中国第一历史档案馆藏；〔清〕姚祖同等纂：《钦定平定教匪纪略》卷 26，第 24 页；董帼太又供词，《故宫周刊》第 221 期，1933 年 5 月，第 361—363 页。

即与宝卷中的谶语直接相关，因其中有"十八子明道"及"八月中秋，中秋八月，黄花满地开放"等语，为应此谶言与其中提及的两次中秋，林清与河南滑县李文成结拜，以李氏之姓应"十八子"之谶。①并据嘉庆即位时颁行的《（嘉庆）御定万年书》中预推的历日，择定于十八年的闰八月十五日举事。②

林清等人又据《三佛应劫书》中所说的弥勒佛有青洋、红洋和白洋三劫（"洋"字亦作"阳"或"羊"，"阳"为本意），推算当时仍属红洋劫，由释迦佛掌教③；由于《万年书》中的嘉庆十八年九月有三个节气（霜降、立冬和小雪），此属白洋劫露头，此后便由未来佛即弥勒佛掌教。因而该年应是白洋当兴、弥勒降生之年，林清且宣称自己为太白金星下

---

① 林清供词，《故宫周刊》第202期，1933年1月，第285页；〔清〕兰簃外史（盛大士别号）：《靖逆记》卷5"李文成"，嘉庆庚辰春正道堂刻本，第10页。按：《三佛应劫统观通书》又称《三教应劫总观通书》等，因此次起事，该书为清廷厉禁销毁，存世无多（参见姚祖同等纂：《钦定平定教匪纪略》卷31，第39—41页）。1995年，李世瑜在山东宁津县发现了此经卷的两种不同抄本，并就其与天理教起事间的关联做了研究（《"三教应劫总观通书"初探》，《台湾宗教研究通讯》第6期，台北：兰台出版社，2003年，第261—282页。该经卷原文，附录于此文，第283—318页）。然细考其内容，则与林清据以起事之本仍有较大差异，很多关键内容如此处所引"中秋八月，八月中秋，黄花遍地开放"等，在这两个抄本中都未出现。由于这类经卷多以抄本流传，内容上可轻易改动或增减，故差异较多，因而林清等据以起事的经卷抄本仍待查找。

② 〔清〕顾家相：《闰八月无关吉凶辨》，《勴堂文集》卷2，《近代中国史料丛刊初编》第828册，景印1924年刊本，台北：文海出版社，第4—5页；〔清〕钦天监编：《（嘉庆）御定万年书》，嘉庆九年武英殿刻本，故宫博物院图书馆普通线装书部藏，第95页。

③ 故宫博物院明清档案部编：《清代档案史料丛编》第3册，"嘉庆二十年十二月十四日那彦成奏拿滦州卢龙县王姓宗族讯供情形折"（宫中朱批奏折）、"嘉庆二十年十二月十六日谕那彦成将石佛口王姓为首传教者照律问拟"（军机处上谕档），北京：中华书局，1979年，第28—29、36页。

凡，故旗帜皆尚白。① 他们认为白洋劫主"兵荒马乱"，劫数一到，正是起事的好时机。② 由于他们认定的白洋劫"山西是洋头，河南是洋肚，山东是洋尾"，且计划"先收山西，次收河南，后收山东"③，起义地点便据此选在河南、直隶和山东三地（山西因准备不足，未举事），其他不在此劫数范围内的各卦卦主及教众则赴上述各地支援起义。④ 无疑，其据谶言及历法所推定的白洋劫与对白洋劫指涉方位的解释，对举事地点的选择有决定性的影响。

巧合的是，到十六年秋，又有光芒丈余（即尾巴长约十余度）的彗星见于紫微垣。⑤ 此在星占学上主兵象，可以解释成是除旧布新之兆，

---

① 参见林清供词，《故宫周刊》第 202 期，1933 年 1 月，第 285 页；〔清〕兰簃外史《靖逆记》卷 1，第 1 页；卷 5，第 21 页；张见木（即张建谟）、李照远、赵成元供词，录副档，档案号 3—8808—17，中国第一历史档案馆藏。按：张见木供称，十八年二月徐安帼曾言："今年本应闰八月，如今不闻八月，推到十月是一个月三个节气，就是白洋劫。"知十六年所推定白洋劫在九月（是月有三个节气），是据嘉庆《御定万年书》（钦天监编：《（嘉庆）御定万年书》，故宫博物院图书馆普通线装书部藏，第 95 页）。当十八年《时宪书》颁下后，因其中并无闰八月，故此有三个节气之月也由原来的九月顺延到十月。故称白洋劫在十月者，乃据十八年《时宪书》而言（钦天监编：《大清嘉庆十八年岁次癸酉时宪书》"十月"，武英殿刻本，无页码）。

② 李允和、李照远、杨霭行、周廷林供词，录副档奏折，档案号均为 3—8808—17，中国第一历史档案馆藏。

③ 张见木供词，录副档，档案号 3—8808—17，中国第一历史档案馆藏；〔清〕姚祖同等纂：《钦定平定教匪纪略》卷 1，"嘉庆十八年九月十五日同兴奏折"，第 30—32 页。同兴在此奏折中还称，天理教教徒后来在各地的起事情况，即与此无异。

④ 冯克善供词，录副档，档案号 3—8806—18、23、25、33，中国第一历史档案馆藏；〔清〕姚祖同等纂：《钦定平定教匪纪略》卷 24，第 23—26 页；秦理（即秦学曾）供词，录副档，档案号 3—8810—4、9、14，中国第一历史档案馆藏；李尚英：《紫禁城之变》，第 39—40 页。

⑤ 相关的观测记录，参见北京天文台主编《中国古代天象记录总集》，南京：江苏科学技术出版社，1988 年，第 501—503 页。时人对此颇为关注，如姚元之、郝懿行、冯右椿等都留下了他们的记载及对此天象征兆的疑虑。参见姚元之《竹叶亭杂记》卷 7，北京：中华书局，1982 年，第 143 页；郝懿行《奉答阮芸台先生书》，《晒书堂外集》卷上，《郝氏遗书》，光绪十年刻本，第 19—20 页；冯右椿《客世行年》，《北京图书馆藏珍本年谱丛刊》，北京：北京图书馆出版社，1998 年，第 136 册，第 683—684 页；姚莹《识小录》卷 6，"星变"条，同治丁卯《中复堂全集》刻本，第 13—14 页。

又因紫微垣代表皇帝，彗星入紫微垣，表示将要改朝换代，所谓"彗孛紫微，天下易主"是也。① 这些对素习天文历算、旁涉星相占验术数，且自诩"推演颇验"的李文成来说，当然是熟知的。因而被视为一好预兆，且以此作宣传，增强教众起事的信心。②

不料，当十七年十月初一日颁下翌年的《时宪书》后，教众们发现嘉庆十八年竟然未置闰！亦即他们已确定的闰八月十五日的起事日期，根本不存在这年的历日中！③ 原来钦天监已于先前奏请改闰在十九年二月。因而教内便有将清廷的改闰之举，与十六年秋彗星见于紫微垣的天象联系起来，附会称钦天监官员因此天象不吉而奏请改闰。似乎清廷此举，专为破其将据以起事的"八月中秋，中秋八月，黄花满地开放"之谶而为。④ 在举事日期引发极端惶惑的情形下，李文成于十七年十一月赴京，深夜造访林清，林清后来亦再赴滑县与李文成等人商量新的起事日期。⑤ 但次年二月，林清与冯克善商定出起义口号的明号为"奉天开道"等具体事宜后，对起事日期仍犹豫未决，说："今年该闰八月，不知道怎么又没了闰月。"甚至有将日期定于次年正月初一日的打算，称"论起来，明年正月初一日时候才到，只好定明年正月初一日"，最后只得说"俟八月内到河南与牛亮臣再商量"。可见清廷的改闰之举给他们造成了

---

① 《史记》卷27《天官书》"三月生彗星"条张守节《正义》，北京：中华书局，1959年点校本，第1316—1317页；《宋书》卷27《符瑞上》，北京：中华书局，1974年点校本，第785页；〔清〕魏源：《嘉庆畿辅靖变记》，《圣武记》卷10，北京：中华书局，1984年，第453页。并参见本书《中国星占学上最凶的天象——"荧惑守心"》。

② 〔清〕兰簃外史：《靖逆记》卷5，第10、11页；〔清〕昭梿：《啸亭杂录》，第159—160页。

③ 〔清〕钦天监编：《（嘉庆）御定万年书》，故宫博物院图书馆普通线装书部藏，第95页；〔清〕钦天监编：《大清嘉庆十八年岁次癸酉时宪书》"八月至九月"，无页码。

④ 〔清〕昭梿：《啸亭杂录》卷6，第159—160页。

⑤ 董帼太又供词，《故宫周刊》第221期，1933年5月，第361—363页。

莫大困扰。① 不仅如此，他们原先推定有三个节气的白洋劫之月，也因无闰八月，由原来的九月顺延在十月。②

然而，对早有"如遇荒乱，并可图谋大事"打算的林清来说，嘉庆十八年无疑是个极为难得的机会。因为就在他们预先确定起事的直隶、河南、山东三省交界的那些地区，继上年遭遇旱灾后，是年又遭大旱。尽管朝廷从这年正月已陆续开展赈济工作，但当地百姓的生活仍非常困苦，有称河南等地"几至易子而食"，山东则"米一石钱二十四千，面一斤钱四十，市中竟有以人肉为卖者"。③ 其中米价已近于平常价格的6—10倍！④

面对这样的有利时机，林清几经犹豫最终决定坚持原议，因这年没有闰八月，嘉庆《万年书》中的闰八月十五日，就是该年《时宪书》中

---

① 冯克善供词，录副档，档案号3—8806—18，中国第一历史档案馆藏；宋玉林供词，录副档，档案号3—8809—26，中国第一历史档案馆藏；并参见姚祖同等纂：《钦定平定教匪纪略》卷24，第22—23页。

② 张见木、李照远供词，录副档奏折，档案号3—8808—17，中国第一历史档案馆藏。

③ 〔清〕赵怀玉：《收庵居士自叙年谱略》，《北京图书馆藏珍本年谱丛刊》，第117册，景印清刊本，第321—322页；吕小鲜：《嘉庆十八年冀鲁豫三省灾荒史料》，《历史档案》1990年第4期，第38—53页。

④ 一般情况下，米每石约钱二千文。如嘉庆十六年，四川大竹县米每石钱二千文，湖北蒲圻县稻谷市场价每石钱一千文（杜家骥主编：《清嘉庆朝刑科题本社会史料辑刊》，天津：天津古籍出版社，2008年，第635、454页）。又嘉庆十一、十二年前后，陕西西乡县、湖南龙山县的包谷，每石均为钱二千（李文治编：《中国近代农业史资料》第1辑，北京：三联书店，1957年，第91页）。由于文献记载对谷、米的分别不是很明晰，但即使这些全为谷价，按照清初官方收赋所定的"一米二谷"（即米谷50%的比价）计算，即米每石钱四千，也达6倍之多。何况在嘉庆二十五年前后旱情严重的福州，即使在"米粟价大腾涌"时，米每石也只是钱五千三百，粟每石二千六百（〔清〕陈寿祺：《与孙平叔藩伯书》，《左海文集》卷4，三山陈氏家刻《左海全集》本，第37页。考平叔乃孙尔准之字，其任福建布政使，在嘉庆二十五年至道光元年（1820—1821）间，则该信当作于此间，参见台湾"中研院"历史语言研究所内阁大库档案056621号），依此价，亦为4倍多。

的九月十五日，因而决定在这天起事。① 四月，他对来访的杨遇山等人说"九月内应有劫数"，"约同教之人于四五月，三五日，一齐起事"，其中便暗藏九月十五日之期（"四、五"相加，"三、五"相乘），并托杨遇山带信给李文成。② 七月，林清又亲赴滑县，与李文成等明确定下九月十五日起事的细节。③ 李文成将这一新的起事时间与两年前彗星见于紫微垣的天象作附会，称其应在"酉之年，戌之月，寅之日，午之时"。④ 因嘉庆十八年是癸酉年，且清代行用岁首建寅之制，故建戌之月为九月，依是年时宪书，九月十五日的干支日序为戊寅，于是便将九月十五日的起事日期，缘饰以大众视作玄奥莫测的天文历法知识，从而减轻清廷改闰对起事日期更改造成的冲击，且增加其因应天象的神秘色彩。

---

① 林清供词，《故宫周刊》第 202 期，1933 年 1 月，第 285 页；冯克善供词，录副档，档案号 3—8806—20，中国第一历史档案馆藏。

② 〔清〕姚祖同等纂：《钦定平定教匪纪略》卷 35，第 22 页；〔清〕兰簃外史：《靖逆记》卷 5，第 3 页。

③ 冯克善供词、牛亮臣供词，录副档，档案号 3—8806—18、41，中国第一历史档案馆藏；〔清〕姚祖同等纂：《钦定平定教匪纪略》卷 29，第 4 页；卷 24，第 22—23 页。

④ 〔清〕兰簃外史：《靖逆记》卷 5，第 10、11 页；〔清〕昭梿：《啸亭杂录》卷 6，第 159—160 页。按：这两则材料，均称此谣是十六年秋彗星天象时，李文成所造。但细考其时十八年时宪书尚未颁行，则其用以预推历日者，只能是嘉庆《万年书》。因闰月无月建，按当时的月建规则，若闰月大则十六日取用下月节，闰月小则十五日取用下月节（参见缪之晋辑《大清时宪书笺释》，《续修四库全书》，上海：上海古籍出版社，2002 年，第 1040 册，第 693 页），《万年书》中嘉庆十八年闰八月是大尽，故闰八月十五日应取用上月节八月建酉，而非下月节九月建戌。故尽管该日干支虽为戊寅，但若依万年历，应为"酉之月"，而非"戌之月"（据嘉庆《御定万年书》中嘉庆十八年闰八月历日推算，第 95 页）。且即使考虑到星相家和选择术家取月建，多以每月所对应的节气而非朔日起算（如寅之月，自立春日起算至惊蛰前一日），则"戌之月"，应自寒露起算至立冬前一日，但《万年书》中嘉庆十八年的寒露日是闰八月十六日，故闰八月十五日亦应取前月月建——"酉之月"。何况，十八年时宪书中的寒露日为九月十六日，据此则九月十五日所取月建，亦应为"酉之月"，李文成取用为"戌之月"，知其取用月建之法，是按当时通用的方式，而非星相家或选择术家之法。因而，怀疑"酉之年，戌之月，寅之日，午之时"这一天象应验之谣，是十八年时宪书颁行后而非此前十六年秋出现，目的就是为新定的起事时间——九月十五日增添神秘色彩。

但起义时间与安排等机宜，却被多次泄密。十七年春，有台湾人高妈达因"妖言惑众"，为淡水同知查廷华所捕获。经审讯，获悉以林清等人为教首的天理教，将于次年闰八月十五日在京师举事，届时各地徒众亦将响应。查氏以此上奏，但主政者却以此事太荒诞不经，仅照寻常传教例论决，以传布邪教、煽惑民人之罪诛杀高妈达，并未深究其事。①

由于林清及其他天理教徒众都十分相信天理教经卷中"八月中秋，中秋八月"的谶语，故当时就有教徒劝人尽快入教，称"现在白莲教要改天换地了，过了十五日，你后悔也迟了"。② 对其选在九月十五日（即原闰八月十五日）的行动，更认为是"应劫"之举，故其起义计划非常简单——约定九月十五日直隶、河南、山东三省交界的十余县同时举事，以牵制三省官兵；林清于是日在京率人直接攻打紫禁城。③

尽管天理教徒众极为看重九月十五日的起事日期，但河南滑县的李文成却因赶造兵器，于当年九月初三日被查获，遭知县强克捷逮捕入狱。④ 初七日，其同党千余人攻陷滑县县城，救出李文成，并将强克捷及其家属杀害。⑤ 其他直隶长垣，山东曹县、金乡、城武等地的天理教

---

① 〔清〕包世臣：《皇诰授通议大夫按察使衔陕西凤邠道查公神道碑》，《艺舟双楫》卷7下，李星点校《包世臣全集》本，合肥：黄山书社，1993年，第473页；《清史稿》卷362《查崇华传》，北京：中华书局，1977年标点本，第11403页。又，查氏名崇华，据其自撰年谱《家居自述》，辛德勇《未亥斋读书记》（上海：华东师范大学出版社，2001年，第96页）所载刻本书影。并参见托津等奉敕纂《（嘉庆）钦定大清会典事例》卷610，《近代中国史料丛刊三编》第69辑，景印嘉庆间刊本，第9—10页；田涛、郑秦点校《大清律例》卷23，北京：法律出版社，1999年（据乾隆五年武英殿刻本点校），第368—369页。

② 王有太（即王辅）供词，录副档，档案号3—8827—62，中国第一历史档案馆藏。

③ 〔清〕姚祖同等纂：《钦定平定教匪纪略》卷3，第22页；卷10，第19页；卷17，第6页。冯克善供词，录副档，档案号3—8806—18，中国第一历史档案馆藏；屈四又供词，《故宫周刊》第227期，1933年7月，第387页。

④ 十八年九月初五日强克捷致朱凤森书，转引自朱凤森《守滑日记》，道光壬寅（1842）刊本，第2页。

⑤ 秦理供词、牛亮臣供词，录副档，档案号3—8810—4、9、14，3—8806—52，中国第一历史档案馆藏；〔清〕姚祖同等纂：《钦定平定教匪纪略》卷26，第25页。

徒也先后因头目被抓，纠约不及，不待原定日期而皆于初十日前提前起事，并占领曹县、定陶两县。①

不过，林清进攻紫禁城的计划仍于九月十五日如期举事，但很快就被镇压。九月十七日，林清被捕，但对附会天理教经卷中"八月中秋，中秋八月"等闰八月十五日及白洋劫等，仍崇信不渝。据当日审讯林清的步兵统领英和称，林氏对谋逆事供认不讳，说："所习天理教经内有'八月中秋，中秋八月，黄花满地，白阳出现'语句。本年应闰八月，则九月十五日，仍是闰中秋，故欲谋逆。今事不成，弃却臭皮囊，以应劫数。"② 在后来的廷讯中，林清又有"此时应劫，将来另有起事之人"等语。③

稍后，林清被凌迟处死。十一月，李文成兵败自焚。到十二月初，三省各地的天理教起义已全部被镇压。④ 然而对天理教起义的失败，有教徒归咎于起事日期不合适，如河南等地天理教徒就有称因遭官府拿获，"等不得九月十五日"之说，更有甚者称"他们早起事一百天，所以不济事，应该明年正月初一日动手才好"等说法。⑤

于是，清廷将是年八月改闰，似乎便真的成为破坏天理教经卷中的谶语之举，且颇为奏效。如顾家相后来说，由于天理教教徒行踪诡秘，加之当时通讯条件较为落后，清廷的改闰之举，使分散在各地的天理教教众无法获得准确的起事时间。由于举事者对此"各凭己见"，意见不

---

① 徐安帼供词，录副档，档案号3—8809—2，中国第一历史档案馆藏；〔清〕姚祖同等纂：《钦定平定教匪纪略》卷10，第19页；马西沙：《清代八卦教》，第262—268页。

② 〔清〕英和：《恩福堂年谱》，《北京图书馆藏珍本年谱丛刊》，第133册，景印清刊本，第422—423页。

③ 故宫博物院明清档案部编：《清代档案史料丛编》第3册，"嘉庆二十年十二月十四日那彦成奏拿滦州卢龙县王姓宗族讯供情形折"（宫中朱批奏折），第29页。

④ 〔清〕姚祖同等纂：《钦定平定教匪纪略》卷22，第2页；卷25，第21—22页；马西沙：《清代八卦教》，第267—272页。

⑤ 参见朱成珍供词、徐安帼供词、宋树得（即宋树铎）供词，录副档奏折，档案号3—8803—21，3—8809—2，3—8829—17、18，中国第一历史档案馆藏。

一，称天理教起义失败，亦"《万年书》有以误之者也"。① 然而，从上述讨论可知顾说有误，各地教徒事先已知晓确切的起事时间，并不存在彼此看法不一的情况。那么，嘉庆十八年的八月改闰是否真如天理教徒众所称，是因十六年秋彗星见于紫微垣的天象而为？天理教众所推定为白洋劫的节气状况，在清代的历法和置闰中又是怎样的情形？是否具有他们所说的那种神秘性？

三、 清代的置闰与嘉庆十八年不闰八月的真相

清代以前，中国传统历法以"平气法"安排二十四气，并以"无中（气）置闰"的原则设置闰月。即将一回归年从冬至开始等分成二十四份，此即所谓的二十四气（俗称二十四节气），其中包含十二个中气和十二个节气，交插排列。这样每个月最多可有一个节气和一个中气，如若某月内出现仅有节气而无中气的情形，即将该月定为闰月。

这一制历方式到满人入主中原时，受到严重挑战。顺治元年（1644），奉旨制定历法的德国籍耶稣会士汤若望（Adam Schall von Bell，1591—1666）为突显新法较旧法优越，就更改传统的"平气法"为"定气法"，称"求真节气：旧法平节气，非真节气，今改定"。② 亦即将太阳从冬至点起，每在黄道上移动15度时，即定为一节气的日期。但由于太阳的视运动迟速不均（地球绕太阳的公转轨道为椭圆形），因此各气之间相隔的日数就不相等，以致有可能出现一月之中有三气，偶而也会出现一年之内有两个无中气之月的现象。故此，汤若望在新法中只得勉强规定：

求闰月，以前后两年有冬至之月为准。中积十三月者，以无中气之

---

① 〔清〕顾家相：《闰八月无关吉凶辨》，《勴堂文集》卷2，第4页。
② 《清史稿》卷45《时宪一》，第1661页。

月，从前月置闰。一岁中两无中气者，置在前无中气之月为闰。①

由于两个冬至之间（含冬至所在之日），通常包含十二个朔日，但偶亦可能出现十三个朔日，因冬至均固定为十一月，故必须在此十三个月中置一闰月。一般说来，其间多只有一个月无中气，但有时在此十三个月当中，间亦会出现两个无中气之月的情形，依照汤若望的定义，即以头一个无中气之月为闰。

明以前因采取"平气法"，故各月置闰的概率基本相等。但在清代"定气法"的规则下，各月的置闰概率相差颇多，清初以来三百五十年间，平均每半个世纪才发生一次的闰八月，②就在宗教的推波助澜下带有浓厚的神秘色彩。

入清以来，除康熙六年至八年（1667—1669）间，曾短暂使用旧法之外，均采用汤若望发明的这种"定气法"决定节气和闰月的时间，而在此法之下，有一月三气的情形，并不罕见。③如顺治三年十一月（大雪、冬至和小寒）、顺治十八年十一月（冬至、小寒和大寒）、康熙四年十月（立冬、小雪和大雪）、康熙十九年十一月（冬至、小寒和大寒）、康熙二十三年十一月（大雪、冬至和小寒）、康熙四十二年十一月（大雪、冬至和小寒）、乾隆四十年（1775）十一月（冬至、小寒和大寒）、嘉庆三年十一月（大雪、冬至和小寒）等月即然。④天理教徒据《嘉庆

---

① 《清史稿》卷48《时宪四》，第1732页。

② 此段承匿名审稿人提示，特此致谢！又据嘉庆《万年书》（嘉庆十八年未闰八月者）统计，自顺治二年至嘉庆二百年（1645—1995）350年间，十一月、十二月和正月均未置闰，二月置闰11次，三月20次，四月22次，五月25次，六月21次，七月17次，八月7次，九月、十月均3次。

③ 参见黄一农《从汤若望所编民历试析清初中欧文化的冲突与妥协》，《清华学报》（新竹）新26卷第2期，1996年，第189—220页。

④ 〔清〕钦天监编：《（嘉庆）御定万年书》，故宫博物院图书馆普通线装书部藏，第12、19、21、29、31、40、76、88页；并参见张培瑜《三千五百年历日天象》，郑州：河南教育出版社，1990年，第370—397页。

万年书》推定为"白洋劫"的嘉庆十八年十月有三个节气（霜降、立冬和小雪），便属这种情况，并无神秘性可言。① 至于天理教徒所称"白洋劫"主"兵荒马乱"，则是起义者制造舆论的附会。

清代官方颁行的历书，便由钦天监官员据汤若望发明的上述"定气法"推算。这些历书主要有万年历和时宪历两种，二者后俱因避乾隆皇帝弘历之讳，改称万年书和时宪书。② 《万年书》主要记各年的月尽大小、朔日干支、置闰月份以及节气时刻等。清代第一部《万年书（历）》编制于康熙五十九年，其时以六十年甲子初周，议定自康熙元年始，依次编列，定为《万年书（历）》。③ 乾隆二十五年，又遵《御制历象考成后编》改正《三元甲子万年书》。是书起自清太祖天命九年（即天启四年，1624），亦即满人入关前的第一个甲子年，推算至乾隆一百年。此后，又续办至乾隆二百年。④ 书前附"历代三元甲子编年"，上溯历元古今统会，起自"上元黄帝六十一年"，迄于在位皇帝年号纪年的三元之年，以合万年.之义。⑤ 此后，凡新帝即位，均颁布《万年书》，且俱编年

① 〔清〕钦天监编：《（嘉庆）御定万年书》，故宫博物院图书馆普通线装书部藏，第 95 页；〔清〕钦天监编：《大清嘉庆十八年岁次癸酉时宪书》"十月"，无页码。

② 《英祖实录》卷 40，英祖十一年（1735）十月十九日甲申，《朝鲜实录》，东京：东洋文化研究所，1965 年影印本，第 44 册，第 22 页下；〔清〕萧奭（原误为萧奭）撰、朱南铣点校：《永宪录》卷 2 上，北京：中华书局，1959 年，第 73 页。

③ 〔清〕托津等奉敕纂：《（嘉庆）钦定大清会典事例》卷 830 "钦天监"，《近代中国史料丛刊三编》第 65 辑，影印嘉庆间武英殿刻本，第 9、11 页；〔清〕昆冈等修、刘启端等纂：《（光绪）钦定大清会典事例》卷 1104，《续修四库全书》，第 813 册，第 317 页下。又，中国国家图书馆藏有康熙《御定万年书》（按：如确为康熙本，疑应为《万年历》），但因提为善本等原因，此书现不能阅览。

④ 〔清〕托津等奉敕纂：《（嘉庆）钦定大清会典事例》卷 252，《近代中国史料丛刊三编》第 65 辑，第 9—11 页；〔清〕昆冈等修、刘启端等纂：《（光绪）钦定大清会典事例》卷 315，《续修四库全书》，第 803 册，第 78—80 页。

⑤ 〔清〕萧奭：《永宪录》卷 2 上，第 74 页。关于三元甲子纪年说，参见李世瑜《甲子纪年有三元说小考》，《社会历史学文集》，天津：天津古籍出版社，2007 年，第 722—723 页。

至该帝年号纪年的第二百年。①

时宪书则每年颁布一次。清代规定，每年二月初一日即将来岁时宪书进呈御览，故时宪书须提前一年编制完成，而具体的推算编制工作更须再提前一年，即在两年前开始。② 一般而言，时宪书中有关朔闰的资料，多与《万年书》所记无太大出入。然而当嘉庆十六年四月，钦天监官员推算编制十八年时宪书时，却发现此前颁行的嘉庆《万年书》于是年八月置闰。这虽是按官方的置闰规则推算得出，且雍正、乾隆两朝的《万年书》亦均于该年（即雍正九十一年、乾隆七十八年）八月置闰③，但因有此闰八月之故，是年的冬至却落在十月三十日，而非通常应在的十一月。④ 其时清廷每年所举行的郊祀大典，惯例都在十一月的冬至日举行。⑤ 所谓"国之大事，在祀与戎"，如果时宪书亦按《万年书》于是年八月置闰，则将使清廷极为重视的这一"大祀"，不能在惯例时间举行，这在当时是很难想象的。

不但如此，它还将使各月中气与历法月序不合的情形连续数月发生（如原应属于十二月中气的大寒，出现在十一月）。⑥ 因而监臣称此状况

---

① 此后分别于嘉庆四年、道光四年、咸丰元年、同治元年、光绪二年、宣统二年，再续修《万年书》。参见昆冈等修、刘启端等纂《（光绪）钦定大清会典事例》卷1104，《续修四库全书》，第813册，第320页；刘锦藻纂《皇朝续文献通考》卷294，《续修四库全书》，第819册，第514页。

② 参见伊桑阿等纂修《（康熙）大清会典》卷161，《近代中国史料丛刊三编》第72辑，影印康熙二十九年序刊本，第3—4页；〔清〕托津等奉敕纂《（嘉庆）钦定大清会典》卷62，《近代中国史料丛刊三编》第64辑，第1页；〔清〕吴振棫《养吉斋丛录》卷6，北京：中华书局，2005年（据光绪间刻本点校），第77页；顾家相《闰八月无关吉凶辨》，《勴堂文集》卷2，第5页。

③ 〔清〕顾家相：《闰八月无关吉凶辨》，《勴堂文集》卷2，第5页；〔清〕钦天监编：《（乾隆）御定万年书》，乾隆九年武英殿刻本，第95页。

④ 〔清〕钦天监编：《（嘉庆）御定万年书》，故宫博物院图书馆普通线装书部藏，第95页。

⑤ 如《大清会典》有云："十一月冬至，大祀天于圜丘。"即明白将冬至系于十一月，参见伊桑阿等纂修：《（康熙）大清会典》卷62，第1页。

⑥ 〔清〕钦天监编：《（嘉庆）御定万年书》，故宫博物院图书馆普通线装书部藏，第95页。

为"向来所未有",奏请十八年不置闰,将稍晚亦无中气的十九年三月,改为闰二月。钦天监在奉旨对此事再详细通查之后,回奏称:

　　溯查康熙十九年、五十七年,俱闰八月,是年冬至仍在十一月,与郊祀、节气均相符合。今嘉庆十八年闰八月,冬至在十月内,则南郊大祀不在仲冬之月,而次年上丁、上戊,又皆在正月,不在仲春之月,且惊蛰、春分皆在正月,亦觉较早,若改为十九年闰二月,则与一切祭祀、节气,均属相符。复将以后推算至二百年,其每年节气以及置闰之月,俱与时宪无讹。①

其中仲春之月有无"上丁、上戊",亦与清廷例行的祀典密切相关。因清朝自崇德五年(1640)起,即规定每年"二月、八月上丁日"祭祀孔子②,"春、秋仲月上戊日"祭社稷。③"上丁日"就是该月上旬的丁日(每旬仅可能有一丁日),"春、秋仲月上戊日",则是二、八两月上旬的戊日。④ 此一仪礼流传甚早,但有的朝代选在上戊祭武成王(指与周公共同辅佐周成王的吕尚)。⑤ 钦天监官员所以称若于嘉庆十八年置闰,则次年的上丁和上戊,皆会落在正月,乃因当年的春分将在正月三十日,

---

　　① 中国第一历史档案馆编:《嘉庆道光两朝上谕档》,"嘉庆十六年四月二十三日内阁奉上谕",第16册,第223页;中国第一历史档案馆编:《嘉庆帝起居注》,桂林:广西师范大学出版社,2006年,第16册,第217—218页;《清仁宗实录》卷242,嘉庆十六年四月庚午,第4册,第266—267页。

　　② 〔清〕伊桑阿等纂修:《(康熙)大清会典》卷64,第1页。

　　③ 〔清〕伊桑阿等纂修:《(康熙)大清会典》卷58,第1页。

　　④ 《明史》卷49《礼志三》云:"旧制:上丁释奠孔子,次日上戊祀社稷。弘治十七年八月,上丁在初十,上戊在朔日,礼官请以十一日祀社稷。御史金洪劾之,言:'如此,则中戊,非上戊矣!'礼部覆奏言:'洪武二十年尝以十一日为上戊,失不始今日。'命遵旧制,仍用上戊。"(北京:中华书局,1974年标点本,第1267页)。由此,知上丁和上戊均指当月朔日(含)之后的头一个丁日或戊日。

　　⑤ 如见《新唐书》卷15,北京:中华书局,1975年标点本,第372页;《宋史》卷98,北京:中华书局,1977年标点本,第2425页;《元史》卷12,北京:中华书局,1976年标点本,第251页。

而包含春分之月通常被视为仲春之月，故十九年春季的上丁和上戊，将分别出现于正月的五日和六日，此与两者均在二月的惯例不符。①

在考虑到冬至、上丁和上戊通常应在的月份，嘉庆帝决定改闰十九年二月。如此，则冬至即变成在十一月三十日，而上丁和上戊则落于十九年的二月五日和六日。② 钦天监当时还往后推算至嘉庆第二百年（即1995 年），发现其他应闰八月之年，均不会发生类此冬至未落在十一月的特殊情形。为此，嘉庆帝奖赏校出这一"错误"的四位官员，并谕令查明从前将十八年八月率行置闰的人员奏闻治罪，且将朝臣所拟谕旨中的"交部议处"改作"候旨治罪"，可见其对此问题之重视。③ 是年九月，朝鲜观象监官员也发现了《嘉庆万年书》中十八年闰八月所造成的冬至落在十月之误，称"癸酉冬至，在于十月晦日，则历法不无差误"，建议于冬节遣使朝清时，依例从监官中"别遣精明干事人，期于质正历法之地"。④

然而，当笔者试图寻找这部嘉庆十八年有闰八月，且在某种程度上引发天理教事件的嘉庆《御定万年书》时，却惊讶地发现现存中国国家图书馆、北京大学图书馆以及故宫博物院图书馆善本部的三部《（嘉庆）御定万年书》，尽管编年均至嘉庆二百年，但于十八年八月却均未置闰！因而怀疑十六年四月嘉庆帝决定改闰十九年二月后，钦天监官员对《御定万年书》中嘉庆十八年和十九年两年的历日进行了更改。尽管笔者为此遍查藏于中国第一历史档案馆的钦天监题本，但现存题本中对此亦无记载。幸运的是，我们终于在故宫博物院图书馆普通线装书库发现了嘉

---

① 〔清〕钦天监编：《（嘉庆）御定万年书》，故宫博物院图书馆普通线装书部藏，第96 页。

② 〔清〕钦天监编：《大清嘉庆十八年时宪书》"十一月大"、《大清嘉庆十九年时宪书》"二月大"，均无页码；并参见张培瑜《三千五百年历日天象》，第397—398 页。

③ 中国第一历史档案馆编：《嘉庆道光两朝上谕档》，"嘉庆十六年四月二十三日内阁奉上谕"，第16 册，第224 页。

④ 《纯祖实录》卷14，纯祖十一年（1811）九月二十三日戊戌，《朝鲜实录》第50 册，第381 页上。

庆十八年八月置闰的嘉庆《御定万年书》，该书编年亦至嘉庆二百年，这一怀疑也终于得到证实。① 此更改且为此后道光至宣统各朝的《御定万年书》所沿用。②

或许由于钦天监改闰所根据的理由，涉及历法上的技术层面及朝廷的具体制度运作、节日礼仪安排等，以致一般人和大多数学者均少有知晓或理解者。③ 这就难怪当年天理教徒会将钦天监奏改置闰之举，归因于同年秋彗星见于紫微垣的天象。通过上述考察，可知二者其实并无关联，在时间上更是如此——钦天监奏请改闰在十六年四月二十三日，而彗星见于紫微垣已是该年七月。④

由此，我们对"清朝不宜闰八月"或"闰八月不祥"等谣言，便可作出这样的推测：由于嘉庆十八年的天理教起义与闰八月间的复杂关系，故天理教起义失败后，时人便将十六年秋彗星见于紫微垣对清廷不利这一星占学上的解释（天象主兵，表示除旧布新，故曰对清廷不利），与同年钦天监将十八年八月改闰，混淆在一起，将本是对天象的解释，变成对清廷八月改闰之举的解读。而李文成等因起事日期遭清廷改闰八月被迫调整后，以新的起事时间与彗星见于紫微垣的天象作附会，更增强了这种混乱，于是便有这样的谣言。

---

① 此《万年书》在故宫博物院图书馆鲁颖女士的帮助下发现，在此谨致谢意！

② 按：顾家相称此后各朝《御定万年书》于嘉庆十八年八月均不置闰，乃道光后据时宪书而改（顾家相：《闰八月无关吉凶辨》，《勷堂文集》卷2，第4页）。据此，则道光后并无修改之举，只是沿用嘉庆间更改过的嘉庆《御定万年书》而已。

③ 〔清〕俞樾著，贞凡、顾馨等点校：《茶香室三钞》卷1"闰八月"条，北京：中华书局，1995年，第1001页。

④ 据北京天文台主编《中国古代天象记录总集》收录的观测记录（第501—503页），各地所能见到彗星见于西方或西北紫微垣的天象，是在七月及此后。且仅就这年能观测到的彗星而言，也主要是在六月，而非此前（第500页）。时人姚元之在京观测到该彗星并向钦天监官员询问证实，亦在七月，参见氏著《竹叶亭杂记》卷7，第143页。

四、 闰八月不祥之说的流传及其影响

天理教起义失败后，由于其在当时朝野产生的巨大震撼和广泛影响①，"清朝不宜闰八月"或"闰八月不祥"等说法开始流传。道光间，在安徽地方任知府的朱锦琮，便称天理教起义因"是年当闰八月，为谶纬之说，二八秋，国朝所忌，故敢于作乱也"。② 其中"二八秋，国朝所忌"，便是清朝不宜闰八月之说的翻版。

咸丰元年（1851），应闰八月，钦天监因受流俗的影响，曾上奏请旨改闰，咸丰帝为此请教其师傅杜受田的意见，杜氏以为纯是无稽之言，遂不改。但当时民间就有传闻讹称清初二百年来，都不曾在八月置闰，因此每逢应闰八月，钦天监官员就会请旨更改。③

事实上，如果我们查阅史书，就可发现清初最早的两次闰八月（康熙十九年和五十七年），均不曾有特意改闰之举。④ 且仅就改闰的技术层面而言，咸丰元年即使闰八月，冬至也仍落在十一月，此前嘉庆十八年八月置闰时所导致的各月中气与历法月序不合的情形亦不会发生，故无改闰的必要。⑤ 同治元年（1862），亦因此于八月置闰。然而从曾任江西萍乡县知县的顾家相的回忆来看，清朝不利闰八月之说，在咸同时已广为流传。⑥

---

① 参见张瑞龙《天理教事件与嘉道之际学术转向》第 5 章"天理教事件消息的传播与知识界对天理教事件的关注"，博士学位论文，清华大学历史系，2008 年，第 113—138 页。

② 朱锦琮：《记嘉庆十八年九月十五日事》，《治经堂集》卷 19，道光十八年序刻本，第 29 页。

③ 〔清〕吴振棫：《养吉斋丛录》卷 6，第 79 页。据文中"至今咸丰乙卯（1855）"语及其历数清初以来闰月亦仅至咸丰时而止，可知此条当撰写于咸丰五年前后。

④ 〔清〕顾家相：《闰八月无关吉凶辨》，《勴堂文集》卷 2，第 5 页。

⑤ 〔清〕钦天监编：《（道光）御定万年书》，道光初武英殿刻本，第 114 页。

⑥ 〔清〕顾家相：《闰八月无关吉凶辨》，《勴堂文集》卷 2，第 4 页。传统关于"幼"的界定一般在 15 岁以下，如《仪礼·丧服》郑玄《注》："子幼，谓年十五已下。"《礼记·曲礼上》："人生十年曰幼，学。"顾氏自称"幼时习闻"此说，考顾氏生于咸丰三年（参见缪荃孙撰《顾辅卿同年墓志铭》，《艺风堂文漫存》之《乙丁稿》卷 2，民国间缪氏家刻本，第 2—4 页），其"幼时"当在同治六年以前，即咸同年间。

　　光绪二十六年，因又逢应闰八月，故此前一年民间即哗传钦天监已奏请改闰。其时由于帝国主义的长期侵略及天灾人祸的频繁发生，各地民不聊生，民变屡起。这时清朝不宜闰八月之说再度受到关注，各种要在闰八月起事的谶谣亦以仙道乩语、出土碑文等形式流传，如称"红花落地黄花起，二八干戈二八秋"、"变（遍）地［人］死一多半，闰月秋时是大乱"、"若问真龙主，全在二八五"、"乾坤一扫净，明主定中原；安下二八六（又作'八二六'），定在一四三"等。所谓"二八五"、"二八六"或"八二六"、"一四三"，均指闰八月（八指八月，二六相加为八，一、四、三相加又得八）。① 同时，民间遍传的义和拳红灯照应劫起事等谶谣——"这苦不算苦，二四加一五；家家红灯照，那时真是苦"②，也在北方各省广为传播，其中"二四加一五"又作"二八加一五"，据时人解释即为闰八月十五日（二四为八，一五即十五，二八则为闰八月），所谓"唱彻街头二四歌，从来闰八动干戈"，这类传单在京师被挨门逐户地传送。③

　　实际上，清廷并未改闰，仍于是年闰八月。然而当时惶惶不安的局势，使这一谣言的传播更甚。于是，便有人起而撰文厘清此流言。五月，顾家相在《万国公报》发表的《闰八月无关吉凶辨》一文，大概是近两百年来讨论闰八月最为翔实的一篇文章，他从历法的角度理清嘉庆十八年改闰的原因之后，归结说"不利闰八月，乃草野流传之谬说"，并称由

---

　　① 《吕祖乩语》《上帝今有七怒》《宝坻县乩语》《吕祖降坛云》，《近代史资料》编辑组编：《近代史资料专刊·义和团史料》，北京：中国社会科学出版社，1982年，第19、11、16、631页；《任丘县八里庄碑文》、《静海七里庄碑文》，陈振江、程歗编著：《义和团文献辑注与研究》，天津：天津人民出版社，1985年，第85—89页。

　　② 按："家家红灯照"中"家家"二字亦作"大路""满街""天下"等，参见《近代史资料》编辑组编《近代史资料专刊·义和团史料》，第12—13、15、625页；陈振江、程歗编著《义和团文献辑注与研究》，第78—80、114—120页。

　　③ 龙顾山人（郭则沄）：《庚子诗鉴》，《近代史资料》编辑组编：《近代史资料专刊·义和团史料》，第31页；路遥主编：《山东义和团调查资料选编》，济南：齐鲁书社，1980年，第213—214页；并参见陈振江、程歗编著《义和团文献辑注与研究》，第73—77页。

此可使"人人知今年闰八月，在本朝已为第五次，不足为奇，庶几谣言静息，人心安谧"，云：

> 考国朝定鼎以来二百五十余年，所谓闰八月者，嘉庆癸酉已改不计，此外已有四次：康熙庚申，三藩将次勘定，军务日有起色；康熙戊戌，海宇太平；咸丰辛亥，亦在粤匪起事以后；同治壬戌，则为官军得手克复安庆之岁，不三载而底定东南。然则所谓闰八月不利者，果安在耶？仆故表而出之，既以草野流传之谬……①

顾氏所举的康熙十九年和五十七年两例，虽然均闰八月，但并不曾发生对清廷不利的大变。事实上，清军于康熙十九年庚申岁不仅克复成都、保宁、重庆、辰州、贵阳等地，还迫使郑经败走台湾，而康熙五十七年戊戌岁更是"海宇太平"的盛世。

然而事有凑巧，稍后义和团运动的继续发展和接踵而来的八国联军侵华，使局势更加岌岌可危。七月，北京城沦陷，慈禧太后带光绪帝仓皇逃往西安。闰八月，又有郑士良等革命党人在惠州起义。② 在此前的六月，浙江衢州的刘加幅，亦因当地流行的"闰八月必反"之谶言及京津地区已发生义和团运动，在当地起事。③

这时，许多人更相信此前本朝不宜闰八月的流言，将这一动荡的时局附会成是闰八月所致，民心更加惶惶不安。顾家相此前撰文辟谣，欲

---

① 〔清〕顾家相：《闰八月无关吉凶辨》，《万国公报》卷137，庚子年（1900）五月，第4—5页。后收入顾氏《勴堂文集》卷2。

② 海天孤愤生雪涕集：《京津拳匪乱事纪要之八附"各省小乱记"》，《万国公报》卷144，庚子腊月，第23页；陈春生：《庚子惠州起义记》，《中国近代史资料丛刊·辛亥革命》，上海：上海人民出版社，1957年，第1册，第236页。并参见庄吉发《庚子惠州革命运动始末》，《大陆杂志史学丛书》第4辑第6册，台北：大陆杂志社，1975年，第94—101页。

③ 詹熙：《衢州奇祸记》，郑渭川纂：民国《衢县志》卷9《防卫志》，1926年刊本，第36—37页。

使"谣言静息，人心安谧"的愿望显然没有达成。不过，这种努力在其他有识之士那里仍然继续。

以出版《小方壶斋舆地丛钞》闻名的王锡祺，亦有感于民间流言四起，有倡"本朝忌闰八月"说者，辑撰《闰八月考》一书。王氏请同乡龚穉将史书中所有的闰八月，加以整理辑录，并将各年所发生的重大事件亦胪列排比。据其统计，自汉武帝太初元年（前104）以迄光绪二十六年，共有六十一次闰八月，其中多数并不曾发生重大变故。王锡祺认为光绪二十六年所发生的巨变，"非彼苍好祸，实金谋不臧"所致！[1] 王氏在《闰八月考》的跋文中，归结称："顾列朝星变示警，或应或不应，且人力回天者，十恒六七"，其对闰八月不利清廷一说的态度，则深受顾家相的影响，王氏在《闰八月考》一书的末尾，即曾将顾氏所撰《闰八月无关吉凶辨》全文引录。[2]

除学术文章及专著外，这种"辟谣"的努力还见于当时的通俗小说。光绪三十一年，《绣像小说》上发表的《扫迷帚》，便将这些闰八月不祥的谣言，作为迷信素材来抨击，以彰显其破除迷信以促进中国进化的小说主旨。小说藉主人公壮抱之口，批评本朝不宜闰八月的流言，说："闰月妨碍，自是胡说。闰八月本属常事，并无利不利之说。"对"说者咸谓闰八月不利之明征"的庚子拳乱，则直接批评是朝廷当政者失策所致，与八月是否置闰毫无关系，言："即不称闰八月，而如此妄为，亦岂能幸免？与闰八月全无干涉。"[3] 所举实例与具体言论，亦多因袭顾家相的观点。

吊诡的是，这些辟谣著作本身，却或多或少地受到"本朝不宜闰八月"之说的影响。如顾家相怀疑本朝不利闰八月之说乃"草野流传之谬

---

[1] 〔清〕王锡祺：《闰八月考叙》，《闰八月考》卷首，光绪二十六年刊本，台北"中研院"傅斯年图书馆藏，第1页。

[2] 〔清〕王锡祺：《跋》，《闰八月考》卷末，第2页；卷3，第24—27页。

[3] 〔清〕壮者：《扫迷帚》第17回"阎王请吃肉语涉诙谐　闰月屏讹言事征畴昔"，《绣像小说》第51期，光绪三十一年五月，第24页。

说"，称此说"监臣未必知之，即知之亦不敢形诸奏牍"。① 但这一推断却正受此说影响而来。因清代自乾隆始此后诸帝万年书，均推算至该帝年号纪年的第二百年，故嘉庆十八年的闰八月，已在乾隆《御定万年书》中出现过（即乾隆七十八年），显然此前监臣并无此忌。② 不仅如此，即使在改版重印的嘉庆《御定万年书》中，仍有嘉庆五十六、六十七、一百五、一百六十二、一百八十一、二百年共六次闰八月，亦即此时亦无此禁忌。③ 同样，道光《御定万年书》亦依例编至道光二百年，其中亦有道光三十一、四十二、八十、一百三十七、一百五十六、一百七十五年等六次闰八月。④ 考虑到嘉庆十六年至道光初年编纂《万年书》，仅隔十余年，若钦天监官员果有此顾虑，又有此前《（嘉庆）万年书》将嘉庆十八年八月置闰而获罪的前车之鉴，很难想象他们会继续冒险于八月置闰。此后，咸丰、同治、光绪三种《御定万年书》，亦按此前的置闰规则推算，于各应闰八月之年照常置闰，未作更改。因而，在钦天监并没有闰八月不祥等说之禁忌。何况据上文考察，此说尚出现于嘉庆十八年天理教起义失败后。不仅如此，甚至即使在遭逢庚子之变、饱受闰八月不祥等谣言流播之后的宣统初年，钦天监官员编制《（宣统）御定万年书》时，仍按置闰规则，于应闰八月的宣统四十九、六十八、八十七、一百四十四、一百六十三、一百八十二年照常置闰。⑤

同样，王锡祺在解释嘉庆十八年八月改闰原因时，除历法推算等技术层面因素外，称另一考虑就是这年闰八月与王莽始建国五年（13）癸酉闰八月的年份干支相同，监臣因此奏请改闰。⑥ 但这一情况是他们辑

---

① 〔清〕顾家相：《闰八月无关吉凶辨》，《万国公报》卷137，"庚子年五月"，第5页。
② 〔清〕钦天监编：《（乾隆）御定万年书》，第95页。
③ 〔清〕钦天监编：《（嘉庆）御定万年书》，第114、120、139、167、177、186页。
④ 〔清〕钦天监编：《（道光）御定万年书》，第114、120、139、167、177、186页。
⑤ 〔清〕钦天监编：《（宣统）御定万年书》，宣统初武英殿刻本，第167、177、186、215、224、234页。
⑥ 〔清〕王锡祺：《闰八月考》，"凡例"，第2页；卷1，第2—3页。

录、排比历代闰八月资料时所发现，很难想象在闰八月尚未成为敏感话题时，钦天监官员推算各应闰月之年，会详考历史上所有有闰月之年的相关资料，看是否有此类"史实忌讳"而奏请改闰。显然，这也是王氏本人受当时"本朝不宜闰八月"之说影响而有的附会。

　　然而尽管如此，闰八月不祥之说却仍在流传。如一位天津的洋行会计在整理其"义和团在津始末日记"的卷前识语中，便引《中庸》"国家将亡必有妖孽"语，称"信哉斯言也！光绪二十六年岁次庚子，是年闰八月也"，其意即以是年春夏的华北大旱、天津城内屡次发生的大火及八国联军侵华、义和团运动等诸多重大变故与闰八月有关。① 又如光宣之际伪造的《景善日记》，亦特将当年流行的闰八月不祥之说写入，如光绪二十六年元旦日记云："今年有闰八月，人人皆谓不祥之兆。盖以前每逢闰八月，则是年必有变故也。"② 并以景善这位 78 岁正白旗老人在这年的遭遇，佐证其"一语成谶"的征验之效——是年七月二十一日，景善之妻、妾及子媳因联军进京皆吞烟自尽，其本人则被长子恩珠推入井中毙命，恩珠稍后亦因藏匿身带兵器的义和团人士而被英兵枪毙。③

　　与此同时，随着革命运动的发展，闰八月不祥的传说也被赋予革命的色彩，这时另一场被广泛唤起的历史记忆——朱元璋反元，便以"八月十五杀鞑子"的故事形式出现。1906 年，比利时籍神甫田清波（Rev. An-

---

　　① 佚名：《遇难日记》，翦伯赞等编：《中国近代史资料丛刊·义和团》第 2 册，上海：上海人民出版社，2000 年，第 161 页。

　　② 《景善日记》，《满清野史》第 3 编第 7 种，1920 年程度昌福公司铅印本，第 2 页。按：《景善日记》首先刊布于濮兰德（J. O. P. Bland）、白克浩司（E. T. Backhouse）宣统二年出版的《慈禧外记》第 17 章，此后又有单行本问世。该日记问世后，备受中外学者关注，但经考证，乃属伪造（参见程明洲《所谓"景善日记"者》，《燕京学报》第 27 期，1940 年，第 143—169 页；丁名楠《景善日记是白克浩司伪造的》，《近代史研究》1983 年第 4 期，第 202—211 页）。不过，考虑到其作伪时间亦在光宣之际（1900—1910），则作为讨论这一时期闰八月不祥之说传播的资料而言，亦不失其史料价值。

　　③ 《景善日记》，《满清野史》第 3 编第 7 种，第 1、21 页。

toine Mostaert)在鄂尔多斯地区搜集到的大批蒙文文献中,有一份钞本,就记载了元末汉人约在闰八月十五共同起事的情节,称:"当月亮一升起,大家便去杀戮管治他们的人,把他们的头颅和心肝去祭月亮",然后围攻大都城。① 此后则有多种汉文文献或民间传说记载元末朱元璋等"八月十五杀鞑子"反元起义的传说,成为 20 世纪流传最广的故事之一。而故事源头,则是上述嘉庆十八年天理教教众原计划于闰八月十五日起事。②

在清廷方面,闰八月不祥之说竟影响到官员对朝廷的建言,且演变到只要闰月便不祥的境地,颇有谈"闰"色变的意味。宣统二年(1910)十二月,御史姚大荣便因清廷颁布的三年时宪书有闰六月,上折奏请停罢闰月。原因除闰月导致朝野增加一月的薪俸、军饷等开销外,另一重要理由便是本朝"因闰月酿两次巨变",所举之例,则是上文讨论的嘉庆十八年天理教起义和光绪二十六年义和团运动。他并危言耸听地说,尽管此次并非闰八月,但鉴于本朝已发生的两次巨变,若仍然置闰,将恐"难保不因闰月之故,致奸民有妄生事端"。钦天监官员将其所奏因由一一根据史实验斥,并奏请宪政编查馆、会议政务处复议请旨,最后依议不变。③ 然而,历史真是巧合,清王朝便亡于这有闰六月之年的辛亥革命。

清朝已亡,按说清朝不宜闰八月之说,自然也就失去了其预言未来的现实意义。然而,这一说法却以另一种方式——闰八月不祥的说法继续流传。1919 年,刘声木在其出版的《苌楚斋随笔》中说:"草野相传:

---

① 该文的汉文翻译、注释本,参见陈学霖《蒙古〈永乐帝建造北京城〉故事探源》(原载《"中研院"历史语言研究所集刊》第 75 本第 3 分,2004 年),《明初的人物、史事与传说》,第 254—255 页。又,另一份这则故事的口述本,则称起事时间是在"八月十五"。并参见钟焓《吸收、置换与整合——蒙古流传的北京建城故事形成过程考察》,《历史研究》2006 年第 4 期,第 48—50 页。

② 参见陈学霖《刘伯温与"八月十五杀鞑子"故事考溯》,《明初的人物、史事与传说》,第 144—182 页。

③ 参见宣统二年十二月十五日管理钦天监事务世铎等奏请旨饬议应否停罢闰月折,刘锦藻纂:《皇朝续文献通考》卷 294,《续修四库全书》,第 819 册,第 514 页。

闰八月，天下反。"且以清朝为例，称：

> 我朝二百余年，仅遇三次。一在康熙□□年，三藩果起事。一在
> □□□□年，幸太平无事。一在光绪廿六年，八国联军入京，德宗景皇
> 帝奉孝钦显皇后，西狩长安。①

较之前引顾家相之说，显然有明显的史实错误或疏漏——首先，清朝共
五次闰八月而非三次；其次，其中的"康熙□□年"，即十九年庚申，亦
非三藩起事之年，而是顾氏所说的"三藩将次勘定，军务日有起色"
之年。

五、结　语

据王锡祺统计，自汉武帝太初元年至光绪二十六年两千余年间共有
61 次闰八月，其中多数并未发生重大变故，故闰八月与重大历史变故之
间并无必然关联。"闰八月不祥"之说，应是嘉庆十八年天理教起义失败
后，由于各种复杂原因，穿凿附会而来。

天理教教首林清等因其信奉的本教经卷中有"八月中秋，中秋八月，
黄花满地开放"及"白洋劫"等谶言，便据历法加以附会，推定"白洋
劫"的时间及方位，并据《嘉庆万年书》选定于嘉庆十八年闰八月十五
日起事以应劫数。恰巧就在他们决定起事的十六年，又发生了彗星见于
紫微垣的天象，而这在星占学上主兵象，意味着将要除旧布新，更增强

---

① 刘声木撰、刘笃龄点校：《苌楚斋随笔》卷 7 "连三四月月大"条，北京：中
华书局，1998 年（据 1929 年排印本点校），第 143—144 页。考刘氏该书《序》作于
1919 年，据序文，随笔多为其中年以后所作，而刘氏于清亡时年 34 岁，故随笔多成
于民国间。至引文中"本朝"之称，乃其以清朝遗老自居，非表示该条撰于清末。此
随笔有多处于清亡后仍称"本朝"者，便是明证，如卷 2 "倪刘撰述"条，卷 3 "永乐
大典四部"条等，分别见第 1、32、50 页。

了起事的信心。也是在十六年，钦天监官员在编制十八年时宪书时发现，如果该年闰八月将不但使该年的冬至落在十月三十日，还会出现各月中气与历法月序不合的情形，加之当时清廷每年举行的郊祀大典惯例都在十一月的冬至日举行，于是将嘉庆《万年历》中的闰八月改十十九年二月置闰。此故，当嘉庆十八年的时宪书颁下后，天理教教众发现他们据以起事的闰八月根本不在这年的历日中！为此，天理教起义者不得不对原定起事时间加以调整，最后定于《时宪书》中的九月十五日起事，李文成等则将以新的起事时间与彗星见于紫微垣的天象作附会，以鼓舞教众。

由于这些复杂关系，当天理教起义失败后，时人便将十六年秋彗星见于紫微垣对清廷不利这一星占学上的解释，与同年钦天监将十八年八月改闰，混淆在一起，将本是对天象的解释，变成对清廷八月改闰之举的解读，于是便有了"清朝不宜闰八月"或"闰八月不祥"等谣言，并附会称钦天监官员因此天象不吉而奏请改闰。实则改闰之举不但在动机上与此毫无关系，时间上亦在此前两个多月。

此后咸丰元年、同治元年两次闰八月，虽受"清朝不宜闰八月"等流言影响，但仍于八月置闰。光绪二十六年又逢闰八月，是年发生的义和团运动及八国联军侵华等造成的时局动荡，使许多人更加相信闰八月对清朝不利的流言，民心愈加惶恐不安。于是，一些有识之士撰文厘清此一流言，这种努力既见于学者严肃的学术考证，亦见于宣传破除迷信、旨在促进中国进化的通俗小说中。清亡后，清朝不宜闰八月之说，自然失去了其预言未来的现实意义。然而，这一说法却以另一种方式——闰八月不祥继续流传、发酵。

符谶是中国民间秘密宗教的重要特征之一，藉谣谶起事则是自张角创太平道以来，中国民间秘密宗教或秘密结社的另一特色。这些谶言中，与天文、历法相关者不在少数。古代中国，天文、历法、术数等往往会蒙上浓重的神秘色彩，对传统的政治、社会产生深刻影响。这一点，在一些民间秘密宗教起事中表现得尤为突出，本文所讨论的"闰八月不祥"

之说即为一例。探讨民间秘密宗教中有关天文、历法等知识的参与状况以及其与重大历史事件等之间的关联和互动，将是社会天文学史研究的另一重要内容。

［本项研究得到中国人民大学 985 工程第三期专项经费资助，论文承北京故宫博物院图书馆鲁颖女士、南开大学张建博士、台湾大学黄丽君博士提示相关资料，清华大学黄振萍先生、中国人民大学马克锋教授提出宝贵修改意见，特此致谢！感谢两位匿名审稿人的精彩意见，使本文的相关论述更为谨严。］

通　书
——中国传统天文与社会的交融

入清以来，在术数思想日趋深化而官颁历日的内容又过于简略的情形之下，民间开始有射利之徒私纂所谓的年度通书图利，其内容除涵括当年历日中的行事宜忌之外，还多方辑录各种神杀和避忌的规则，近乎一本适用于当年的术数实用百科大全。先前学术界对通书的研究，还多仅停留在初步介绍的层次。本文即尝试理清数百年来各种不同形态通书演变的过程，次以笔者所见的清代年度通书为主要对象，希望透过对其内容的分析以及对其印销过程的探讨，帮助我们更具体地了解术数在社会中的传递方式以及古人日常生活的许多细节。这些通书的编纂者多标榜其所推算的朔闰和节气乃遵依钦天监所使用的"西洋新法"，而有关行事宜忌的铺注，则参照《钦定协纪辨方书》，极力与官方的天文正统牵扯在一块。由于通书广为社会所接受，清中叶以后，一些官颁的时宪书甚至亦开始吸纳通书的部分内容与格式，此一现象深刻反映出中国传统天文与社会间的密切互动关系。

一、　中国传统天文中的选择术

中国历代官方天文机构的职掌，除包括推算历法和观测天象外，还需负责处理选择事，如东汉时期天文官的职责就包括："凡国祭祀、丧、娶之事，掌奏良日及时节禁忌。"① 稍后，在官方的天文机构中更出现一部门专责此类事情，宋、元时，称之为三式科，在清代则称作漏刻科，此科在清初的职掌为："相看营建内外宫室、山陵风水，推合大婚，选择吉期，调品壶漏，管理谯楼，郊祀候时，兼铺注奇门出师方向。"② 表面上虽较东汉复杂，其实两者的内容在一千多年间并无太大出入。

从元代开始，以迄清末，政府更在州县广设有阴阳学，与儒学和医学鼎足而三，以处理地方上有关"卜择时日、相关面势向背"之事。③ 明嘉靖（1522—1566）年间，在福建建阳县儒学的四百多部藏书中，也可发现约有五十种术数类的书籍，其中《魁本百中经》《关煞百中经》《万年一览》《大百中经》《台司妙纂》《通书大全》《历府通书》《克择便览》等，即与选择术相关。④

透过官僚以及教育体系的认可，选择术在中国社会的影响力因此日益深化。如以明代为例，我们在《居家必用事类全集》《士商必要》《便民图纂》等民间编印的日用百科，以及御匠司和内医院官员所出版的《鲁班经》《针灸择日编集》等专门书籍中，即均可见到丰富的趋避内容。

在史书中偶亦可见古人择吉行事的具体材料，如东晋元帝将登阼，太史令陈卓即曾与奉旨择日的戴洋为何日较吉而相互辩难⑤。康熙在指派其所宠爱的王辅臣出镇平凉时，还下旨命钦天监为其择一"出行"的吉日。⑥ 清代直省各督抚在奏事时，更大都选择吉日以呈递奏折，以致

---

① 《续汉书·志第二十五》，北京：中华书局点校本（以下所引各正史版本均同此），第 3572 页。

② 此据顺治十五年汤若望疏中所叙钦天监内各机构的职掌。汤若望等：《奏疏》卷 4，台北故宫博物院图书馆藏《西洋新法历书》本，第 66—68 页。

③ 沈建东：《元明阴阳学制度初探》，《大陆杂志》1990 年第 79 卷第 6 期，第 266—275 页。

④ 〔清〕冯继科纂修：《建阳县志》卷 5，台北：新文丰出版公司，景印天一阁藏嘉靖三十二年刊本，第 19—30 页。

⑤ 《晋书》卷 95，第 2471 页。

⑥ 〔清〕刘献廷：《广阳杂记》卷 4，《百部丛书集成·功顺堂丛书》本，第 23 页。

每逢不宜"上册表章"之日，往往全无奏折，嘉庆皇帝因此于二十二年（1817）还特下谕称："近日遇闭、破之期，竟全无奏折，遇成、开之日，数省之折汇齐呈递，朕检阅时宪书，其日必系良辰，甚属可笑可鄙……著通谕内外各衙门，嗣后遇有应办之事务，各迅速办理，一经办竣，立即具奏，毋得仍前拘忌选择良辰。"[①] 此外，在古代的通俗小说中，也有相当丰富的内容，可帮助我们对选择术普及的程度有一间接的体会。

由于选择术基本上多为非理性的，故历代也曾出现反面的声音，如东汉王充在其《论衡》一书中即抨击颇力。又，北宋嘉祐（1056—1063）年间，将修东华门（在京城之东），天文官上言："太岁在东，不可犯。"宋仁宗则回曰："东家之西乃西家之东，西家之东乃东家之西，太岁果何在，其兴工勿忌"[②]，直斥选择术中"不可在太岁头上动土"的避忌。然而这些少数反对选择术的事例之所以流传，均乃因其与流俗迥异所致，恰恰反映出一般社会大众对择吉传统的笃信。

中国传统的选择术，早在秦汉时期就已相当成熟，当时《日书》中所记占候时日宜忌的内容，不仅涉及嫁娶、出行等日常行事，亦牵涉攻伐、出兵等军国大事。[③] 然而《日书》的性质乃属术家所用的专门参考工具书，一般人或不易卒读。当时民众如欲择吉避凶，恐均需问询所谓的"日者"，此故考古出土的汉简残历，主要在记月尽大小和日序干支，只少数历中偶尔注有"八魁""反支"或"血忌"等神杀（又称神煞）之名[④]。而敦煌石室所发现的北魏太平真君十一（450）及十二两年历日，

---

① 席裕福、沈师徐辑：《皇朝政典类纂》卷 415，台北：文海出版社，《近代中国史料丛刊续编》景印光绪二十九年序刊本，第 8 页。

② 〔宋〕邵博：《闻见后录》卷 1，台北：新兴书局，景印《笔记小说大观》本，第 6—7 页。

③ 如见蒲慕州《睡虎地秦简〈日书〉的世界》，《"中央研究院"历史语言研究所集刊》1993 年第 62 本第 4 分，第 623—675 页。

④ 如见张培瑜《出土汉简帛书上的历注》，收入国家文物局古文献研究室编《出土文献研究续编》，北京：文物出版社，1989 年，第 135—147 页。

亦不见任何选择铺注，仅记有各月的朔日干支和二十四气日期。① 南梁傅昭（454—528）尝于幼时随外祖在京都建康城内售卖历日糊口②，当时民间抄写发卖的历日，其内容或即与前述的北魏本相近。

唐代以后，随着雕版印刷技术的成熟，政府开始印制历日，且因历日是治理大一统帝国所不可或缺的，颁历（或称颁正朔）一事更被逐渐升华成拥有最高统治权的具体表征。在这些雕印的历日之上，有关行事宜忌的内容开始大量出现③，这种新形态的历日又名为"具注历"，以呈现其拥有较详细铺注的特征，此类丰富的趋避内容，先前则或因成本因素的考量，而未见于抄卖的简历中。

官印的历日在唐代相当受欢迎，甚至屡遭私印。如文宗之时，每年司天台还未颁下明年的新历，民间所印的私历即已在市面售卖，文宗因此尝于太和九年（835）下诏禁私置历日之板。④ 黄巢之乱时，私印历日的情形再度出现，如中和元年（881），僖宗方避迁成都，或因戎事倥偬，未得暇处理颁朔一事，于是民间即自行刻印翌年之历，又为避免有窃夺正朔之嫌，因此特别在历首标明为"剑南西川成都府樊赏家历"，以别于通常所行用的官历。⑤ 在这段纷扰的期间，江东地区也每因战争阻绝而无法获得官历，书贾于是私刻印售，但各历所记晦朔或节候的时日却常互有差异，并曾因此争执闹事而被拘送官署。⑥

唐德宗贞元二、三年（786—787），敦煌遭吐蕃攻陷，并与中原隔绝

① 苏莹辉：《敦煌所出北魏写本历日》，《大陆杂志》1950 年第 1 卷第 9 期，第 4、8、10 页。

② 《梁书》卷 26，第 392—393 页；《南史》卷 60，第 1468—1469 页。傅昭售卖历日一事，乃为"历日"一辞首度见于正史。

③ 参见邓文宽《跋吐鲁番文书中的两件唐历》，《文物》1986 年第 12 期，第 58—62 页。

④ 《旧唐书》卷 17 下，第 563 页；〔清〕董诰等：《全唐文》卷 624，台北：大通书局，景印嘉庆十九年刊本，第 14—15 页。

⑤ 下文中有关敦煌历日的讨论，如未加注即请参见拙文《敦煌本具注历日新探》，《新史学》1992 年第 3 卷第 4 期，第 1—56 页。

⑥ 〔宋〕王谠：《唐语林》卷 7，《百部丛书集成·守山阁丛书》本，第 25 页。

了约六十年，然而当地的汉人却因择吉的实际需要，仍以民间的力量自行编制历日。唐宣宗大中二年（848），张议潮（又名义潮）起义兵逐蕃，此后一直到宋初，敦煌地区的统治者虽名义上多受中朝封为节度使，但其行政并未受节制，亦未领用中土之历，其所使用的历日多是由当地官员负责编纂。这些自8世纪末以来在敦煌当地所编纂的历日，其朔闰或节候往往与中土之历稍差，但所用铺注的规则却大致未变。

北宋初，政府每年均募人抄写历日，仁宗天圣（1023—1031）间，以门下侍郎兼户部尚书的王曾，始接受天文官之请，同意采用雕版印制历日。① 现存最早的一本使用北宋年号的历日，乃敦煌所出的太宗太平兴国三年（978）残历抄本（编号为S612），此历除一般历日中常见的年神方位图外，前更列有《国忌》《今年新添校太岁并十二年神真形各注吉凶图》《推杂种蒔法》《周公八天水行图》《九曜歌咏法》《推小运知男女灾厄吉凶法》《六十相属宫宿法》等较不常见的图表或歌诀。历首题有："大宋国。王文坦请司天台官本勘定大本历日。太平兴国三年应天具注历日戊寅岁……"等字，其中应天历乃王处讷等人于建隆四年（963）造呈的。由于敦煌所出这段时期的历日，虽多使用宋朝年号，但此历却为其中唯一标明为"大宋国"者，且其格式与内容均大异于前后各历，故笔者怀疑此很有可能为自中原携入之本。当时宋朝政府似允许百姓将司天台所编定的官本，加添相应内容（此或即所谓的"勘定"）后抄卖。

北宋司天监在采用雕版印制历日之初，均是交由候姓之民发售，但或因价钱较贵，以致民间私印有所谓的小历者，每本只索价一二钱。神宗熙宁四年（1071），施行新法的王安石为扩增财源，严禁私自印售小历，并由官府印制大历，以每本数百钱的高价发卖。② 刘挚即曾因此抨

---

① 〔宋〕李焘：《续资治通鉴长编》卷102，第8册，北京：中华书局，1985年，第2368页。

② 〔宋〕李焘：《续资治通鉴长编》卷220，第16册，北京：中华书局，1986年，第5360页。

击王安石曰："其征利，则下至历日，而官自鬻之。"①

南宋宁宗嘉泰二年（1202）成书的《庆元条法事类》中，对盗印历日者处以"杖壹百"之罪，原注并称："增添事件撰造大、小本历日雕印贩卖者，准此，仍千里编管"，又云："即节略历日雕印者，杖捌拾"，但对仅雕印月份大小、节气及国忌（指先皇或先后之忌日）者，则免罪。②此处所谓的"增添事件"，即指的是增添相关的术数内容，由大、小本历日均可有"增添事件"的事实判断，大、小历的分别，或主要在书版的大小，而不只是在内容的详略。至于仅列月份大小和节气的历表，则往往与灶神或春牛芒神图合并刷印成彩图一大张，以便张贴于壁，此类图表即使在今世仍见刊传。

自从历日在宋代采用雕版印刷之后，每年的发行量急速增大，如以元文宗天历元年（1328）为例，当年全国售卖的历日就高达三百多万本，平均约每四户列入户部缴税名册的人家，即拥有一本官方印售之历。③且政府卖历的收入亦近乎当年全国岁赋钞部分的 0.5% 左右。④ 在政治和经济两方面的考量之下，无怪乎元律中会对私自印售历日者采取相当严厉的惩罚，其条文曰："诸告获私造历日者，赏银一百两。如无太史院历日印信，便同私历，造者以违制论。"⑤ 类似的律例也为其后的朝代所遵循，直到嘉庆二十一年始奉旨废除。⑥

历日的种类也随着选择术的深入社会而日趋繁杂，如以明清两代为

---

① 《宋史》卷 340，第 10852 页。

② 〔宋〕谢深甫等：《庆元条法事类》卷 17，台北：新文丰出版公司，景印日本静嘉堂文库藏钞本，第 11 页。

③ 元文宗至顺元年（1330），户部钱粮户数共一千三百余万，此应与天历元年的户数相差不远。《元史》卷 58 及卷 94，第 1346、2404 页。

④ 此以天历元年卖历的收入（约为中统钞四万六千锭）和天历二年的岁赋之数（其中钞的部分约为九百三十万锭）为估计的基础。《元史》卷 33 及卷 94，第 747、2404 页。

⑤ 此见《元史》卷 105，第 2668 页。唯中华书局的点校本将此句误读成"如无太史院历日印信，便同私历造者，以违制论"。

⑥ 席裕福、沈师徐辑：《皇朝政典类纂》卷 415，第 8 页。

例，钦天监每年除上呈供皇族专用的上历、皇太后历、东宫亲王历等历之外，还编撰有供社会大众使用的民历（此即皇历）和七政历（记七政四余之行度）。其中皇族专用之历和民历的格式大致相类，仅依使用者身份的不同，而有部分铺注的内容相异，如在御览的上历中，即加注有颁诏、出师、招贤、遣使等军国大事，但各历基本上均是希冀透过选择术的法则以预卜行事宜忌，并善作趋避。

由于官颁历日的内容较为简略，故为满足社会的需求，民间术家开始印售格式与内容均颇为多样的通书（详见后）。通书的命名或取"通天人之际"之义，其中主要可分成百科全书式通书和年度通书两大类，前者综合整理各种选择神杀的规则与意义，后者近乎官颁历日的增补本，此两类书籍直至今日仍在各华人社会中大量刊传。

目前学术界对通书的研究，多出自欧美的学者，如法国的 Carole Morgan、英国的 Martin Palmer 以及美国的 Rchard J. Smith 等。① 然而这些研究多较偏重于介绍近、现代的通书，对数百年来通书的出版状况，尚不曾进行过较深入的探讨，对通书内容的演变及其与社会间的互动关系，也少见着墨。由于术数的研究对了解传统中国社会的世俗文化极为重要，本文即尝试先理清通书演变的过程，次以笔者所见继成堂出版的年度通书为主要对象，希望透过对其版式和内容的分析以及对其印销过程的探讨，能较深入地了解术数在社会中的传递方式及其与社会间的密切关系。也希望藉助此类通书的丰富内容，能有助于我们更具体地掌握古人日常生活的许多细节。

① Carole Morgan：*Le tableau du boeuf du printemps*：*Etude d'une page de l'almanach chinois*，Paris：College de France，1980，pp. 25—47；Martin Palmer，ed. and trans：*T'ung Shu*：*The Ancient Chinese Almanac*，London：Century Hutchinson Ltd. 1986；Richard J. Smith：*Chinese Almanacs*，Hong Kong：Oxford University Press，1992.

二、 通书的出现及其演变

通书的编纂者通常将其定位成是一本"定吉凶、明趋避"之书，并宣称其目的乃为"发明皇历之隐微"，或称："皇历，经也；通书，传也。传以疏经，非任意妄作、徒新耳目也。"[①] 以通书为名的选择术书籍，最早见于元代，其中较出名者是由何士泰和宋鲁珍所编纂的《历法通书》三十卷[②]。今北京图书馆还藏有不著撰人的《新刊阴阳宝鉴尅择通书》以及何士泰所撰的《新锲全补发微历正通书大全乾集》两本同一朝代的著作。这些通书应均是将各种选择神杀的规则结集而成的百科全书式参考书。

或因选择家的说法不一，极易引发纷争，故明太祖于洪武九年（1376）下诏要钦天监考究"诸家阴阳文书"，随后编印成《选择历书》颁行天下，命官民共同遵守，且下令须将其他的选择书均送官府烧毁，凡有藏匿不缴或私下使用者，一律处斩。[③]

虽然明代曾试图以严刑峻法统一选择家间的分歧，但在各图书馆的现存书目中，我们仍可见十余种百科全书式的明代通书，知此一禁令并未落实。其中有些书更因受市场欢迎而屡屡重刻，如由林绍周所编纂的《理气纂要详辩三台便览通书正宗》一书，初刊于万历（1573—1619）间，但在崇祯十年（1637）即出现"五刻本"，今北京图书馆、美国普林斯顿大学葛思德东方图书馆和日本国会图书馆均藏有此一重刊本。林氏所撰的另一本选择书《天机大要》更外传至朝鲜，并出现肃宗三十六年（1710）、英祖十三年（1737）、英祖十四年等刊本，而大正十五年（1926，日据时代）由汇东书馆所发行的铅印本，亦已到了第七版[④]。

---

① 此见北京图书馆所藏《大清康熙五十五岁次丙申便览全备通书》及《大清雍正二年岁次甲辰便览溪口通书》二书之序。
② 《明史》卷98，第2442—2443页。
③ 此见安泰等《钦定选择历书》书首，台北"国家图书馆"藏康熙二十四年刊本。
④ 《国立国会图书馆汉籍目录》，东京：纪伊国屋，1987年，第382页。

此外，熊宗立一人更编纂有多部通书，对后世的影响甚大。在其所撰《（类编）历法通书大全》一书的书首，绘有一熊氏编书图，图上题有"集诸贤阴阳总括，开百世历日流行"之对联，虽颇自负，但或亦与事实差距不远。入清以来，许多风行的通书即不出《历法通书大全》的格局。清初，宫中每遇喜事或大典，钦天监官亦皆是用《历法通书大全》以进行选择。①

然而在康熙（1662—1722）初年所发生的"历狱"一案中②，洪范五行与正五行两派选择家在择荣亲王葬期时，出现严重的路线之争。《历法通书大全》因使用洪范五行而遭到布衣杨光先的严重抨击，钦天监因此奉旨将书中相关的部分涂抹不用③，杨光先且于康熙四年被拔擢为监正。七年，钦天监奉旨应以明洪武间所编的《选择历书》为择吉的准绳，至于该书中所缺的二十四条趋避的内容，其中"二十四山向正五行"的部分，决定采自林绍周的《三台便览通书》，而其余"行嫁利月"等二十三条，则仍自《历法通书大全》中取用。八年，"历狱"遭翻案，因钦天监官吴周斌等供称："洪范五行乃初开山修造所用，若不看洪范五行，则别无可看之书"，使得洪范五行又重获官方的认可。

"历狱"或为有史以来受阴阳选择事影响最深远的历史事件之一，此案连亘多年，且数见起伏，牵连颇广。不料，康熙二十三年再度发生钦天监博士叶钟龙首告造东王府错看动土一案，基于"选择书籍繁多，殊为冗杂，若不汇定成书，难以遵行"，故在经议政王、贝勒、大臣、九卿、科、道、吏部、礼部以及钦天监会议后，议决有必要由官方编定一"标准本"的选择术书籍，其文曰：

---

① 参见《满文密本档》卷149（北京第一历史档案馆藏），第695—943页。此据安双成先生汉译本的待刊稿。

② 下文中有关"历狱"的讨论，请参见拙文《择日之争与康熙历狱》，《清华学报》（新竹）1991年新21卷第2期，第247—280页。

③ 下文中有关康熙朝官方对选择术态度的叙述，如未加注，均请参见安泰等《钦定选择历书》书首。

选择书籍俱已全备，相应交与钦天监，仍照前定《选择历书》、《万年历》遵行。仍将《历法通书大全》内所有"行嫁利月""二十四山向洪范五行"等二十四件，详加抄录，附入《选择历书》内，共编为一书，刊刻刷印，与《万年历》一同永远遵行。其余重杂繁冗之书，俱不准选择，以杜诬讼。

二十四年，在钦天监监正安泰的主导之下，此一新增订的《钦定选择历书》修成，并奉旨刊刻刷印。此书在乾隆（1736—1795）以后，因避帝讳（弘历）而改名为"钦定选择通书"。

虽然《钦定选择历书》编修完成，然因此书与同样是官颁的《铺注万年历》之间，仍出现矛盾，康熙皇帝于是在五十二年命大学士李光地等将元代曹震圭的《历事明原》一书重加考订，详究各选择术内容的根源，并赐名为"御定星历考原"，刊刻颁行。① 但当时并不曾将《钦定选择历书》和《铺注万年历》改订，以整合两者间的矛盾。

乾隆四年，应钦天监监正进爱之请，和硕庄亲王允禄等奉旨编纂《钦定协纪辨方书》，试图"尽破世俗术家选择附会不经拘忌鲜当之说，而正之以干支、生剋、衰旺之理……使览者咸得晓然于趋吉避凶之道，而不为习俗谬悠之论所惑"，越三年始成书。② 此书的颁行，乃尝试为众说纷纭的选择术奠定一由官方背书的"正统"，直至今日仍被选择家奉为圭臬，并成为中国历代由官方所编修的最重要的术数类书籍。

除了前述百科全书式的通书外，由于官颁七政历的发行不够普及，因此明清之际民间开始有射利之徒私纂一种涵括过去百年七政四余行度的通书发卖，如在清初小说《云仙笑》中，曾述及一专门从事合婚选日生意的术士，此君案头即置有一本占算参考用的《七政通书》。③ 明末流

---

① 参见文渊阁《四库全书》中由纪昀等为《御定星历考原》一书所写的提要。
② 参见文渊阁《四库全书》中由纪昀等为《御定星历考原》一书所写的提要。
③ 〔清〕天花主人原著，朱眉叔校点：《云仙笑》，第5册，沈阳：春风文艺出版社，1983年，《张昌伯厚德免奇冤》，第78—79页。

行的《七政台历》，应即是内容相近的同类异名书。①

康熙十九年，钦天监为杜绝民间滥自刊行此类通书，曾奏请全面颁行七政历，皇帝因问大学士李霨的意见，李氏对曰："颁行亦无益，星家所用皆与此不同"，康熙帝稍后谕旨曰："七政历分析节气极为精细，但民间所用，皆是便览通书依旧历所分节气，虽颁发七政历，未必能用"②。此类附刊有七政行度的便览通书③，或引导了近三百年来各华人社会中年度通书的出版风潮，其内容除包含官方颁行历日中的铺注外，且加刊有大量篇幅，叙述各种神杀和避忌的规则与意义。而类此的内容早在敦煌所出的唐末历日中即已出现，唯其内容远不若通书来得庞杂。④

清人吴振棫（1792—1871）在其《养吉斋丛录》一书中，尝曰："通书起自康熙五十年间，徽州治堪舆者编次一年宜忌，以时宪书为君，而杂以选择条款，民间尚之"⑤，但由前述康熙帝在谕旨中所提及的便览通书，知年度通书出现的时间或较吴振棫的说法更早。事实上，在伦敦的大英图书馆中，现即藏有曾呈祥所编《康熙二十九年庚午日用集福通书》、余兼略所编《康熙三十年岁次辛未六蟜集七政便览通书》和不著撰人的《大清康熙四十一年便民通书》各一，其中曾、余二人均为漳州

---

① 笔者所见乃为台北"中央研究院"傅斯年图书馆所藏之残本（仅存卷9至12），记万历三十二年至崇祯十年七政四余的躔度，由承德郎管春官李钦及钦差福建分巡武平道金事曾一经等人印行。

② 中国第一历史档案馆整理：《康熙起居注》第1册，北京：中华书局，1984年，第482页。

③ 笔者未见康熙十九年之前所出版的便览通书，但稍后由曾呈祥所编的《康熙二十九年庚午日用集福通书》和由余兼略所编《康熙三十年岁次辛未六蟜集七政便览通书》（均藏于伦敦的大英图书馆）中，即附刊有当年的七政行度。

④ 如在唐文宗太和八年（834）的历日（伯2765）中，前有相当篇幅记各神杀的规则和意义。又，在僖宗乾符四年（877）的历日（木刻006）中，除逐日列有铺注的内容外，还刊有《六十甲子宫宿法》《推七曜直用日法立成》《推男女小运行年灾厄法》《推丁酉年五姓起造图》《十二相属灾厄法》《五姓安置门户井图》《推游年八卦法》《五姓种莳日》等大量图表。

⑤ 〔清〕吴振棫著，王涛校点：《养吉斋丛录》，杭州：浙江古籍出版社，1985年，第64页。

人士。亦即通书的源起要较吴振棫所言更早，且也不见得出自徽州一带。

由于年度通书颇受民间欢迎，导致官历的售卖大受影响，且有挑战政府"颁正朔"权力之嫌。科臣黑硕色因此于雍正元年（1723）条奏曰：

> 江南、浙、闽等省民间所用历日，多系无印私历及通书等，今薄海内外莫不遵奉正朔，岂宜令私历公行，请将各省私历遍行严禁，令各布政司将用印官历交与贸易人发卖，则民间俱有官历观看，通书、私历自废。①

其议获准，亦即私历及通书当时均遭严禁。

虽然政府指定商人售卖，希冀能因此普及官历，但由于臣僚高抬官历的价钱，反而引发民怨，此故在雍正七年皇帝又谕旨曰：

> 朕以私历伪书，律应严禁，而庶民之家凡婚嫁、兴造、迁移、开市之事，得观览官历，以为选日择吉之用，又于民情甚便，是以允从部议。乃闻地方官吏不善奉行，自布政司胥役高其价值，由府以至州县，辗转增贵，民间买官历一本，价至五、六分不等，遂致无知乡愚有三分缴宫之说。夫各省每年刊刻刷印官历，开销钱粮不过七千余金，朕数年以来加恩蠲赋至数百余万，岂于此七千余金之费而有所吝惜乎！著将各省颁行官历于庚戌年为始，仍作正项开销，但各省官历若不令民间价买，每省人户不下数千万家，岂能遍行给发，势必至通书、私历仍复公行，又非古帝王敬授人时、考月定日之义，其作何区处，使官历通行便于民用之处，著大学士会同礼部议奏。②

---

① 席裕福、沈师徐辑：《皇朝政典类纂》卷415，第3页。
② 席裕福、沈师徐辑：《皇朝政典类纂》卷415，第3页。

由于官历一本价至五六分，而民间有"三分缴官"之说，因知每本官历的成本约为两三分，以当年刊刻刷印官历所花费的七千余金计算，是年官历的发行量应在两三百万册之谱。此事经大学士会同礼部议准："钦天监及各省布政司，照例刊刻，听匠役刷印便卖，以便民用"①，亦即允许民间使用官版自行刷印发卖，并从雍正八年起，准许各官府将刊印官历的花费，纳入正项开销。

然而这一做法，仍无法禁绝私历的出现。此因部分偏远地区，不能及时获得当年的官历，故仍有印售私历的情形发生。乾隆初，太常寺少卿唐绥祖即曾条奏曰：

> 乡僻愚民每因官刻时宪书不能遍及，遂有图利小贩照官版翻刻发卖，每本不过小钱十数文。恐无印信难以哄骗，遂杂用黄丹涂饰印信于上，并无篆文。既非雕刻，亦非描摹，正与"伪造诸衙门印信，止图诓骗财物，为数无多，银不及十两，钱不及十千者"相等，今概以私造拟斩，似觉过当，宜酌议……②

称当时印卖私历者，为求鱼目混珠，乃用黄丹涂饰成印信的样子，以求欺瞒顾客。由于唐绥祖认为其所诓骗的财物为数无多，若以私造历日的罪名拟斩，似嫌过重，故建议应对此罪的刑罚重新审议。

律例馆因此于乾隆五年奏准：

> 图利小贩照官版式样翻刻时宪书发卖，用黄丹涂饰印信之状，并无雕刻描摹篆文者，依"伪造诸衙门印信，止图诓骗财物，为数无多者，为首杖流、为从减等"例，分别治罪。③

---

① 〔清〕吴坛著，马建石、杨育棠校注：《大清律例通考校注》，北京：中国政法大学出版社，1992年，第931页。

② 《大清律例通考校注》，第931页。

③ 《大清律例通考校注》，第931页。

当时那些印造私历者被控的罪名，主要在于伪造衙门的印信，并不曾因时宪书乃为正朔的表征，而加重其刑。

乾隆十六年，律例馆又针对此一条文进行讨论，最后决定将雍正七年大学士会同礼部议准的结果，再从宽解释，认为："宪书例得翻刻，不须本监原印"，并将乾隆五年所订定的"图利小贩照官版式样翻刻时宪书发卖……"条例删除。① 在这条新的律例之下，编纂通书不再有违法之虞，许多选择家于是开始树帜出版以己名或堂号为标志的年度通书，积极争夺此一广大的市场。

三、 洪氏继成堂通书

年度通书的发行量虽然很大，但因其颇具时效性，以致留存迄今者并不多，且许多图书馆，往往视其为迷信类的通俗出版物，而未积极庋藏，反而在国外的汉学图书馆中，较易见到这类藏书。② 由于篇幅的限制，笔者在下文中将仅就过眼文献中较具史学意义的继成堂通书，进行初步的介绍与析探。

（一）嘉庆十二年通书

荷兰莱顿大学藏有一本缺前数页和封面的通书，经析究其内容后，知其为嘉庆十二年的《趋避通书》，为在福建泉州的洪氏继成堂所纂。洪氏最出名的择日家乃洪潮和，此故在书中所有叙述一般性趋避规则的部分，版心上均刻有"洪潮和元池选"字样，然而在每年需改编的部分，则刻"洪潮和次男彬成选"，知当时洪彬成应已独当一面。据同治（1867—1874）《福建通志》中所记：

---

① 《大清律例通考校注》，第 931 页。

② 参见 Richard J. Smith: A Note on Qing Dynasty Calendars, *Late Imperial China*, 9.1 (1988), pp. 123—145. 此文整理出欧美各大图书馆中所藏的历日和通书。

（同安县）洪潮和，字元池。精通星学，著通书。滨海数十郡及外洋无不购之。子彬海，能习父业。[1]

说明洪潮和所编选的继成堂通书，不仅风行于南方沿海各地，甚且销售至海外。而除了次子彬成外，他还有另一子彬海亦承继家学。

此书前有六十页记趋避的规则，但页码则出现高达"七十四"者，排序相当混乱，且版心上还见有三页直接刷印自旸谷堂《明智通书》之版，原页码为十六至十八，其中第十六页版心上原有的"明智通书"和"旸谷堂"等字，则出现挖削未尽的痕迹。

此本在记"嫁娶杂煞"的部分，前有一段洪彬成所加的识语，称："……余观世有一种不学无术之流，妄逞臆见，恣意批驳，惑人听闻，以克择雅道，宛如市共（井）争利之徒，谨依《协纪》弁以数言，惟高明其鉴之"。而在正月初一日的铺注之上，更预留有一长方形的空白，上钤一朱印，文曰："继成堂大小通书，仅泉州城内海清亭择日馆中发兑，方是真本"，旁附的《谨白辨真》，则称：

继成堂洪潮和次男彬成通书，在福建泉州城内道口海清亭，坐西拱东，方是。近有无耻之辈，仿体翻刻，又有一种混挂本馆名字，诸君子须认中线本馆名字是正本。

要求读者藉版心中线上所刻的"继成堂"三字以辨明正本。

此本在七、九、十一等月的铺注末尾，还利用留白的部分，刻有一段文字不一，但同为辨明正本或抨击盗版用的《谨白》，其中明指漳州聚文楼的陈沧海和石码（亦属漳州府，在今龙海县）惠文堂的陈兰芳"翻刻头板，冒用本馆名字"。此一指名道姓提及盗版之人的情形，笔者尚未

---

① 〔清〕陈寿祺等纂：《福建通志》卷 247，台北：华文书局，景印同治十年重印本，第 13 页。

见于它堂的通书。

此书中的错别字相当多，即使在七月铺注的末尾，特别有一告白抨击盗版者"错讹不堪，误人弗浅"，并强调该馆通书"字扳（板）清揩（楷）较对无讹，造福不爽"，然而在此一简短的文句中，该书却出现了两个错字。

此本《趋避通书》在各日下的铺注内容，已显然较官历复杂得多，如其中十二月初一戊辰日的铺注记曰：

> 天恩、三合、临日、时阴、圣心、天岳、七圣；死气、木马杀、虎中、泉闶渴（竭）、反激、狱日、伏尸。宪宜祭祀、上表章、上官、冠带、结婚姻、会亲友、进人口、裁衣、修造动土、竖柱上梁、经络、立券、交易、纳财、安碓硙；《协纪》加祈福、土（上）册、受封、临政亲民、纳采问名、修仓库、酝酿、纳畜；通宜开光、入学、出行、剃头、冠笄、出火、折（拆）卸、起基定磉、盖屋、安门碓床、放水、入宅、〔造〕桥船、入殓、成除服、移柩、破土、安葬。冲，壬戌人；呼，癸未、癸酉人；胎，房床栖。

其中首列的天恩等为吉神，次列的死气等为凶神。由于此书在八月的铺注末尾，尝有一段识语曰："逐日事宜，首遵国朝宪书，较正吉凶神例；附遵《协纪》，兼究诸家五行。'宪宜'事后注明'通宜'，以便俗用"，知铺注中所谓的"宪宜"，即遵依时宪书，而所谓的"《协纪》加"，则为依据《钦定协纪辨方书》所添加的内容，至于"通宜"，则记各通书中所载，以适应民间的需求。

在前述的神杀中，天恩、三合、临日、时阴、圣心、七圣、天岳以及死气的意义与规则，均可见于《钦定协纪辨方书》中。至于木马杀，忌合寿木、起工架马①；虎中，或即"庙中白虎"的简称，忌修神庙②；泉闼竭，乃指"泉闼"和"泉竭"两神杀，穿井或导泉均忌用③；伏尸，忌安床；反激，忌行船；狱日，其忌同于五墓，亦即忌营造、起上、嫁娶、出军④。所列各铺注用事中的"经络"，则指织造布帛，"安碓硙"指安装石磨，"出火"指移出祖先或福神之香火，"起基定磉"指建筑物之开基，"磉"为柱下石，"安门砛床"指安放门、砛、床，其中"砛"即门前阶梯。余事由其字面多可略知其意。

至于"冲，壬戌人"和"呼，癸未、癸酉人"，均与入殓安葬事有关，指壬戌年所生之人忌在此日（戊辰日）处理相关事宜，而戊辰日又是癸未和癸酉年出生之人的"的呼日"，被"呼"之人当日应避丧葬事。"胎，房床栖"，则指胎神该日位于房内之床，提醒孕妇在当天应格外小心此处，以避免流产。

经查当年时宪书中所记该日的铺注为："宜：祭祀、上表章、上官、冠带（宜用辰时，坐向东南）、结婚姻、会亲友、进人口、裁衣、修造动土、竖柱上梁（宜用辰时）、经络、立券、交易、纳财、安碓硙"，此与继成堂通书中所记载的宜行之事完全相同，仅在冠带和竖柱上梁之后添注了吉时和吉方。时宪书中在此日上下的书眉和地脚亦分别记吉神和凶神之名⑤，但对该日不宜之事则完全未提及。又，继成堂通书中的铺注内容，虽以《钦定协纪辨方书》为主要参考，但并不曾原文照录，而是

---

① 〔清〕陈应选：《陈子性藏书》卷1，台北：集文书局，景印康熙间刊本，第31页。陈应选，字子性，广东番禺县人，生平参见李福泰修，史澄等纂《番禺县志》卷49，台北：成文出版社，景印同治十年刊本，第3页。

② 〔清〕沈重华：《通德类情》卷5，新竹：竹林书局，景印民国初年据乾隆三十六年本重刊之石印本，第19页。唯竹林书局为吸引读者注意，径自将书名改作"选择通德类情"。

③ 〔清〕沈重华：《通德类情》卷5，第16页；〔清〕允禄等：《钦定协纪辨方书》卷5，第40页。

④ 〔清〕沈重华：《通德类情》卷4，第16—17页。

⑤ 清代时宪书中的吉神和凶神均用朱字刷印，时日一久，往往褪色相当严重，且因笔者所见乃台北"国家图书馆"藏本的微卷，故仅隐约可辨明"天恩"两字。

有所选择。在"通宜"的部分，更与《钦定选择通书》出入颇大，知洪氏应是广采民间诸家而成①。

乾隆六年，钦天监在编纂《钦定协纪辨方书》时，尝请旨删除无稽的神杀，并编集《辨讹》一本，逐条誊出详论。如书中质疑七圣中的天老与玄女不知是否确有其人，且称此二人和董仲舒都根本不配与黄帝、文王、周公、孔子一同配入七圣。至于"的呼日"的避忌，因导致"孝子生命值被呼者，甚至不亲殓、不临穴"，故在《辨讹》中即被抨击曰："败俗伤化，莫此为甚。而考其所忌之日，又毫无义理，殆术士捏造中之尤不通者。"② 但从本文的讨论，我们可发现，自清中叶以后，包括继成堂在内的许多通书，却公然复用了许多先前遭官方所删的神杀。

（二）嘉庆二十一年通书

莱顿大学尚藏有洪彬成编选的《大清嘉庆贰壹年趋避通书》乙本，此书记趋避规则的部分，共仅十七页，但页码最高则至"七十四"。此本在正月初一日的铺注之上，同样钤有一声明版权的朱印，文字则稍异于嘉庆十二年者，曰："继成堂通书由泉州城内道口海清亭街择日馆中发兑，凡诸君子光顾者，检认此标是真本"，其旁的《谨白辨真》，亦同样力斥聚文楼和惠文堂的盗版。

此本书首列有"参校门人"六十二位，其中五十七人籍隶福建，包括泉州府（含惠安、安溪、南安、同安、厦门、晋江等县）二十四人，兴化府（含莆田、仙游等县）二十四人，永春州（含大田、德化等县）四人，福州府（含永福、福清等县）四人，延平府（含尤溪等县）一人。此外，还有四位属浙江温州府，一位台湾鹿港。

虽然书中称所列众人为"参校门人"，但这些散处各地的门人，不太可能均实际参校此书，其列表于前的目的，应是为这些门人背书，保证

---

① 陈应选在《陈子性藏书》书首的《辟偏论小引》中亦云："论日家书必以钦天监书为主，以明贤所注通书参互而用之。"此一态度或为绝大多数编纂通书之人所采行。

② 参见允禄等《钦定协纪辨方书》卷36，第37—38、46—47页。

他们的择日术均源出继成堂一脉，而他们亦获授权行销并贩卖本铺所出版的《趋避通书》或制造的定时刻香和万应神曲（详见后）。这些由继成堂门人所开设的择日馆，颇似今经济学所称连锁店系统中的加盟店（voluntary chain stores）。

继成堂的行销方式，在当时的东西方均不常见。如以美国为例，最早的一家连锁店成立于 1859 年，其名为大美茶叶公司（The Great American Tea Company），该公司至 1865 年时共有二十六间分店，全都分布在纽约的下百老汇和华尔街一带，茶叶是他们唯一销售的商品。① 但大美茶叶公司的这些分店都是由总公司指派人经营，应属所谓的公司连锁店（corporate chain stores），此与继成堂各择日馆财务独立的情形不同。继成堂形态的加盟店在近代西方出现的时间可能还要更晚。

由于此书在各节气之下均注明都城和福建两地的时刻，因知其主要的销售地区应为福建一带。此故，其"参校门人"乃以福建籍居多，仅少数住居于临近的温州和台湾。又，在前述的六十多位"参校门人"中，竟然无一为漳州人士，而泉州府人则几近百分之四十，可见当时以械斗闻名的漳、泉两州，似乎连在择日传统上均出现对立的情形，无怪在继成堂的《趋避通书》上，会点名批判漳州的聚文楼和惠文堂有剽窃的行为。

洪彬成在其编纂的《趋避通书》中，还顺便推销其他商品，如在书首的《继成堂神麯小引》中，称其祖获异人授以秘方，用七十二味药方制成"万应神麯"，可用于"健脾、温胃、祛风、辟邪、消痰、降气、开膈、利胸、止眩、止痛、止呕、止泻以及感冒昏乱、寒暑不调诸症"，且"不拘男妇老幼，服之立效如神"。虽然洪彬成自谓其研制此一"济世仙丹、保命良剂"的目的在"心期救人"，故仅就成本发卖，而不敢用以射

---

① Alfred D. Chandler, Jr: *The Visible Hand*, *the Managerial Revolution in American Business*, Cambridge, Massachusetts: The Belknap Press of Harvard University Press, 1977, pp. 233—235.

利，但此或仅为一虚饰之词，否则洪氏何以不公开此药配方，听人自制，反而要求光顾者在购买时得千万认清"继成堂"的招牌。

另外，洪氏在书首亦有一段文字推销该堂所产制的定时刻香，此一产品与择日的专业服务有密切关联，其文曰：

> 凡造葬、婚嫁等事，不拘日用、夜用，俱宜照标起点，各得真正时刻。凡请用者，务请开明用事之年、月、日、时，则僧以便按是候之日永、日短，将香画明日用、夜用，更宜认真确系继成堂馆号制造的，庶无差忒。

亦即若欲于择定的日时行某事，就得使用择日馆所制造的定时刻香，该馆会依用事当日的昼夜长度，在香上标一记号，如属日用（夜用），则使用者必须在黎明（黄昏）时将该香自所标明的位置起点，当香燃尽时即恰为所择定的时辰。洪氏为说明此香计时的准确度，还强调该馆置有铜壶滴漏，并依节气监造定时刻香。

对于欲知晓新生儿生辰八字的人而言，洪氏亦说明该如何使用此香，其文曰：

> 凡有喜事生子，则宜于未产之前，请便一筒，不拘日生、夜生，俟产下之后，随即起点。若日生，则点至黄昏之际，伸手不见指纹，即将其香息之；若夜生，则点至黎明之际，伸手始见指纹，亦将其香息之。

如此，只要将所剩存之香带到该馆，即可估计该香总共燃点的时间，并从当日黄昏或黎明的时刻回推得其出生的确切时辰。

前述用香之例，虽略有不同，但选择家均可创造出一连串的利润，如欲进行婚葬或开工、动土等事，通常先需至择日馆花钱择定一吉时，再依法使用划有特殊起点标记之香；至于遭逢生子喜事时，则必须先至择日馆购买一枝定时刻香，依法使用后，再将剩余之香拿回择日馆以推算生辰八字，而父母往往也会为爱儿顺便推命，且中国人亦常有为弥补新生儿八字中所显示的五行缺憾，而以五行本字或其字根加以命名的习俗（故屡可见有以"木柱""火炎""金木"或"金水"等为名者），提供这些资讯（甚至取名）或亦是这些择日馆服务或营利的项目之一。

古人对时间精确度的要求虽然通常不高，但在日常生活中，则有部分与术数相关的事情，相当在意确切的时刻，如前述对婴儿出生时辰的确定，或欲于一择定的吉时出行、动土、结婚等等。由于在 19 世纪末叶之前，一般大众仍少见拥有自鸣钟或刻漏这类新旧的记时仪具，所以古人究竟是如何判定这些时间的，先前学界并不甚了。故从此一角度而言，继成堂通书中有关定时刻香使用方法的详细记载，实在弥足珍贵。而此类计时用的香，至少在 19 世纪中叶，仍风行于社会，因笔者在莱顿大学所藏咸丰七年（1817）崇道堂编纂的《罗传烈通书》中，依然可以见到推销的文句。

（三）光绪二十五年通书

台北"国家图书馆"台湾分馆藏光绪二十五年（1899）的《洪潮和通书》乙本，封面标明："授男彬准，偕孙正体、正信，曾孙堂燕，元孙銮声全选"，并记称："□□□□福建泉州府城内考棚边道口街海清亭，坐东向西，招牌脚有一石狮为记，方是正派老祖馆。"内文各页的版心均刻"趋避通书，洪潮和授男彬准、孙正信、曾孙堂燕选，继成堂"等字。

此书末尾有半页接受邮寄择日的广告，称："如蒙赐惠择吉，务须年庚、山向并及资仪□□□□□，（信）封外以家书切要之语，妥寄信局驿使，嘱勿擅行开拆，以杜弊端"。由于清代于光绪四年始设送信官局于北京、天津、烟台和牛庄；十六年，命各通商口岸推广举办；二十一年，开办官方邮政，并与民间业者合作；二十四年，谕各省撤驿站，设邮政。[①] 知继成堂的主事者颇能掌握时代的脉动，在相当短的时间内就思

---

① 〔清〕赵尔巽等：《清史稿》卷 24 及卷 152，北京：中华书局，1976 年，第 926、4475—4480 页。

及利用新设的邮政机构以开创商机。

此书中还附刊有多份不见于前的文献，对洪氏继成堂的状况提供了许多重要的资料，如书首有吴焕彩（乾隆二十五年进士，福建南安人）于嘉庆元年所撰之序，其文曰：

> 元池洪先生，世以堪舆克择著名。购书京师，考订粤南。乙卯（笔者按：指乾隆六十年），下廉（帘）温陵（按：指晋江），与余时相考证。观其所造通书，原原本本一遵《协纪辨方书》《数理精蕴》，与宪书无不吻合，洵趋避之津梁，而吉凶之着鉴也……嘉庆丙辰端午月，赐进士出身、奉直大夫、原任湖北鹤峰州知州、年姻家愚弟吴焕彩拜序。

由此段文字的内容，知洪潮和是在乾隆六十年定居泉州的，并于稍后开始编刻通书。或为打开知名度，洪氏乃请托进士出身的姻亲好友吴焕彩为其撰序。由于吴氏之序成于嘉庆元年五月，而年度通书的出版通常应在前一年，故洪潮和所编选的通书很可能是起自嘉庆二年。

此本在正月首页的铺注之上，同样钤有一朱印，其印文为："洪潮和授男彬淮，孙正体、正信，曾长孙堂燕，偕元孙銮声、銮□（笔者按：此字不甚清楚，似为"铠"字）选"，但内文中则不再出现为辨明正本或抨击盗版用的《谨白》，知当时该堂通书的版权已获相当程度的保障，而此一与盗印者周旋的过程，相当详尽地被记在书首所附刊的告示中。

据此一由官府所发的告示中所称，洪潮和及其长男彬海（又名学海）、三男彬淮在泉州集贤铺海清亭开设"继成堂择日馆"，专门选造民间日用通书。潮和没后，彬海承继其业。嘉庆十、十一年间，有刻匠施雕与漳州城内的聚文楼等书店勾结，假冒翻刻继成堂通书，彬海和彬淮于是具状告诉，虽蒙晋江县（泉州府治所在）知县出示严禁，但盗印本仍发往各地散卖。十二年，彬海赴省上告，闽抚饬将盗印者拘解拿究，施雕和聚文楼的负责人（据前述由洪彬成所编的嘉庆十二年通书中所称，此人应为陈沧海）因此惧逃，此后多年即不再有敢假造者。

道光六年（1826），施雕的徒弟洪志士再与漳州城内的文林号书店翻刻通书，并在书皮和版心刊印"继成堂洪潮和授男彬海选造"字样，发往台湾各处销售。虽经彬准于是年八月呈请晋江县令出告示禁止，并差人至漳州查谕禁止，但洪志士等不仅"峝抗不理"，且又再度假冒继成堂之名翻刻道光八年的通书，当时在泉州城内也出现效尤假造者。经呈告泉州府，知府刘炳除饬晋江县令王兰佩查拿究办外，并于道光七年六月移会漳州府治所在之龙溪县，一体出示严禁。

在此本二月的铺注末还出现由洪堂燕和其子銮声署名的《事无不可对人言》一文，涉及洪潮和后人之间所曾发生的严重争执，其叙述概略如下：光绪十六年春，长房洪彬海之子堂麟、堂凤先后弃世，其择日馆无人接开，时堂麟之子应奎，年方十四，"智识未开，一例不晓"，三房彬准之孙堂燕，在亲友的恳求之下，答应传授应奎术业，除交付秘诀一本，并自六十甲子开始教导外，白天还至长房的择日馆代理选择，晚上应奎则至三房随堂燕和銮声学习。

此文接着叙及洪堂燕和銮声父子所谓的"背师诽谤事"，控称：

> 所有礼资，任其（笔者按：指应奎）自肥。数年利薮，不思染指。天人共鉴，神人周知。讵料学业五年，其艺初成，胆敢夺我门人、灭我外信、评我原课、侥我束金，种种逆理，面斥不是，反遭肆辱横欺，甚至利刀劈杀业师。如此目无法纪，置师恩于流水，频加怨恨；绝生路而不知，视如嫉仇。噫嘻！余守拙遗业，不干外事，何故踵门乞怜？无奈俯从所恩，一则不念旧恶，以德报怨；二则使伊自知感格，以臻世代和睦，三则庶免同艺相炉之嫌。无如年幼学浅，罔觉伦道，何禁余振笔直书，为天下人车鉴也已！

从前引文中所称堂燕答应传授应奎术业的原因之一，是"不念旧恶，以德报怨"，知洪氏继成堂的长房与三房之间稍早即已有很深的嫌隙。

由于前述文件仅指出洪潮和率同长男彬海、三男彬准在泉州开设择日馆，完全未提及次男彬成亦从事此一行业，然而我们在莱顿大学图书馆中，却见到两本由彬成所编印的通书，此一情形颇不易理解。笔者曾于 1996 年 4 月赴泉州访问到长房的后人永清，据他引述家族中流传的说法，称洪潮和当时乃将老家同安县的田产全交由次子彬成经营，自己则率彬和彬准以择日为生。或因继成堂通书的销售利润甚高，笔者怀疑彬成或在洪潮和过世后，亦违反父命，开始自行印售通书。

由前述告示中所称彬海和彬准共同控告盗印者的事实，可知在道光七年时，长房和二房仍于祖铺中一同经营。至迟在洪家的第四代（见图一）①，长房与三房已分家，并各树一帜。由于两房均在同一街坊开业②，利益冲突或即是造成兄弟阋墙的主因之一。唯据洪永清告知，长房应奎的术业主要乃习自其四叔堂凤，而非如三房所述（实情待考）。又，两房之间的官司，当时几乎令双方均破产。至于彬成原在海清亭"坐西拱东"的择日馆，或于嘉庆、道光之交即不再继续营业，而二房后遂迁回同安定居。

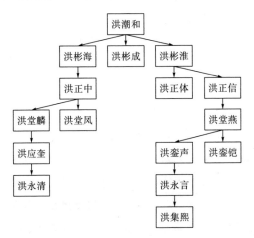

图一　福建继成堂传承图

---

① 此一洪潮和家族的世系图，乃笔者根据本文中所介绍各文献中的记载以及洪应奎《日学讲义》（南投：正福堂出版社，1994 年，重排民国 12 年刊本）一书整理而得。

② 据洪永清告知，长房和三房的择日馆，原均坐落在海清亭上，且位于斜对面。民国 15 年，长房迁至金鱼巷，而三房亦于前几年因拆迁而搬离原址。

此书前记趋避规则的部分，页码最高至"七十四"，但页一至六以及页九至三十七缺。经比较笔者所见的三本清代继成堂通书，知洪潮和原所编选的通书，记趋避规则的篇幅或共有七十四页，但各房在出版各自的通书时，往往仅采用其中的部分。其中二、三房在自行开业后，可能即根据洪潮和原书的内容重新雕版，稍后亦曾因刷印过量而重刻，但仍尽可能维持原有的格式和内容，甚至页码。

然而在这几十年间，我们也可发觉有少部分趋避的内容已出现改变，如在光绪二十五年的三房通书中所记的"人神所在"，即与嘉庆十二年的二房通书有许多差异；又如"上册表章"所忌凶神中的受死和天罡，在光绪二十五年的通书中被改作月忌和反支，而"应试赴举"所忌凶神中的不举，则被删去。

至于每日下的铺注，此本通书中所称的"宪宜"部分，大致与台北"国家"图书馆所藏光绪二十五年的时宪书相同，唯两者所记的不宜之事，则差异较多。又，此一通书中所记的节气时间与时宪书刻分不差，显示继成堂中人的计算能力相当出色。该通书中亦表列出福建地区各节气日出、日没以及晨分、昏分的时刻，且详细说明其推算方法（第7—8页），此一资料在使用定时刻香时显然相当需要。

此本书首亦有一份"参校门人"的名单，所列之人多达两百二十九位，其中绝大多数仍籍隶福建，浙江增为七位，台湾地区更激增至二十一位，至于漳州府则出现五位门人。如与前述嘉庆二十一年的名单相较，虽然两者相隔八十余年，但先前名单中的门人几乎全被收纳在后一名单中，仅少数人之名或因传刻讹误而稍见不同。此一名单显然不断增补，至于二房彬成在其通书中所列的门人名单，或直接抄自当时长房和三房所出版的通书。

民国成立以后，即使在科学主义思潮的冲击之下，继成堂的通书也仍持续刊行。^① 民国 15 年，晋江县的知事陈同还曾因洪銮声和其子永言的请求，发布一命令禁人盗印继成堂的通书。^② 文中引用洪銮声父子的说辞，声称坊间其他通书的推算常见讹误，如将民国 3 年 9 月小、10 月大，误成 9 月大、10 月小，当年的小雪和大雪亦各差一日，至于民国 7 年的冬至日期和民国 9 年 9、10 两个月的月尽大小也有误，而继成堂的推算则与"中央观象台"完全一致。

继成堂通书从乾隆末年发行迄今，已历经近两百年的岁月，但丝毫未见遭时代淘汰的迹象，据说全盛时期每年常可发卖数十万册，其中尤以福建、台湾和南洋群岛为多。据洪永清回忆，其家通常在过完清明之后，开始刻版印制来年的通书，光是自邻近田安村聘来的刻工，往往即多达六七十人，并赶在八九月时发卖，而官印的历书则要稍晚始见于市面。清代输往台湾的继成堂通书，多为三房所编，且书上均特别标明有"专售台湾"字样，当时台湾似乎已成为三房的销售重点区域。日本据台期间，尽管曾明令禁止通书的输入，试图切断中国文化对台湾的影响，但也无法禁绝。^③ 而抗日战争甫结束，洪永清家中亦随即用船赶运了三千本通书至台湾。

据笔者粗略估计，目前台湾所出版的通书，约有三分之二以上均直接或间接源自第三房，如吉时堂所编的《林先知通书便览》（台中：文林出版社），即自称是由洪銮声之门人李紫峰所授；存养堂的《刘德义、信通书便览》（台中：瑞成书局），自称其父刘满生乃获洪銮声面授；正福堂的《蔡炳圳七政经纬通书》（南投：正福堂出版社），自称授业于林先知等人。据洪集熙所称，其祖辈确曾多次来台传授选择术，而台湾光复

① 今在日本国立国会图书馆尚藏有由洪堂燕、銮声所选的民国 16 年、18 年和 22 年的继成堂通书，唯笔者未得见。
② 此一命令收入继成堂原著，卢昆玉选编，李鉴益补注《嫁娶择日秘鉴》，彰化：三光垣出版社，1989 年再版。
③ 洪永言选，洪集熙整理：《泉州洪氏万年历》，《整理者说明》，福州：福建人民出版社，1982 年。

之后，也有不少人渡海至泉州入继成堂学习。目前台湾所见绝大部分师承洪潮和的通书，其版心上均刊有"趋避通书"字样，而当中较畅销者，每年的发行量可达数万册。

四、 民间选择术与官方天文学

在笔者过眼的传统年度通书中，编纂者几乎均强调其在铺注方面乃遵依钦定的《协纪辨方书》，而在推算朔闰和节气时刻以及七政四余的行度等方面，则遵依御制的《数理精蕴》《历象考成》和《仪象考成》，试图与官方天文家所使用的方法同步。

由于通书中的部分内容的确涉及天文的推步，故此，一些清代的学者往往视选择术为"算学中之绪余"①，如以陈松所撰的《天文算法纂要》一书为例。此书表面上多属依前述各御制天算书籍编写而成的科学内容，然陈氏学习历算的历程，却无法摆脱术数的影子，在其自序中有云：

> 光绪初元，谒金陵温明叔少司徒，出《椿树斋丛说》，指示要略，归而求之，颇有解悟，乃购算学诸书遍考之，有疑则质之司徒，往复问难，潜心探讨，历久而始通其义。

其中陈松所师事的温葆深（或作葆琛）即以精星命著称，至于《椿树斋丛说》，亦为一本论中西星命之书。② 相对地，张祖同的《选择金鉴诹吉述正》，则是一本相当出名的选择术书籍，然而其中卷十九至二十一却为

---

① 此见陈松在光绪十四年为其《天文算法纂要》一书所撰的自序。笔者所见是书乃集文书局景印的光绪十四年序刊本。唯该局为吸引读者，擅改书名为"御览天象渊源"，并误指此书乃陈松"奉敕辑撰"。

② 参见张祖同《选择金鉴诹吉述正》卷19，台北：集文书局，景印光绪二十三年刊本，第3页。

推步七政四余行度的技术性天算内容。

由于选择术是钦天监在历算之外的重要"正学"之一，故民间选择家常攀缘监官以提高身价。如陈应选于康熙间撰《陈子性藏书》时，即托赴北京的友人向当时的钦天监左监副邵泰衢求序。邵氏在序中对其选择术备加赞誉，并称陈氏原为明末钦天监吏，鼎革后始隐于诸生。①

选择家为创造一个合乎正统的形象，也常将其术业的渊源与钦天监相系。如明末以出版《造葬全书》（含大量选择术的内容）闻名的刘杰②，在《东莞县志》所收其小传中即称：

> 刘杰，字春沂，城东人。警敏多艺，能于天文、谶纬、周髀之学，皆绝去师法，洞析微奥。其用勾股算法推步历元，有得于守敬、一行之秘。西洋庞迪莪三陵尝与辩论，咸自以为不及。万历中，以岁失度，诏求岩穴知历者，杰献《历考刍言》万余言……神宗下部征用之，杰以老疾辞不赴……所著有《尺五谈天》《罗经解略》《造葬全书》《奇门指示》《天文图》《罗经图》，又创作百刻香、袖中日晷、马上罗经行于世。③

其中耶稣会士庞迪莪（Diego Pantoja，1571—1618；通常均作庞迪我，号顺阳，三陵或为其字），曾被明廷聘入历局修历。前述小传以刘杰尝与庞迪我论学并占上风一事，来衬托他精于历算，唯其事的真实性颇待考。

刘杰之孙尔蕃、尔昌在重刊《造葬全书》之序中，称刘杰的家学乃源自其先太祖在翰林院修国史传时所获见的钦天监秘本，唯序中并未指

---

① 〔清〕陈应选：《陈子性藏书》，台北：集文书局，景印康熙间刊本。

② 参见刘尔蕃、尔昌为《刘氏家藏二十四山造葬全书》所作之序。笔者所见之本乃台北武陵出版社景印之康熙重刊本，书名亦作"刘氏家藏阐微通书"。唯该社将其以"吉凶神煞全书""阴阳宅秘旨"和"修造吉凶秘传"为名，分印成三本独立之书，且题为刘春沂所著，不知春沂乃刘杰之字（该书的字里行间完全未出现"刘杰"两字）。

③ 叶觉迈修，陈伯陶纂：《东莞县志》卷74，台北：成文出版社，景印民国10年铅印本，第2页。

出此一先人的名字。经查《东莞县志》，发现有明一代唯一符合前述事迹者为刘存业。他是弘治三年（1490）进士，且高中一甲第二名，乃东莞历来在科举中表现最佳者，曾获授翰林院编修，并参与修纂《孝宗实录》。① 然而，县志中所记刘存业和刘杰的故里分别为城北和城东，且两人的小传中完全未提及彼此为直属血亲。刘杰也许只是刘存业的远房亲戚，也很可能刘尔蕃和尔昌兄弟纯粹是为自抬身价而攀亲，以便为其家学编造出一足以傲人的渊源。

又，洪銮声和永言父子尝称其先祖洪潮和是在雍正年间由钦天监奏准在泉州开设继成堂的，此一叙述不仅在时间上不确（洪潮和是在乾隆六十年始定居泉州的），且有严重自抬身价之嫌，因一择日馆的开张绝不可能需要劳动钦天监奏准的。此外，洪潮和的玄孙应奎亦曾在所编的《日学讲义》中称："我祖自钦天监考试录取一等以后，益专心斯道"（第651页）。其实，目前我们所能看到的早期材料中，从不曾称洪潮和尝参加钦天监考试，并录取为一等，且钦天监绝少对民间举行考试以检定其功力。监中每岁所举行的考校乃针对天文生，这些天文生部分是世袭，部分则由国子监取官学生选补②，而洪潮和根本不符合此一出身。

民间选择家类此将其传统与钦天监相关连的做法，在今日社会则转变为与天文科学挂钩，以标榜其术业的正当性。如在今桃园崇福堂所出版的《黄学劼通书》中，除称其外太高祖游法算曾拜钦天监中人为师外，还强调其所推算的节气、日月蚀时刻均采用国际天文联合会（International Astronomical Union）所议决的公式，故"悉与官历符合"。今在台湾许多通书的编纂者也在书中强调自己是天文协会的会员。

虽然通书编选者的专业能力与社会地位，通常要较钦天监官相差一大截，但因其颇能掌握民众的好恶与需求，故亦曾对钦天监所编的时宪

---

① 民国《东莞县志》卷57，第1—4页。

② 〔清〕昆冈等奉敕撰：《饮定大清会典事例》卷1103，台北：新文丰出版公司，景印光绪二十五年刻本，第1—5页。

书产生影响。如雍正时虽尝因赫硕色之请而有禁私制通书之议，但从乾隆初开始，时宪书中除铺注行事宜忌外，亦仿这类通书在每日加注重要的吉神和凶神之名。①

又，笔者在"国家"图书馆台湾分馆见有六册钤有满汉文对照"钦天监时宪书之印"的官颁时宪书，内嘉庆二十五年者，前刊有多项与通书内容相近的图表，如《谨选诸用吉（凶）星详注》乃叙述各吉（凶）神所宜（忌）之行事；《喜神方位之图》乃藉图示说明各不同日干喜神所在的吉方与吉时；而《刮锅忌日单》则胪列每月不宜刮锅的日期，前并旁注应将此页"实贴厨房"，此一不见于《协纪辨方书》等先前的官定书籍的新避忌，在大英图书馆所藏嘉庆十九年的《攀丹桂大全通书》中即可见到，而稍后出版的善书《灶神经》中，也曾出现类似的内容。②

至于其他五本现藏台湾的清代时宪书，前附的图表均不一致，如有以《天德方位之图》替代《喜神方位之图》者，有的加附《诸神圣诞日期》，列出包括弥勒佛、天后娘娘、关圣帝君、张天师、龙王、纯阳祖师和玄天上帝等的诞辰，民间宗教色彩浓厚。道光三年的时宪书，还附一表，列出逐月风暴日，并提醒读者"行船慎之"。

从前述这几册时宪书的内容，我们可以发现，清中叶以后钦天监在编纂历日时，已开始吸纳民间通书的部分内容和格式，清楚地反映出天文与社会间的互动。

五、 结论

由于社会对择吉思想的笃信，导致选择术得以在时空上制约了中国

---

① 吴振棫的《养吉斋丛录》中有云："乾隆初，于时宪书上下增注宜忌星辰，亦通书之意，特不别刊为书而已"（第64页），然在王涛的校点本中，将此句断为"于时宪书上下增注宜忌，星辰"，或误。此因时宪书本就以铺注宜忌为主，无需再"增注"。所谓的"宜忌星辰"，应指与宜忌有关的"星辰"，亦即指选择术中的各神煞。

② 如见郑喜夫《清代台湾善书初探》，《台湾文献》1982年第33卷第3期，第7—36页。

社会中的许多活动，故有关通书或皇历的研究，实为了解古人生活礼俗极为重要的切入点。本文即从史学的角度出发，首度将选择术流传的脉络试做一大尺度的勾勒，并对通书的出现背景、格式内容和演变过程进行了一较详尽的析探。

在官颁历日未能普及且仅能提供部分趋避资讯的情形下，清初部分选择家乃利用社会大众对行事宜忌的强烈需求，辑刊一本较历日内容搜罗更广泛、更详尽的“日用必需”的年度通书，以建立其在选择界的地位。由于厚利所趋，许多书贾均一窝蜂地投入此一市场，这种情形同样亦可见于当时有关童蒙或家礼之类的书籍。

这些通书的编纂者在激烈的市场竞争之下，乃趋向相互吸收所长，希望凭借丰富的内容以吸引读者。他们所编通书的格式通常十分庞杂，各式的图表犹多，刊刻因而颇费功夫，一些独特的简体字即因应而生，刻字讹误的情形亦相当普遍。唯因其中许多内容往往年年不变，故或为能继续使用某些先前的雕版，各部分的页码多各自记数，而不以卷数排次。但我们也可发现某些通书之版或因过量刷印而造成磨损，以致不数年即得重梓。

在笔者所见的十多本年度通书中，大多会有告白以抨击盗版的行为。由各本之中许多内容的版式甚至文字都完全相同的情形推判，知当时相互抄袭的行为相当普遍。此类大肆攻讦盗版的做法，或许还有自我谀扬的另一层目的，以彰显其出版物的价值。

清中叶时，各通书的行销方式亦曾出现极具创意的变革，如洪氏继成堂当时已发展成一连锁组织，加盟店（指择日馆）遍及福建和浙江沿海，甚至销售至海外。这些分布各地的继成堂门人不仅本身使用当年的《趋避通书》，以替人选择良辰吉日，他们也是该书在当地获直接授权的分销商。而继成堂在每年通书之前胪列门人名址以证明正传的做法，现仍可见于许多台湾出版的年度通书当中。此外，由前述《趋避通书》中所附推销“万应神粬”和定时刻香以及接受邮寄择日的广告，我们亦可发现选择家中颇不乏商业头脑，且能掌握社会的变迁以开创商机。

由于选择术在本质上无法为趋避提供一个完全理性的判断，导致术家之间冲突频起。乾隆朝因此编纂《钦定协纪辨方书》，试图以官方的力量整合各家的选择术，除改正传钞的讹误和化解其中的矛盾之外，同时亦破除一些"附会不经"的说法。然而从清中叶以后的通书中，我们可以发现术家却又再反其道而行。此故，姚承舆在为《择吉会要》所撰的自序中，即尝批判闽、粤一带的通书将"已奉删除之神杀，复行采入"，且"刊刻讹谬，贻误更多"①。

通书虽然在每一时代里均属于不登大雅之堂的通俗出版物，但其内容却以增补官方所编的历日为号召，其后甚至促使一些官颁的时宪书亦吸纳民间通书的部分内容和格式，深刻地反映出中国传统天文与社会间的密切互动。

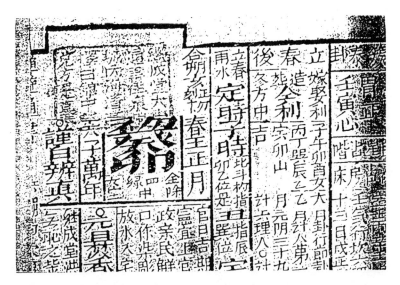

此为荷兰莱顿大学所藏，嘉庆十二年洪氏继成堂《趋避通书》之书影，上钤有一长方形的朱印，以帮助购买者辨别真本。

---

① 〔清〕姚承舆：《择吉会要》，台南：大正书局，景印道光二十九年刊本。

由于通书包含大量与铺注行事吉凶或生活礼俗有关的内容，故对其进一步的析探，除有助于我们更具体地了解术数在社会中的传递方式和其影响的层面之外，我们也有相当好的机会将其变成为一把开启通俗文化和日常生活研究之门的锁钥。因此，从社会史、文化史甚至经济史的角度而言，通书研究实具有重要的历史意义，值得史学界给予更人的重视。

至于通书编纂者所拥有的天文知识，或亦可称之为"民间天文学"①。虽然他们主要的兴趣乃在术数方面的应用，但也因此在许多的选择书中留下许多相当技术性的有关天文历法的推步内容。对于这些材料的深入分析研究，也应可帮助我们更清楚地了解科学与伪科学以及科学与社会之间的互动关系，此一方向尚赖治科学史的学者投注更多的心力。

先前绝大多数从事天文史专业的学者，或着重于析究天文学本身在仪器和理论进展的过程，或致力于将古代积累的大量观测记录应用在现代的天文研究之上。笔者在此文中，则尝试呈现中国传统天文学浓厚的人文精神及其丰富的社会性格。笔者姑且将此一新的方向名之为"社会天文学史"，希望能从此一较不同的角度出发，将科技史与传统历史的研究紧密结合，并为两者均提供一不同的视野。而对通书或皇历的进一步析探，或许可帮助我们更具体地掌握社会天文学史的研究关怀和研究方法，并为此一新学门的发展奠定一更扎实的基础。

［原刊于《汉学研究》1996 年第 14 卷第 2 期，第 159—186 页。］

---

① 先前相关的研究，似乎仅见王立兴之文，参见王著《关于民间小历》，收入《科技史文集》第 10 辑，上海：上海科学技术出版社，1983 年，第 45—68 页。